Kako izgraditi zdravu crkvu

„Godine 2000. prisustvovao sam konferenciji *Vikender* održanoj u Baptističkoj crkvi Kapitol Hil u gradu Vašingtonu. Tom prilikom Mark Dever je svima omogućio da posmatraju kako se vodi crkva i pozvao nas je da postavljamo pitanja. Sve što su starešine i crkva radili bilo je namerno i promišljeno, a sve što smo zapazili imalo je svoje korene u biblijskim ubeđenjima o tome šta crkva jeste i šta radi. Gospod je upotrebio taj vikend da mi jasno predstavi kako bi zdrava, biblijska crkva mogla da izgleda. Ovo što držite u rukama je umnogome *Vikender* u obliku knjige. Ipak, nemojte se zavarati; ovo nije knjiga tipa *kako da…* u uobičajenom smislu tog izraza. To je, radije, knjiga *zašto da…*. U njoj Mark Dever i Pol Aleksander tvrde da crkvu, pošto je ona Božja zamisao, moramo urediti u skladu s njegovom rečju. Naš Bog je utvrdio šta je zdrava crkva i otkrio nam kako da se za to zdravlje borimo. I zato pročitajte ovu knjigu, razmislite o tome šta je crkva, a zatim promišljeno povedite svoju crkvu ka tom cilju, na slavu Božju.“

Huan Sančes, pomoćni profesor hrišćanske
teologije na Teološkom fakultetu Južnih baptista

„*Kako izgraditi zdravu crkvu* je jednostavna zato što je biblijska. U srcu njene poruke leži pretpostavka da hrišćanski život treba promišljeno živeti, i to u zajednici crkvene porodice, pod nadzorom starešina. Dever i Aleksander nam ovde ne nude neka brza rešenja niti nova otkrivenja – jednostavno nas pozivaju na obično i postojano biblijsko hrišćanstvo.“

Čopo Mvanza, pastor Baptističke crkve Riversajd, Kitve, Zambija

„U ovoj knjizi jedan od najvernijih i najpronicljivijih pastora našeg vremena obrađuje najbitnija pitanja crkvenog života. Mark Dever odbija da razdvoji teologiju od života zajednice, kombinujući iskustvo pastora sa jasnim biblijskim učenjem. Ova knjiga je moćan protivotrov za današnje obične, praktične pristupe – i pobijanje tvrdnji da teologija jednostavno nije praktična.“

„Ovo je savršen primer prave praktične knjige o zdravlju i rastu crkve: pruža nam konkretna uputstva i primere biblijskih principa praktično primenjenih u životu i službi lokalne zajednice.“

„*Kako izgraditi zdravu crkvu* deli s nama mnoge lekcije iz službe koje su Dever i njegove kolege naučili iz Pisma i trudili se da ih primene u životu svoje crkvene zajednice. Knjiga je pogodna za sve koji žele ozbiljno da slede biblijski obrazac za crkvu i tragaju za jednostavnom i praktičnom pomoći.“

„Evo jedne nove ideje: hajde da Bibliju koristimo kao uputstvo za okupljanje i vođenje crkve! A *Kako izgraditi zdravu crkvu* i jeste sasvim nova knjiga, koja odskače od gomile sveprisutnih priručnika o životu crkve koji crkvu tretiraju kao firmu, a pastore kao direktore. Ovo je knjiga koja sa sobom donosi osvežavajući povetarac sa stranica Pisma, koji će preobraziti crkvu i udahnuti joj život. Veoma važno štivo.“

Naslov izvornika:
How to Build a Healthy Church
Copyright © 2021 by Mark Dever and Paul Alexander

Izdavač:
Crossway
1300 *Crescent Street*
Wheaton, Illinois 60187

Izdavač za Srbiju:
Hrišćansko udruženje „Projekat Timotej"
tel. +381 69 712 470
projekattimotej@gmail.com
www.projekat-timotej.org

Za izdavača: Riste Micev
Prevod: Maja Lilić
Lektura i korektura: Predrag Jovanović
Dizajn korica: Džordan Singer
Tehnička priprema: Matej Delač
Štampa: Euro Dream
Tiraž: 500

9Marks ISBN: 979-8-89218-149-5

Ukoliko nije drugačije naznačeno, svi delovi Svetog pisma preuzeti su iz Savremenog srpskog prevoda (SSP™), © *World Bible Translation Center,* ogranak *Bible League International.* Preuzeto s odobrenjem. Sve naglaske u navodima iz Biblije dodali su pisci ove knjige.

KAKO IZGRADITI ZDRAVU CRKVU

Praktičan vodič za promišljeno vođstvo

MARK DEVER
I POL ALEKSANDER

Novi Sad, 2025.

Posvećeno Koni i Lori,
našim partnerima u životu, ljubavi i službi

SADRŽAJ

PREDGOVOR

Jednu od najčudnijih podela u savremenom evanđeoskom svetu vidimo u suprotstavljenosti teologije praktičnoj razboritosti. Mnogi praktičari se hvale kako malo poznaju teologiju i na sve strane demonstriraju dokaze svoje tvrdnje namećući široku paletu praktičnih koraka namenjenih rastu crkve i razvoju učeništva. Usled toga, mnogi pastori i teolozi žale zbog ispraznosti većeg dela savremenog evanđeoskog hrišćanstva i zagovaraju trezveni povratak Pismu i široko razumevanje biblijske teologije. Ovi prvi često ostavljaju Bibliju po strani i koriste je vrlo površno: ništa ne može stati na put hegemoniji njihovih metoda. Međutim, ova druga grupa, čija je teologija ponekad ortodoksna koliko i teologija apostola Pavla, ponekad odaje utisak da je potrebno samo dobro upoznati Bibliju i pročitati dosta knjiga o teologiji da bi se sve glatko rešilo – kao da i ne postoji potreba za praktičnim savetima pastora koji su baš koliko i oni posvećeni teologiji, ali podjednako vode računa i o koracima koji se moraju preduzeti, prioritetima, pastirskoj strategiji i sličnome.

Pre nekoliko godina Mark Dever nam je dao knjigu *Devet odlika zdrave crkve* (čije četvrto izdanje uskoro očekujemo). Nasuprot onome što bismo iz naslova mogli da zaključimo, ona ni izbliza ne predstavlja popularnu sociološku analizu ili menadžersku procenu kojima smo obično preplavljeni, već je duboko ukorenjena u biblijskoj teologiji. Verna priroda njene istraživačke misli bila je od koristi mnogim pastorima i crkvama. Ali pretpostavimo da živite i služite u lokalnoj crkvi čiji profil nije ni izbliza zdrav kao onaj opisan u *Devet odlika*: šta onda? Kako da od ove tačke stignemo do one? Deo odgovora svakako čini razgovor o tih devet odlika i razmišljanje o biblijskim tekstovima koji ih dokazuju. Ipak, knjiga koju držite u rukama nadilazi jednostavnu pomoć pastorima i drugim liderima da vode crkvu ka duhovnom zdravlju i rastu. I ova knjiga, koju su zajednički napisali Mark Dever i Pol Aleksander, natopljena je Pismom – ali je takođe prepuna mudrosti, pastirskog iskustva sticanog godinama i uvida u božanske stvari. Nijedan pastor koji se bori s pitanjem kako da „iz ove tačke dođe u onu" ne bi trebalo da zanemari ovo kratko, ali neprocenjivo štivo.

D. A. Karson
profesor emeritus Novog zaveta
Evanđeoski fakultet Triniti

MARKOV PREDGOVOR

Ovu knjigu je zapravo napisao Pol Aleksander. Neko vreme smo razgovarali o tom projektu, a onda je, posle nekoliko nedelja, na mom radnom stolu osvanulo nekoliko poglavlja. Uh! Tako nešto dotad nisam doživeo. „Pol je napisao knjigu“, pomislih. „Zašto je onda moje ime na njoj?“

Počeo sam da je čitam i onda sam pomislio: „Hej, to sam ja rekao! Baš tim rečima! To je moja priča.“ Tada sam shvatio šta je Pol uradio. Uzeo je sve što sam poučavao i pisao, sve ono što je često slušao od mene, kao i moje odgovore pastorima koji su nam bili u gostima, dodao je svoje darove – vreme, organizaciju, jasno pisanje i sposobnost razmišljanja uz još nekoliko sopstvenih iskustava iz službe – i stvorio nacrt ove knjige.

Pol i ja smo već razgovarali o svemu što bi trebalo da se nađe u jednoj ovakvoj knjizi. Potrudili smo se da obradimo sva pitanja o crkvi na koja smo stalno naletali – bar ona o kojima smo imali šta pametno da kažemo. Zajedno smo napravili skicu i probleme koje treba obraditi.

Ova knjiga je, zapravo, bila ideja moje supruge koju je dobila nakon što je bezbroj puta od gostujućih pastora čula ista pitanja i moje uvek iste odgovore. Ne mogu reći da je ijedna mudrost predstavljena u ovoj knjizi nešto posebno duboka, ali sve su one, po Božjoj blagodati, pomogle brojnim sveštenicima.

Prvo izdanje ovo knjige želeli smo da nazovemo *Bodibilding* (izgradnja tela), ali jednostavno nismo mogli da se dogovorimo ko će od članova osoblja biti na naslovnoj strani! Zato smo se složili da podnaslov bude *Promišljena crkva*. Trudimo se da ono što radimo bude svrsishodno i promišljeno, jer shvatamo da smo uključeni u obavljanje najdivnijeg zadatka na zemlji, a to je izgradnja Hristovog tela, njemu na čast i slavu. Za ovo drugo izdanje, izdavači su predložili da naslov bude očiglednije povezan sa *Devet odlika zdrave crkve*, tako da smo ga promenili i on sada glasi *Kako izgraditi zdravu crkvu*. Ako ste pročitali moje ostale knjige o crkvama, shvatićete da je ovo, u stvari, praktičan zaključak trilogije. Prva knjiga, *Devet odlika zdrave crkve*,[1]iznosi moju jednostavnu dijagnozu onoga što danas muči organizam američkih evanđeoskih crkava. Ona je najopštija i bavi se osnovama. U središnjoj fazi projekta izdali smo knjigu *Polity*,[2] nakon koje su u mojoj knjizi o crkvenom vođstvu[3] usledili neki njeni praktični zaključci za savremene crkve. U ovim delima sam istraživao pitanja vezana za članstvo u crkvi, disciplinu unutar nje i upravljanje njome, a naveo sam i nekoliko načina na koje se rečeno može primeniti u praksi. Međutim, u ovoj knjizi Pol i ja pokušaćemo da predstavimo i neke od onih jeftinih „najboljih načina" ili „saveta" za sprovođenje eklisiologije koje nalazimo u drugim knjigama. Teološku sintezu možete naći u mojoj knjizi *Crkva: Evanđelje koje je postalo vidljivo*[4].

---

1   Mark Dever, *Devet odlika zdrave crkve* (Hrišćansko udruženje Projekat Timotej, 2018).

2   Mark Dever, urednik, *Polity: Biblical Arguments on How to Conduct Church Life* (Washington, DC: Center for Church Reform, 2001).

3   Mark Dever, *Understanding Church Leadership* (Nashville: B&H, 2016).

4   Mark Dever, *The Church: The Gospel Made Visible* (Nashville: B&H Academic, 2012).

Posebno sam zahvalan svojoj supruzi, jer je predložila pisanje ove knjige, Polu Aleksanderu, jer je uložio toliko vremena u njeno pisanje i radosno uređivanje, kao i dobrim ljudima, koji su, podržavajući organizaciju 9Marks, sve ovo i omogućili. Pol je talentovan i darovit pisac. Starešine i članovi osoblja naše Baptističke crkve Kapitol Hil su me divno poučili o većini stvari koje smo s vama podelili u ovoj knjizi.

Cilj ove knjige je da vas ohrabri. Znamo da ne radimo sve ispravno i da, kad je reč o nekim temama koje obrađujemo u ovoj knjizi, neki od naših prijatelja drugačije razumeju to što im Pismo govori — naročito u vezi s upravljanjem unutar crkve i njenim obredima. Kad je o njima reč, jednostavno ćemo vas pozvati da zajedno s nama ponovo razmotrite Reč i budete uvereni u svoje mišljenje. I mi se stalno trudimo da učimo od drugih. I zato, dok vi ovo čitate, mi smo možda već promenili ili preoblikovali neke od metoda o kojima ovde čitate. U svakom slučaju, nama su one pomogle da u životu sprovedemo biblijsko učenje o crkvi, a nadamo se da će pomoći i vama. Nadamo se da možemo da vas poučimo, a čak i ako u tome ne uspemo, molimo se da vas ova knjiga bar podstakne da sami otkrijete kako možete pomoći svojoj crkvi da u zajedništvu vernije živi evanđelje.

Upravo to je bila svrha sveg našeg truda i molim se da i vi čitate i postupate baš radi ostvarenja tog cilja.

POLOV
PREDGOVOR

Ovu knjigu je zapravo napisao Mark Dever. Reči su moje, ali većinom opisuju Markove ideje; ja sam ih samo stavio na papir.

Za Marka sam prvi put čuo dok sam, pripremajući se za pastirsku službu, pisao diplomski rad u evanđeoskoj školi Triniti u Dirfildu u Ilinoisu. Pročitao sam njegovu knjigu *Devet odlika zdrave crkve* u sklopu predavanja o pastirskim dužnostima i moj tadašnji profesor Majk Bulmor me je ohrabrio da se prijavim za stažiranje u Markovoj crkvi. Rešio sam da najpre nekoliko nedelja razmislim o njegovom predlogu. Kad sam zadobio retku priliku da pozovem dr Bulmora na kućni broj kako bi mi razjasnio neke detalje, upitao me je da li sam se već prijavio za stažiranje u Baptističkoj crkvi Kapitol Hil. Rekoh: „Ne, nisam još.“ Odgovorio mi je rečima koje nikad neću zaboraviti: „Pole, uradi to kako znaš i umeš.“ Nije morao da mi ponavlja. Do kraja te nedelje sam predao prijavu.

Marka sam upoznao u septembru 2002, kad sam posetio crkvu Kapitol Hil prilikom konferencije *9Marks vikender* – produženog vikenda u vašingtonskoj crkvi u kojoj služi, vikenda koji okuplja pastore i studente teologije i omogućava im da „iza kulisa“ pogledaju kako se upravlja zdravom crkvom.[1] To je samo

---

1   Ukoliko želite da prisustvujete nekoj od konferencija 9Marks vikender, posetite sajt www.9marks.org, kliknite na „Events“ i spustite se do tačke „Weekenders“.

potvrdilo moju želju da dođem i naučim više. Tako sam istog semestra završio s predavanjima u Trinitiju i u januaru 2003. počeo da stažiram u Baptističkoj crkvi Kapitol Hil.

To je bilo stažiranje na steroidima. Moj program u Trinitiju zahtevao je četiristo sati stažerskog iskustva; program Kapitol Hila zahtevao je više od hiljadu sto sati! Sedeo sam na svakom sastanku starešina, bio na svakom crkvenom okupljanju, pročitao deset knjiga o crkvi i svake nedelje pisao pet radova; zajedno sa pet ostalih stažista sastajao sam se s Markom jednom nedeljno na tri sata kako bismo razmatrali pitanja koja se tiču teologije, vođstva i zajedničkog života crkve; pratio sam pastore na skoro svakom njihovom sastanku i posmatrao model evanđeoskog ekspozicijskog propovedanja koji dotad nisam video. Tih šest meseci mi je promenilo život i razumevanje šta znači biti pastor i verno upravljati crkvom. Kao da sam katapultiran dvadeset godina unapred kad je reč o mom shvatanju kako biblijska teologija upravlja životom i vođstvom lokalne crkve.

Po milostivom Božjem proviđenju, ti meseci su mi promenili život i na drugačiji način: tih dana sam upoznao svoju ljupku suprugu koja je – što i nije iznenađujuće – bila član crkve.

Ostao sam u 9Marks kao saradnik urednika i nastavio da idem u crkvu, a Bog mi je dozvolio da još dublje zađem u principe i postupke koji neguju zdravlje i svetost u lokalnoj crkvi. Takođe mi je pružio to preimućstvo da rame uz rame radim s nekoliko dobrih ljudi, uključujući Marka, najvernijeg pastora kog sam ikad upoznao, kao i Meta Šmakera, tadašnjeg direktora službe 9Marks, najboljeg šefa i crkvenog upravitelja na svetu! Veoma sam zahvalan što sam deo ovog projekta, a još sam zahvalniji za priliku da radim s tom braćom. Bili su i ostali Božje oruđe koje neprekidno oblikuje moj karakter i shvatanje pastirske službe; znam da bez njihovih strpljivih pouka i vernog prijateljstva ne bih bio ono što sam danas.

Ideje predstavljene u ovoj knjizi iznova su oblikovale i moje razumevanje šta znači biti veran pastor. Molim se da isto učine i kod vas i da vaša crkva samim tim postane zdravija. *Soli Deo gloria.*

NAPOMENA ČITAOCU

Zašto ste uzeli ovu knjigu sa police? Šta vam je privuklo pažnju? Hajde, budite iskreni. Da li vas je zainteresovao dizajn naslovne strane? Da li ste pročitali pohvale na zadnjim koricama? Možda ste je odabrali jer želite da budete u toku s najnovijim idejama o rastu crkve i modelima službe.

Razlog je možda i dublji. Možda ste pastor koji je već dugo u službi, obeshrabren jer njegova crkva ne raste. „Šta mi promiče? Zašto nisam efikasan kao onaj pastor dole niz ulicu?" Možda ste se odlučili za ovu knjigu jer vam se smučilo što niste „uspešni" u službi – ribice ne grizu, možda bih mogao da promenim mamac?

S druge strane, možda ste novopečeni osnivač crkava koji želi da ostavi svoj pečat za carstvo. Možda ste umorni od posmatranja novog sveta kroz stara sočiva i želite da malo pogurate stvar – da budete inovativni, kreativni, eksperimentišete s nekim novim metodama, isprobate neke neuobičajene ideje, otkrijete šta to pokreće ljude koji pripadaju generaciji post-svega.

A opet, možda proteklih pet godina pokušavate da primenite najnoviji model rasta crkve, ali ni on ne pali. Možda ovo čitate jer vas je razočarao model koji je delovao obećavajuće jer je na drugim mestima dao neverovatne rezultate. Zato ste sada prešli na sledeću stvar – ono što mi zovemo *promišljenom* crkvom.

Možda vas je zainteresovala mogućnost novog načina rada u crkvi koji bi udahnuo novi život vašoj zajednici. Možda čitate jer mislite da je ovo sledeći veliki talas u crkvenoj službi koji bi mogao da podstakne eksplozivni rast u vašoj crkvi i zapali vatru u vašoj zajednici. Ili možda jednostavno mislite da ste nekako ispali iz tokova – da već predugo nosite sivo komotno odelo – pa ste došli u hrišćansku biblioteku da malo obnovite svoju svešteničku odeću. Ispitajte srce – zašto ste otvorili ovu knjigu? Za čime tragate?

Pre nego što se udubite u čitanje, hajde da razjasnimo šta to ova knjiga nije, čisto radi istine u njenom reklamiranju. Prvo, *ona ne predstavlja ništa novo*. Stara je – *stvarno* stara. Ne tvrdimo da je bilo šta ovde naše i originalno; knjiga nije nikakav „novi pogled na nešto" niti „jedinstveni pristup" – nije inovativna. Štaviše, mi i *ne želimo* da budemo inovativni (eto, i to rekosmo!). Drugo, *ovo nije nikakav program*. Nije nešto što možete da utaknete u svoju crkvu i stisnete „plej". Ne oslanja se na tehniku; ne navodi utvrđeni plan za duhovnu zrelost niti sistematske korake za izgradnju crkve; nema razmetljivih fraza, profesionalnih crteža ni zanimljivih metafora. Treće, ova knjiga nije *lek sa brzim dejstvom*. Drugim rečima, ne očekujte da ćete, nakon što je pročitate i primenite njene predloge, svedočiti brzim i vidljivim rezultatima. Za zdrav rast potrebni su vreme, molitva, trud, strpljivost i upornost.

„Pa dobro, ako nije neki novi program, šta je onda?" Jednostavno rečeno, to je Reč koja gradi crkvu.

Često se s našom kulturom previše lako slažemo da je novo nužno i bolje. Nova odeća je bolja od starog prnja; novi auto je bolji od starog tatinog krša. Nove stvari su nam jednostavno gotovo neodoljivo fascinantne. Privlače nas svojom

blistavošću, mirisom novoga, savremenim izgledom, obeća-
njem veće efikasnosti i produktivnosti. Znamo da je glupo to
pomisliti, ali na neki način se uz njih i mi osećamo novijima –
kao da smo obnovljeni s njima.

Kad je reč o idejama o izgradnji crkve, padamo u iskušenje
da sopstvenom oduševljenju svime što je novo dozvolimo da
upravlja našim razmišljanjem i utvrdi naše metode. To iskušenje
je još zavodljivije ako uzmemo u obzir noviju evanđeosku kul-
turu, sve udaljeniju od jasne objave doktrine utemeljene u biblij-
skoj istini koja nam je predata od istorijskih hrišćanskih verois-
povesti. Kad istupimo iz tog bogatog doktrinarnog i istorijskog
nasleđa, ono što je inovativno i kreativno počinje da nam deluje
prihvatljivije od isprobanog i istinitog, delimično i zato što smo
uronjeni u kulturu koja žestoko brani svoju superiornost pred
svime što je prošlo. Tu po prirodi stvari preovlada pragmatizam.
Nesvesno i bez razmišljanja brzo postanemo uzbuđeni zbog ne-
kog novog kreativnog modela koji obećava brze i vidljive rezul-
tate koji se obično mere statističkim dokazima.

U korenu svega ovoga, često nesvesno, leži ubrzana erozi-
ja naše vere da nam Pismo pruža sve što nam je potrebno za
efikasnost u službi. Pavle poučava Timoteja da se posveti pro-
povedanju Reči (2. Tim. 4,2) baš zato što Reč čini ,,da Božiji
čovek bude savršen, pripravljen za svako dobro delo" (3,17).
Timoteju nije trebala najnovija tehnika govorništva ili poslo-
vanja, kao ni kreativni modeli službe zasnovani na upečatlji-
vim metaforama. Trebala mu je samo Božja Reč – da ga vodi,
upravlja njime i daje mu snagu.

Promišljeno, naravno, znači razborito i pažljivo. Kao vođe u
crkvi se, dakle, trudimo da budemo pažljivi u izgradnji crkve
i u svemu što je u vezi s Hristovim evanđeljem. Tačnije, tru-

dimo se da pažljivo gradimo crkvu u skladu s obrascem koji nam je Bog dao u Pismu. U najboljem slučaju, promišljena crkva je dovoljno pažljiva da se, dok radi na izgradnji lokalne crkve, uzda u Božju Reč koju je preneo Isus Hristos. To je pokušaj da zaista na delu pokažemo veru da je Pismo dovoljno za život, zdravlje i rast lokalne crkve. Cilj nam nije da vidimo koliko inovativni možemo da budemo. Cilj nam je da vidimo koliko možemo da budemo verni.

Ono što sledi bi, dakle, *moglo* da se nazove modelom službe. Međutim, u suštini je to samo pokušaj promišljenog odnosa prema biblijskom evanđelju kao onome što hrani rast crkve, podstiče njen napredak i upravlja svakim aspektom zajedničkog života crkve i vođstva. U svemu što radimo želimo da budemo dovoljno pažljivi i dozvolimo Božjoj Reči da nam zacrta put, dâ snagu za napredak i upravlja našim metodama. Od propovedanja i evangelizacije do načina prijema novih članova, od učeništva i načina disciplinovanja do modela vođstva, od strukture nedeljnih službi pa sve do rasporeda na sastancima starešina – u svemu nam je uvek cilj da sve naše procedure pokažu da se oslanjamo na biblijsko evanđelje, da smo pokorni njegovim tvrdnjama i svesni njegovog uticaja na naš život kao zajednice.

Božje reči u Pismu su cigle od kojih se crkva gradi. Zato kao pastori i crkvene vođe imamo prioritet: treba da se postaramo da evanđelje dobije funkcionalno centralno mesto u crkvi. Tačnije, moramo se potruditi da evanđelje upravlja načinom na koji crkva funkcioniše. Kad je evanđelje na funkcionalnom centralnom mestu, crkva postaje uspešna u kulturi, jer je evanđelje sila Božja na spasenje (Rim. 1,16; 1. Kor. 1,17-18). Evanđelje je ono što ljudima daje novo, duhovno rođenje (Jak. 1,18; 1. Pet. 1,23). Evanđelje se bori s neprijateljima crkve kao što su greške u doktrini i moralne slabosti (Dela 6,7; 12,24; 19,20). Ukratko, Božja Reč sadržana u evanđelju gradi crkvu.[1]

To funkcionalno i centralno mesto evanđelja je razlog što u ovoj knjizi ne želimo da promovišemo nikakve programe, korake i inovativne metafore. Da bi očuvao funkcionalno i centralno mesto evanđelja, čovekov metod mora da ostane običan i jednostavan, inače će prirodno potisnuti ulogu evanđelja koja mu po pravu pripada. U tom slučaju bi naš metod izgradnje crkve funkcionisao isto kao i propovednikov stil komunikacije. Propovednik može da bude toliko napadan i žustar da poruka koju pokušava da nam prenese ostane u senci njegove pojave. Slično tome, metode pastora i crkvenih vođa u izgradnji lokalne crkve mogu postati toliko upadljive da polako preuzimaju za sebe slavu za rast crkve koja s pravom pripada jedino evanđelju. Cilj koji kao propovednici i vođe imamo jeste da naše metode očuvamo u okvirima jednostavnog i običnog, kako bi evanđelje zasijalo u punom sjaju spram pozadine naših slabosti.

TEME ZA RAZMIŠLJANJE

① Da li evanđelje zauzima funkcionalno centralno mesto u vašoj crkvi? Zašto zauzima ili, pak, ne zauzima? Da li vaš trenutni model službe možda preuzima slavu samog evanđelja? Na koji način?

Prvo izdanje ove knjige nazvali smo *Promišljena crkva* jer smo želeli naslov koji bi mogao da nas baci u okršaj debata o meto-

---

1 „I sad vas predajem Bogu i njegovoj blagodatnoj reči, koja može da nazida i omogući nasledstvo među svima osvećenima" (Dela 20,32).

dologiji crkve. Američko evanđeosko hrišćanstvo je prepuno različitih vrsta crkava. Tu su *Nova crkva*, *Crkva s ciljem*, *Crkva koja spaja*, *Crkva učeništva*, kritičko razmišljanje zvano *Tržišno usmerena crkva* i gotovo svaka vrsta crkve koju biste mogli da poželite. Mislili smo da ćemo, ako u naslovu zadržimo reč „crkva", možda i mi zaći u tu debatu. *Promišljena* je po našem mišljenju najbolja reč koja sažeto opisuje ono o čemu govorimo. Međutim, to je u osnovi termin koji će nas (nadajmo se) uvući u taj razgovor i omogućiti da prikažemo način obavljanja stvari koji je, u stvari, preuzet iz prošlih vekova i obnovljen – ukratko, crkvu koju pokreće i vodi evanđelje. Baptistička crkva Kapitol Hil u gradu Vašingtonu je tokom proteklih deset godina bila laboratorija za ispitivanje tih ideja. Ono što sledi je, dakle, primena tih principa koji su se pokazali plodnima i ohrabrujućima u našoj sredini. Ne treba ih smatrati rigoroznim ili isključivim, već prosto kao pokušaj oživljavanja toplog razgovora o tome kako hranimo, predvodimo i štitimo Božje stado.

Pitanje od milion dolara glasi: da li se ti principi mogu primeniti i drugde? Možete li i vi ovo uraditi u svojoj crkvi? Naravno – ali ne zato što je to program koji se instalira i pokrene, a svakako ne zato što smo mi bili nešto posebno pametni i smislili prenosivi model. Principi mogu da se primene i drugde zato što su jednostavni i utemeljeni u Bibliji. Kolika god da je vaša crkva, gde god da se nalazite i kakvim god ljudima da služite, uvek možete promišljeno dozvoliti da vas u svemu što činite evanđelje podstiče i upravlja vama. Ono ne zavisi od otkrivanja duhovnih i kulturoloških sklonosti grupe ljudi kojoj je namenjeno. Ne morate da primenjujete neki sintetički plan rada, ne morate da budete vrlo kreativni mislilac, pa čak ni naročito harizmatičan vođa. Potrebno je samo da verujete da će Isus izgraditi svoju crkvu posredstvom svog Duha i silom evanđelja, čak i ako ne koristite najnoviji program niti sledite najpopularniji trend.

Ipak, razjasnićemo nešto. Ne obećavamo trenutne i vidljive rezultate. *Bog* je taj koji je nadmoćan. *On* utvrđuje naše vreme i kretanje, koliko ćemo dugo živeti i kakav će rod doneti sav naš trud. Bog Otac i vaskrsli Sin nezavisno odlučuju gde će više izliti svoga Duha.[2] Vaš rad u Hristovom vinogradu neće doneti plodove jednostavno zato što ste pročitali ovu knjigu ili čak i primenili ovaj model. Ipak, pošto ovaj model karakteriše vernost i poslušnost Božjoj normativnoj Reči, mislimo da postoji velika verovatnoća da vidite večne plodove. Svakako, niko ne dolazi Sinu ako ga Otac ne privuče i niko se ne pokorava evanđelju ukoliko mu Duh ne da darove razumevanja, pokajanja i vere – a samo Bog čini da sve raste.[3]

Mnoge crkvene vođe danas govore da će se crkva katapultirati u budućnost kad njene metode uhvate korak s vremenom. Mi tvrdimo suprotno. U izvesnom smislu, cilj nam je da crkvu odvedemo u budućnost tako što ćemo je podsetiti kakva je od početka trebala da bude. Mislimo da će se crkva katapultirati u budućnost tek onda kad u njoj kao zajednici najprimetnije bude to da je moćno vodi i njome pažljivo upravlja drevna Božja Reč koju vreme nikako nije pregazilo. Da li ste i dalje zainteresovani za ovu knjigu? Nadamo se da jeste. Na kraju krajeva, funkcija evanđelja u životu crkve trebalo bi da nama, kao hrišćanima, zauzme centralno mesto u životu, a pastore i crkvene vođe da i ne spominjemo. Ako dođete do poslednje glave i zatim odbacite celokupni „model", neka to odbacivanje bar bude promišlje-

---

2   Lk. 11,13; Ef. 1,17; 3,16; Otk. 3,1. Pogledajte Iain Murray, *Pentecost—Today?* (Cape Coral, FL: Founders Press, 1998), 20–21.

3   Jn. 6,44; Dela 11,18; 1. Kor. 2,14-16; 3,7; Ef. 2,8-9; 2. Pet. 1,1.

no – potrudite se da znate *zašto* ste ga odbacili. Ali ako pročitate celu knjigu i složite se sa svime, onda pred vama stoji zadatak upravitelja. Ne dajte mu da skuplja prašinu – promišljeno ga obavite. Razgovarajte o njemu za vreme zajedničkih obroka sa ostalim crkvenim vođama. Kad se crkva i vodeće strukture sastaju, osvrnite se i razmotrite šta bi trebalo promeniti da bi ih evanđelje bolje podsticalo i vodilo. Poučite ljude biblijskim principima koji stoje iza praktičnih metoda i svrsishodno negujte jedinstvo oko tog učenja. Zatim zajedno stupite u akciju i vodite ih ka promeni na mudar, strpljiv i dopadljiv način.

UVOD

ŠTA GRADIMO?

Bilo bi zaista glupo da započnemo zidanje, a da prvo ne znamo šta uopšte gradimo. Stanovi nisu isto što i kancelarije, koje opet nisu isto što i restorani. Svi oni imaju različite nacrte, sadrže različite prostorije, grade se od različitih materijala, drugačijih su oblika i imaju različite svrhe. Zato će i proces gradnje biti drugačiji, u zavisnosti od toga koju strukturu planiramo da gradimo. Isto važi za izgradnju crkve. Crkva ne spada u najbogatije kompanije. Takođe nije neprofitna organizacija, a ni društveni klub. Štaviše, zdrava crkva nije nalik nijednoj organizaciji koju je čovek ikada osnovao – zato što je i nije osnovao čovek.

Onda zaista ima smisla da se vratimo Božjoj Reči i otkrijemo šta on želi da gradimo. Samo tada ćemo shvatiti kako treba da gradimo. Ako tome pristupimo nemarno, sav trud će i u sadašnjem vremenu i u večnosti biti uzaludan. U sadašnjem vremenu, crkva predstavlja duhovnu građevinu koja se teško podiže, a namenjena je blisko povezanom mnoštvu ljudi koje se često sastaje. Za to su potrebni najjači materijali i oni se moraju postaviti na preciznim i nosećim položajima koje biblijski nacrt precizno navodi, kako bi celokupna struktura mogla da bude čvrsto izgrađena. Koliko god da nam je lepa fasada, struktura će se raspasti ako zidamo na pesku ili s nestabilnim materijalima.

U večnosti, naš posao će preživeti vatru poslednjeg dana jedino ako zidamo „zlato, srebro, drago kamenje", koje je navedeno u biblijskom nacrtu (1. Kor. 3,12). Grad bez tog plana će se garantovano zidati jeftinijim, sveprisutnim materijalima kao što su „drva, seno, slama", koji će naposletku svi izgoreti (stihovi 13-15). Ako zanemarimo Božji plan za crkvu i umesto njega koristimo sopstveni, sav naš trud će u večnosti svakako biti uzaludan. Zato je veoma bitno da već ovde, na samom početku, s Biblijom na umu razmislimo o tom osnovnom pitanju: šta je lokalna crkva? U suštini, Božja zamisao je da lokalna crkva bude zajednički prikaz njegove slave i mudrosti – i nevernima i nevidljivim duhovnim silama (Jn. 13,34-35; Ef. 3,10-11). Još preciznije, mi smo kao zajednica mesto na kome obitava Božji Duh (Ef. 2,19-22; 1. Kor. 3,16-17), organsko Hristovo telo koje uvećava njegovu slavu (Dela 9,4; 1. Kor. 12). Grčka reč za crkvu je *ekklēsia* i odnosi se na okupljanje ili zajedništvo ljudi. Crkva je Božji instrument koji njegovu slavu prikazuje njegovoj tvorevini.

Jedinstvenost crkve leži u njenoj poruci – evanđelju. Crkva je jedina institucija kojoj je Bog poverio svoju poruku o pokajanju zbog greha i veri u Isusa Hrista radi zadobijanja oproštaja. Evanđelje svoj vizuelni prikaz nalazi u obredima krštenja i pričesti; oba obreda je uspostavio sam Hristos. Obeležja crkve koja je izdvajaju od svega ostalog su, stoga, ispravno propovedanje evanđelja i ispravno upravljanje biblijskim obredima koji ga ilustruju.

Zato je struktura koju gradimo u suštini usmerena na Boga – to je struktura usmerena ka Bogu, osmišljena da prikaže slavu njegovog karaktera i istinu njegovog evanđelja. Ona je takođe okrenuta ka spolja; ali čak i u tojokrenutosti ka spolja ona je usmerena na Boga, jer smo na tu stranu usmereni radi širenja Božjeg karaktera i evanđelja po svim narodima – kako bismo okupili više njegovih sledbenika i tako uveličali njegovu slavu.

Naša služba je služba uveličavanja – truda da se Božja slava pred očima sveta pokaže onoliko velika koliko i jeste. To činimo tako što je, u formi lokalne crkve, približavamo da bismo je bolje i pažljivije osmotrili. Ono što gradimo, dakle, nije još jedna neprofitna organizacija ili hrišćansko društvo. Mi zidamo zajedničku, organsku strukturu koja će precizno uveličati Božju slavu i verno saopštiti njegovo evanđelje. Na kraju krajeva, Isus je taj koji gradi svoju crkvu (Mt. 16,18). Ipak, on nam je milostivo dozvolio da učestvujemo u procesu izgradnje, tako da stkrukturu i život crkve moramo da gradimo u skladu s biblijskim nacrtom. Šta *vi* pokušavate da izgradite?

KAKO TREBA DA GRADIMO?

Kako ćemo onda izgraditi zdravu crkvu? Različiti odeljci evanđeoskog hrišćanstva već su nam ponudili bezbroj odgovora. Neki misle da je potrebno da dobro poznajemo ciljnu grupu, koju ćemo zatim privući tako što ćemo odgovoriti na njene potrebe.[1] Drugi smatraju da je ključ u razvijanju žive mreže malih grupa u kojima se može ostvariti „prava zajednica". Mnogi savetuju da se treba otarasiti „starih" metoda koje su delovale pre pedeset godina i prihvatiti nove, primerenije našem postmodernom okruženju.[2] Neki zagovaraju povratak religioznim simbolima u proslavljanju kako bi ljudi bolje doživeli sveto i povezali se sa prošlošću za kojom tragaju u crkvi.[3] Drugi pak kažu da ćemo napredovati ako rasprodamo crkvene zgrade i počnemo

---

1   Rick Warren, *The Purpose Driven Church* (Grand Rapids, MI: Zondervan, 1995).

2   James White, *Rethinking the Church* (Grand Rapids, MI: Baker, 2003).

3   Dan Kimball, *The Emerging Church* (Grand Rapids, MI: Zondervan, 2003).

da razvijamo crkve po kućama.[4] Opet, neki tvrde da možemo da radimo bilo šta što deluje u lokalnoj sredini, pod uslovom da je etično. Kako onda da se snađemo u ovom lavirintu savremenih metoda? Postoji li kompas koji će nam pomoći da se izvučemo? Postoji li način da se uzdignemo iznad šikare sintetičkih modela službe kako bismo iz ptičje perspektive pronašli put koji će nas povesti napred?

Pretpostavka ovih i mnogih drugih modela službe glasi da Bogu metode i nisu toliko važne. „Ako to i to pomaže da se ljudi dovedu u crkvu i osete da su nedeljom zaista proslavili Boga, onda mora da je dobro, zar ne?"

Bogu je, kad je reč o izgradnji naroda radi njegovog imena i slave, zaista stalo na koji način učestvujemo u njegovom cilju otkupljenja.

Kao što ćemo videti u 1. glavi, samo evanđelje je Božja sila koja gradi Hristovo telo (Is. 55,10-11; Rim. 1,16; 1. Pet. 1,23-25). Reč gradi crkvu. Naša moć ne leži u malim grupama, izlaženju u susret potrebama ciljnih grupa, upotrebi valjanog programa evangelizacije, zabavnim skečevima, obeležavanju novih parking-mesta niti prilagođavanju službe postmodernizmu. Naša moć je u našoj jedinstvenoj poruci – evanđelju (*euangelion* na grčkom) – a ne u nekakvim inovacijama. Kao takav, naš osnovni metod mora da bude jasno javljanje te poruke što je šire moguće. U biblijskom smislu, to znači da moramo da je verno propovedamo (*euangelizo* na grčkom) i neustrašivo pozivamo na pokajanje i veru kao jedinu spasonosnu reakciju (Mk. 1,14-15). Dakle, pre nego što počnemo da pričamo o detaljima odgovornog zida-

---

4   Wolfgang Simson, *Houses That Change the World* (Carlisle, Cumbria, UK: Paternoster, 2001).

nja crkve, hajde da razjasnimo odnos između Hristovog evanđelja i metoda onih koji mu služe.

1. *Metode pod uticajem teologije.* Shvatali mi to ili ne, naš stav o evanđelju će oblikovati način na koji ga delimo sa drugima. Naša teologija radosne vesti uticaće na to kako gradimo crkvu.

2. *Božje metode utvrđuju naše.* Metode koje koristimo da sadimo i zalivamo u Božjem vinogradu moraju da budu podređene i potpuno usklađene s delovanjem Božje metode rasta – evanđeljem, onakvim kakvim ga verno propovedaju njegove sluge. Rad koji se protivi Božjim procesima često se protivi i njegovim planovima.[5]

3. *Evanđelje nas i osposobljava i poučava za učešće u ostvarivanju Božjih planova.* Mi nismo u stanju da sami ni uđemo u Božje carstvo, a kamoli da služimo unutar njega, ukoliko njegovo evanđelje najpre ne obavi svoj posao u nama; isto tako ne umemo ni da služimo u njegovom carstvu ako nam njegovo evanđelje najpre ne pruži parametre za to. Pošto je evanđelje takvo, svaki metod službe koji koristimo mora biti oblikovan i procenjen isključivo po njemu.

4. *Naša mera uspeha mora da bude vernost evanđelju, a ne rezultati koje postižemo.* Božja sila za duhovni život i istinsku svetost počiva u evanđelju. Zato je najmerodavnija odanost, a ne inovativnost niti bilo kakvi neposredni i vidljivi rezultati. Vračar Simon je privlačio gomile koje su ga čak nazivale silom Božjom, ali njegova sila, motiv i poruka bili su varka (Dela 8,9-11). Mi smo po-

---

5   To ne znači da sve naše procedure imaju svoje utemeljenje u nekom biblijskom tekstu. Biblija, na primer, nigde ne spominje razgovor s novim članovima. Međutim, to jeste metodološki iskaz našeg razumevanja sadržaja i značaja evanđelja, kao i čistote članstva u lokalnoj crkvi i promišljanja kako ona u svom okruženju svedoči o evanđelju.

zvani da kao glasnici budemo verni. Samo Bog može da uzro-
kuje pravi rast (1. Kor. 3,6-7), a on to čini evanđeljem (Rim.
10,14-17; Gal. 3,1-5).

Evanđelje je, dakle, da je Bog naš sveti Tvorac i pravedni
Sudija. On nas je stvorio da ga proslavimo i zauvek se raduje-
mo u njemu, ali svi smo zgrešili – i u Adamu kao predstavniku
čovečanstva i u našim individualnim postupcima (Rim. 5,12;
3,23). Stoga zaslužujemo smrt – duhovno razdvajanje od Bo-
ga u paklu (6,23; Ef. 2,3) – i zapravo smo po prirodi duhovna
mrtvorođenčad, bespomoćni u svojim gresima (Ps. 51,5; Rim.
5,6-8; Ef. 2,1), tako da Bog mora da u nas usadi duhovni život
(Jez. 37,1-14; Jn. 3,3). Bog je poslao svog Sina Isusa Hrista, u
potpunosti Boga i u potpunosti čoveka (Fil. 2,5-11), da umre
smrću koju smo mi zaslužili, i vaskrsao ga je da bismo mi bili
opravdani, dokazujući time da je on zaista Božji Sin (Rim. 5,1;
1,4). Ako hoćemo da nam se pripiše Hristova savršena pra-
vednost, a da se kazna za naše grehe njemu uračuna, moramo
da se pokajemo od svojih greha i radi spasenja poverujemo u
Isusa Hrista (2. Kor. 5,21; Mk. 1,14-15).

Zapoveđeno nam je da propovedamo samo evanđelje i ni-
šta drugo (Gal. 1,6-9; 2. Tim. 4,2). Samo evanđelje sadrži teo-
logiju koja mora da stoji iza naših metoda službe. Jedino evan-
đelje Bog koristi da stvori svoj narod. Samo evanđelje može
da nas osposobi i pouči za učešće u Božjem planu otkuplje-
nja. Samim tim, samo evanđelje zaslužuje da oblikuje i oceni i
naše metode i našu službu.

KOLIKO ĆE NAS TA GRADNJA KOŠTATI?

Lako je biti veran u trenucima uspeha; na kraju krajeva, uspeh je ono što će uvek zapušiti usta skepticima. Možda ste motivisani da oponašate neki model službe nalik ovome ne samo zato što je biblijski, već i zato što se na drugim mestima pokazao kao uspešan. Pa ipak, upravo smo rekli da vidljivi rezultati ne mogu biti merilo naše službe, što nas stavlja pred uznemirujuće pitanje: šta ako neposredni rezultati ne budu onakvi kakvim smo ih zamišljali? Šta ako se, po Božjoj promisli, stvari samo pogoršaju i vaša vernost počne da liči na ono što bi svet nazvao neuspehom? Šta ako vas, uprkos svem vašem strpljenju i vernosti, drugi i dalje ignorišu kao vođu, ljudi i dalje napuštaju crkvu u kojoj, i dalje, nema novoobraćenih, a evanđelje u njoj izaziva još više sukoba nego što ste očekivali? Šta ako vas isti problematični vođa i dalje ima na zubu i namerava da vas otpusti, upravo zato što sledite savete ove knjige?

Naravno, čak i kod vernih vođa uvek ima prostora za rast, tako da se samopreispitivanje svakako očekuje. Ne postoji bezgrešan pastor. Ipak, čak i ako vam rast članstva i širenje evanđelja i dalje izmiču, ne posustajte i ne odustajte. Evanđelje je i dalje sila Božja na spasenje i ono i dalje radi svoje u vama i u onima oko vas. Isus je i dalje vaš Prvosveštenik i zna kako je to biti bezgrešno veran, a svoj zemaljski život je završio bez mnogo rezultata. Isusovih dvanaest najboljih momaka napustilo ga je kad je sve zaškripalo. Jedan od njih ga je bez ustezanja izdao, jedan je više puta tvrdio da ga i ne poznaje, a jedan je tako zaždio da je ostao bez odeće (Mk. 14,50-52). Isus je umro smrću prokletog zločinca.

Nije ni čudo što u pozadini čujemo slugu koji pati i moli se: „Uzalud se trudih, uzalud i naprazno potroših silu svoju; ali opet sud je moj u Gospoda i posao moj u Boga mog" (Is. 49,4). Isus je tako osećao, mislio i molio se – a ako mu služite, možda ćete i vi. Slično tome, i apostola Pavla su neke od crkava koje je on sam osnovao tretirale kao neprijatelja (Gal. 4,16), a prilikom njegove prve javne odbrane niko od njegovih obraćenika nije se pojavio da ga podrži – baš nijedan (2. Tim. 4,16). Pa opet, Isusa i Pavla ne smatramo neuspešnima, zar ne?

Ne shvatite nas pogrešno. Ne bismo želeli da vodite tako da inicirate bespotrebne sukobe. Budite mudri kao zmije i bezazleni kao golubovi. Upoznajte svoju sredinu i zajednicu i prilagodite im se. Patnja nije nikakva vrlina ukoliko je posledica toga što ste govorili pre nego što ste saslušali (Priče 18,13). Strpljenje je ono što će sačuvati pastora. Opet, to što ste poslušali savete ove knjige ne znači nužno da ćete na kraju biti pastor crkve od hiljadu članova u centru nekog zanimljivog grada. Kad se to ne desi, to ne znači da saveti ne deluju niti da je vaša služba neuspešna! Bog upotrebljava razne pastore na raznim mestima, u crkvama raznih veličina. Takođe, neće svaki pastorat, pa čak ni svaka lokalna crkva, doživeti uspeh kakav možda želimo ili očekujemo. Bog svojim slugama nikad ne obećava slavu, žižu javnosti niti ono što svet pozdravlja kao uspeh. Sećate li se šta je Bog rekao Varuhu u Jeremiji 45,5? „A ti li ćeš tražiti sebi velike stvari? Ne traži." Varuh je želeo da postane poznat kao pisar u službi proroka koji menja moralnu atmosferu u Izrailju s ciljem da narod izbegne progonstvo, vrati se Bogu i vidi obnovu carstva – što i nisu tako loše ambicije – ali eto, nije bilo suđeno. Slično tome, Ilija je pomislio da bi njegov sukob s Valovim prorocima mogao da bude tačka preokreta za Božji narod, ali ga je reakcija naroda na njegovu službu gorko razočarala.

Nemojte pogrešno da nas shvatite – mi smo optimisti kad je reč o evanđelju i želimo da i vi očekujete velike stvari od Boga. Budite jaki i hrabri! Samo hoćemo da kažemo da knjiga koju držite nije prečica do eksplozije brojeva i slave u svetu evangelizacije. Ona vas takođe neće izuzeti od cene koju nosi krst. Ako ste posvećeni izgradnji zdrave crkve na temeljima evanđelja, onda se pripremite za život i službu oblikovane krstom, jer evanđelje jeste evanđelje krsta. Podižete svoj krst i sledite Isusa. Onaj koji sačuva svoj život izgubiće ga, ali onaj koji izgubi život Hrista i evanđelja radi, spašće ga. Poziv u službu je poziv na smrt – na umiranje sebi, grehu, sebičnim ambicijama, klanjanju sopstvenom uspehu i podizanju sopstvenog ugleda. Ako do sada u službi niste umrli na ovaj način, onda je verovatno niste pravilno vršili.

Ali sve je to vredno truda, jer evo u čemu je naša nada: poziv na službu je poziv na smrt koja se uvek završava vaskrsenjem – možda ne odmah, ali na kraju svakako da. U hrišćanskom životu i službi bez patnje nema ni slave; to je važilo čak i za Isusa (Fil. 2,5-11). Ali ako patimo s njim, s njim ćemo se i proslaviti (Rim. 8,17). Niko ko umre za Hrista i radi njega neće ostati u grobu. On uvek vaskrsava svoje.

Verujte na reč jednom starom apostolu: duboko zajedništvo sa Hristom postoji čak i usred patnje, a koliko li je tek u sili njegovog vaskrsenja (Fil. 3,10-11). Patiti zajedno sa Hristom – to je jedna od velikih privilegija hrišćanske službe, neophodna da bismo se saobrazili s njegovim likom i jedan od najvažnijih uslova da i sami počnemo da donosimo rod (Jn. 12,24-26). Naše umiranje sebi u službi Bog koristi i da bi stvorio život u drugima. Mi „kud god idemo svagda nosimo Hristovo umiranje na svom telu, da se i život Isusov pokaže na našem telu. Nas žive, naime, svagda predaju smrti zbog Isusa, da se i život Isusov pokaže na našem smrtnom telu. Tako smrt deluje u nama, a život u vama" (2. Kor. 4,10-12).

Hrišćanine, u svojoj službi očekuj krst, čak i više njih. A zatim očekuj da te Bog stalno iznova diže iz mrtvih. „Čak smo i sami u sebi došli do zaključka da moramo umreti, da se ne bismo uzdali u same sebe, nego u Boga koji vaskrsava mrtve" (2. Kor. 1,9). Isus ponovo stvara svoju patnju u nama kako bi u nama ponovio i vaskrsenje, tako da kada nas pogledaju, drugi u nama vide silu Hrista raspetoga – i vaskrsloga. Za ovo je Petar pripremao crkve u svojoj prvoj poslanici – patnju i nakon nje slavu. Isus je umro u sramoti da bi vaskrsao u slavi (1. Pet. 1,18-21), a sve to kako bismo mi mogli da umremo grehu i živimo pravednosti. Trpeo je dajući nam primer da bismo mi mogli da krenemo njegovim stopama" (2,22-24). Te stope su vodile do krsta, ali slava Bogu, nisu se tamo zaustavile.

TEME ZA RAZMIŠLJANJE

① Šta pokreće vašu crkvu – sam sadržaj poruke ili jedinstvenost načina na koji se iznosi?

② Da li metode vaše službe pokreće biblijska teologija ili bilo šta što će da deluje?

③ Da li uspeh merite na osnovu rezultata ili na osnovu vernosti Božjoj Reči?

Prvi odeljak

OKUPLJANJE CRKVE

1
PMLS

Na razgovoru u crkvi Kapitol Hil pre nego što su me pozvali da im budem pastor neko me je zapitao da li imam program ili plan za rast crkve.[1] Verovatno na veliko iznenađenje te osobe (a možda i na vaše!), odgovorio sam da nemam nikakvih velikih planova i programa. Rekao sam da je PMLS moje jedino oružje – propovedaću, moliću se, razvijaću sa drugima odnos ličnog učeništva i biću strpljiv.

PROPOVEDANJE
Neke je možda još više iznenadilo to što sam rekao da mi nimalo ne smeta ako svaki aspekt moje javne službe doživi neuspeh, ukoliko je to potrebno – osim propovedanja Božje Reči. Kako jedan kandidat za pastora može tako nešto da kaže crkvi? Time sam hteo da kažem da postoji samo jedna stvar koja je po Bibliji neophodna za izgradnju crkve, a to je propovedana Božja Reč. Drugi mogu da se bave svim ostalim poslovima, ali samo mene je zajednica izdvojila i dala mi tu odgovornost da javno poučavam iz Božje Reči. To treba da bude izvor našeg duhovnog života, i kao pojedinaca i kao zajednice.

---

1   U ostatku knjige, sve što je izrečeno u prvom licu odnosi se na Marka Devera, ne na Pola Aleksandera.

Božja Reč je oduvek bila oruđe koje je Bog sam odabrao da stvara, ubeđuje, obraća i oblikuje svoj narod. Još od prve njegove najave evanđelja date u Prvoj Mojsijevoj 3,15, preko prve reči obećanja Avramu u Prvoj Mojsijevoj 12,1-3, pa do pravila u vezi s tim obećanjem datih njegovom Rečju u Deset zapovesti (2. Moj. 20), Bog svom narodu posredstvom svoje Reči daje život, zdravlje i svetost. Od reformi pod Josijom u Drugoj carevima 22 – 23, preko probuđenja za Božje delo pod Nemijom i Jezdrom u Nemiji 8 – 9, sve do one veličanstvene vizije doline pune suvih kostiju iz Jezekilja 37,1-14, u kojoj Bog propovedanjem svoje Reči udahnjuje život Duha u svoj mrtvi narod, Bog je oduvek slao svoju Reč kad je hteo da obnovi život u svom narodu i okupi ga radi svoje slave. Bog radi preko svoje Reči. On to čak i sam kaže u Isaiji 55,10-11:

> Jer kako pada dažd ili sneg s neba i ne vraća se onamo, nego natapa zemlju i učini da rađa i da se zeleni, da daje seme da se seje i hleb da se jede, tako će biti reč moja kad izađe iz mojih usta: neće se vratiti k meni prazna, nego će učiniti šta mi je drago, i srećno će svršiti na šta je pošaljem.

Novozavetno svedočanstvo o primatu Božje Reči u njegovoj metodi je podjednako upadljivo. „Neće čovek živeti o samom hlebu, nego od svake reči koja izlazi iz usta Božijih" (Mt. 4,4). Reč nas održava. „U početku beše Reč Božija i... u njoj beše život... I Reč se ovaploti i stanova među nama" (Jn. 1,1, 4, 14). Isus, utelovljena Reč, jeste vrhunski život koji je ovaploćen. „Tako je reč Gospodnja snažno rasla, i pokaza svoju moć" (Dela 19,20; up. sa 6,7; 12,20-24). Reč raste i bori se. „I sad vas predajem… njegovoj blagodatnoj reči, koja može da nazida i omogući nasledstvo među svima osvećenima" (20,32). Reč je ono što nas gradi i čuva. „Ja se, naime, ne stidim evanđelja, jer je ono sila Božija na spasenje svakome ko u njega veruje" (Rim. 1,16; up. sa 1. Kor. 1,18). Evanđelje, najčistiji Božji izraz njegove Reči jeste ta delotvorna sila koja donosi spasenje.[2] „Vera, dakle, potiče od propovedi, a propoved biva Hristovom rečju" (Rim. 10,17). Božja Reč je ono što stvara veru. „Vi [ste]… reč Božiju, koju ste čuli od nas, primili ne kao ljudsku reč, nego kao reč Božiju — kao što zaista i jeste, koja je delotvorna u vama koji verujete" (1. Sol. 2,13). Reč u vernicima sprovodi Božje delo. „Jer je reč Božija živa, i delotvorna, i oštrija od svakog mača s dve oštrice, te doseže do rastavljanja duše i duha, zglavaka i moždine, pa sudi mislima i smeranjima srca" (Jev. 4,12). Božja reč nas uverava u istinu. „Po svojoj volji on nas je rodio istinitom rečju" (Jak. 1,18). Božja Reč nam daje novo rođenje. Jakov nas nešto kasnije savetuje: „S krotošću primite usađenu reč koja je kadra spasti vaše duše" (21. stih). Reč nas spasava. I Petar potvrđuje tu silu kojom Božja Reč donosi novo rođenje: „Niste preporođeni propadljivim semenom nego nepropadljivim, živom i postojanom rečju Božijom… A to je reč koja vam je kao evanđelje objavljena" (1. Pet. 1,23, 25). Božja Reč ima silu koja teši i daje život! Evanđelje je Božji način da udahne život u mrtve grešnike – i mrtve crkve (Jez. 37,1-14). On nema nijedan drugi način. Ako želimo da radimo na obnavljanju života, zdravlja i svetosti naših crkava, onda to moramo činiti u skladu

---

2   Jednostavan dokaz da su izrazi „evanđelje" i „Božja Reč" jedno te isto nalazimo u Prvoj Solunjanima 2,9 i 13, gde ih Pavle naizmenično upotrebljava. U stihu 2,9 kaže da je ono što im je „propovedao" bilo „evanđelje Božje", dok u 13. stihu kaže da je ono što su od njega „primili" i „čuli" bila „reč Božja".

s Božjim otkrivenim modelom delovanja. U suprotnom rizikujemo da sav naš trud bude uzaludan. Božja Reč je njegova natprirodna sila koja ostvaruje njegovo natprirodno delo. Zato su naša rečitost, maštovitost i programi mnogo manje važni nego što mislimo; zato mi kao pastori moramo da se predamo propovedanju, a ne programima i zato treba da učimo zajednicu da više od raznih programa ceni Božju Reč. Propovedanje o sadržaju i namerama Božje Reči oslobodiće Božju silu među Božjim narodom, jer njegova sila koja gradi narod nalazi se upravo u Reči, onoj koju nalazimo u evanđelju (Rim. 1,16). Božja Reč gradi njegovu crkvu.

Propovedanje evanđelja je, dakle, najvažnije.[3]

MOLITVA

Mnogi muškarci, naročito na Zapadu, često su previše predani poslu. To je razumljivo – produktivnost će nas na zdrav način podići više nego bilo koja droga i to bez ikakvog kriziranja ili mamurluka. Ovo može da važi za pastore (ponekad naročito za njih), jer se s pravom trudimo da ne budemo lenji i bez plodova u svojoj službi. Želimo da se u Gospodnjem vinogradu pokažemo kao marljivi radnici kako bismo na kraju mogli da čujemo: „Dobro, slugo dobri i verni." Međutim, molitva nam ne izgleda uvek kao nešto što je produktivno koliko i sedenje uz kompjuter, predsedavanje sastanku odbora, savetovanje člana crkve

---

3   Za više o tome kako da propovedate o sadržaju i nameri nekog odlomka iz Pisma pogledajte John Stott, *Between Two Worlds* (Grand Rapids, MI: Eerdmans, 1982) ili Dejvid Helm, *Ekspozicijsko propovedanje* (Hrišćansko udruženje Projekat Timotej, 2020). Više o tome kako treba planirati propovedi i službe pronaći ćete na veb-adresi www.9marks.org/journal/expositional-preaching/.

u vezi s nekim problemom, čitanje dobre knjige s kandidatom za pastora ili izlazak u svet i evangeliziranje.

Sa željom da se popravimo, mi tada molitvu zanemarujemo ili potcenjujemo, jer je na neki način povezujemo s odugovlačenjem, odnosno odlaganjem posla. Međutim, molitva je neophodan deo posla. Ona nam pokazuje da zavisimo od Boga. Ona mu odaje počast kao izvoru svakog blagoslova i podseća nas da su obraćeni pojedinci i crkve koje rastu njegovo delo, a ne naše (1. Kor. 2,14-16; 3,6-7). Isus nam kaže da ako živimo u njemu i njegove reči žive u nama možemo da tražimo bilo šta u skladu s njegovom voljom, s uverenjem da će nam on to i dati (Jn. 15,10, 16). Kakvo obećanje! Bojim se da su mnogi od nas već toliko upoznati s njim da nam u uhu već zvuči pomalo otrcano. Pa ipak, moramo ga čuti kao obećanje koje nas diže iz uspavanog života bez molitve i radosno vodi na kolena.

Kada, dakle, počnemo da radimo za zdravlje i svetost crkve, za šta bi tačno trebalo da se molimo? (1) Da li za jednog pastora koji se moli za crkvu kojoj služi postoje primerenije molitve od onih koje je apostol Pavle uputio za crkve koje je osnovao (Ef. 1,15-23; 3,16-21; Fil. 1,9-11; Kol. 1,9-12; 2. Sol. 1,11-12)? Neka vam ove molitve budu početna tačka za šire i doslednije biblijsko moljenje.[4] To je još jedan način da se transformišuća sila evanđelja oslobodi u životu članova crkve. (2) Molite se da vaše propovedanje evanđelja bude verno, precizno i jasno. (3) Molite se da zajednica postaje sve zrelija, da lokalna crkva uzraste u međusobnoj ljubavi, svetosti i zdravom učenju, tako da njeno svedočanstvo u okruženju bude izrazi

---

4   Up. sa D. A. Carson, *A Call to Spiritual Reformation: Priorities from Paul and His Prayers* (Grand Rapids, MI: Baker, 1992).

to čisto i privlačno nevernima. (4) Molite se da vaše propovedanje evanđelja čini da se grešnici obraćaju, a crkva gradi. (5) Molite se da vi i drugi članovi crkve dobijate prilike da govorite o evanđelju u ličnim susretima.

Jedna od najpraktičnijih stvari koje možete da učinite za sopstveni molitveni život, ali i za molitveni život ostalih članova crkve, jeste sastavljanje spiska članova crkve (sa slikama, ako je to moguće) kako bi svako u crkvi mogao da se svakog dana moli za jednu stranicu. Naš spisak broji otprilike dvadeset sedam članova po običnoj stranici. Takođe imamo odeljke za članove u okolini koji nisu u stanju da dolaze, kao i za članove koji ne žive blizu; na jednoj stranici su starešine, đakoni, đakonice, službenici, članovi osoblja i stažisti; imamo odeljke sa decom članova crkve, učenicima, radnicima (kao što su misionari) i bivšim osobljem i stažistima. Ljude obično podstičemo da se mole za stranicu koja odgovara datumu tekućeg meseca (npr. 1. juna se mole za 1. stranu, 2. juna za 2. stranu itd.).

Budite svojoj zajednici primer verne molitve tako što ćete se u svoje slobodno vreme moliti po spisku članova; javno ohrabrite zajednicu da joj molitva uz spisak postane svakodnevna navika. Vaše molitve za njih ne moraju da budu duge, već samo biblijske. Odaberite možda jedan ili dva stiha iz Pisma da se molite za njih, a zatim u molitvi izgovorite smislenu rečenicu-dve na osnovu onoga što znate da im se trenutno dešava u životu. Dobro upoznajte ovce svoga stada da biste mogli da se molite za nešto konkretno u njihovom životu. Ako ima onih koje još ne poznajete toliko dobro, za njih se pomolite jednostavno na osnovu onoga što ste tog dana pročitali u Bibliji. Kad počnete ovako da se molite za druge i podstaknete zajednicu da vam se u tome pridruži, to može silno uticati na rast crkve. Takva molitva podstiče nesebičnost u molitvenom životu pojedinca; što je najvažnije, pomoći će u negovanju zajedničke kulture molitve koja će, ako ljudi nastave da se verno mole, postepeno postati obeležje vaše crkve.

TEME ZA RAZMIŠLJANJE

① Zašto je propovedanje evanđelja tako značajno za život crkve?

② Koja ćete tri biblijska odlomka naučiti napamet radi molitve za svoju crkvu?

LIČNO UČENIŠTVO

Jedan od najbiblijskijih i najkorisnijih načina da kao pastor upotrebite svoje vreme jeste negovanje odnosa ličnog učeništva, u kojima se s nekolicinom ljudi redovno sastajete nasamo radi njihovog duhovnog dobra. To, između ostalog, možete ostvariti i tako što ćete posle nedeljne službe podstaći ljude da vam se jave i zakažu ručak s vama. Oni koji se zainteresuju, jave se i ručaju s vama često će i ubuduće biti spremni na takve sastanke. Dok ih upoznajete, možete da im predložite neku knjigu koju možete zajedno da čitate i razgovarate o njoj jednom nedeljno, svake druge nedelje ili koliko često već možete. To će vam često otkriti oblasti u životu te osobe o kojima možete da razgovarate, u kojima možete da je ohrabrite, opomenete ili se za nju molite. Nije bitno da li ćete joj reći da s njom zapravo razvijate odnos učeništva. Cilj je da je upoznate i zavolite na očigledno hrišćanski način tako što ćete joj činiti duhovno dobro. Preuzmite inicijativu i licem u lice pokažite da vam je stalo do drugih.

Ovakav vid ličnog učeništva nam pomaže na mnoštvu frontova. Očigledno je dobar za osobu koja je učenik, jer dobija biblijsko ohrabrenje i savet od nekoga ko je možda malo ispred nje – i u smislu životnog iskustva i kad je reč o hodu sa Bogom. Na ovaj način učeništvo može da funkcioniše kao još jedan kanal kojim Reč može da se ulije u srce članova i sprovede u delo u kontekstu međuljudskog zajedništva. Ono je dobro i za onoga koji poučava druge, bilo da je reč o plaćenom pastoru ili nekome ko i nije među osobljem crkve, jer nas hrabri da učeništvo ne shvatimo samo kao nešto što rade superhrišćani, već kao sastavni deo našeg učeničkog odnosa sa Hristom. Zbog toga će uglavnom za vas kao pastora biti mudro da javno podstičete članove crkve da se jednom nedeljno okupe na zajedničkom obroku sa starijim ili mlađim članovima i s njima povedu duhovni razgovor o knjigama iz oblasti hrišćanske teologije i života. Članovi moraju da znaju da duhovna zrelost nije povezana samo s molitvom u osami, već i s ljubavlju prema vernima i njenim konkretnim izrazima. Kad članovi koji nisu deo osoblja uspostavljaju odnos učeništva s drugima, jedan od zdravih nusproizvoda jeste napredak i rast kulture u zajednici koja je očigledno hrišćanska i u kojoj ljudi vole jedni druge ne kao što svet voli, već kao Hristovi sledbenici, koji se zajedno trude da razumeju i u svom životu pokažu uticaj njegove Reči na njih. Takvi odnosi su od koristi i za duhovni rast i za rast u brojkama.

Za vas kao pastora, jedna od zdravih posledica odnosa ličnog učeništva s drugim članovima crkve jeste to što će članovi malo spustiti gard pred vašim pastirskim vođstvom. Promena će uvek naići na opiranje, ali kad se malo otvorite pred drugima i kad uvide da vam je zaista stalo do njihovog duhovnog blagostanja (1. Sol. 2,1-12), verovatno će vas videti kao brižnog prijatelja, duhovnog mentora i pobožnog vođu. Tada vaš postepeni podstrek na biblijsku promenu neće pogrešno smatrati željom za moći, stavljanjem sebe u prvi plan ili preteranom kritičnošću i negativnošću. Uspostavljanjem ovakvih odnosa ljudi će vas bolje upoznati, što će im pomoći da se uvere u vaš karakter i motive; tako će zajednica dostići dovoljan nivo uzdanja u vaše vođstvo. Oni postepeno razbijaju barijeru „mi protiv njega", koja, nažalost, često stoji između ranjive zajednice i novog pastora i pomažu u utiranju puta biblijskom rastu i promeni.

STRPLJENJE

Kad sam došao u Baptističku crkvu Kapitol Hil, prošla su tri meseca pre nego što sam prvi put propovedao na jutarnjoj službi nedeljom. Jednostavno sam dolazio na službe. Na razgovorima koje smo vodili pre nego što sam stigao to sam sâm tražio. Kad sam objasnio zašto mi je potrebno toliko, crkvene vođe su se složile. To je pokazalo da poštujem zajednicu, dalo mi je vremena da uočim na šta su se ljudi navikli, a njima je pokazalo da ne žurim baš toliko da sve izmenjam. Shvatam da nemamo baš svi taj luksuz da prva tri meseca nakon što dođemo u crkvu ne propovedamo, međutim, ako je moguće, preporučujem vam da učinite tako. Svoj pastirski uticaj ćete najbolje izgubiti ako žurite i namećete radikalne promene (čak i ako su u skladu s Biblijom) pre nego što su ljudi spremni da vas slede i prihvate ih. Za mnoge od nas bilo bi mudro da umanjimo sopstvena očekivanja i proširimo vremenske horizonte. Do zdravih promena u crkvi koje će proslaviti Boga i staviti evanđelje na vidno mesto ne dolazi u prvoj godini nakon dolaska novog pastora. Bog radi za večna vremena i radio je od večnih vremena. On ne žuri, pa ni mi ne bi trebalo da žurimo. Zato će biti pametno da pokažemo da nam je stalo do zajednice i jedinstva crkve, i to tako što se nećemo toliko zaleteti napred da ljudi počnu da zaostaju za nama. Treba da trčimo brzinom koja omogućava i zajednici da nas prati.

Naravno, postoje stvari koje ćete morati prilično brzo da promenite. Ipak, koliko je to moguće, takve stvari menjajte u tišini i s ohrabrujućim osmehom, a ne s neodobravanjem i na sva zvona. Tačno je, treba da „pokaramo, zapretimo, opomenemo", ali to treba da činimo „sa svakom strpljivošću i poukom" (2. Tim. 4,2). Potrudite se da promene koje želite da uvedete budu biblijske (ili bar pametne!). Zatim strpljivo i na osnovu Božje Reči poučite ljude o njima, pa tek onda od njih možete očekivati da ih prihvate. Ovakvo strpljivo poučavanje je biblijski način da se u Božjem stadu poseje opšta saglasnost sa biblijskim planom rada. Kad se takva saglasnost poseje, manje je verovatno da će promena uzrokovati podele, a tako stvoreno jedinstvo neće biti krhko. Dok se trudite da unesete promene, radite i na tome da se među ljudima proširi iskrena, hrišćanska dobra volja. „Jer služitelj Gospodnji ne treba da se upušta u takve borbe, nego treba da bude blag prema svima, kadar poučiti, voljan zlo podnositi, da u krotkosti vaspitava one koji se protive, ne bi li im kako Bog dao pokajanje na poznanje istine" (2. Tim. 2,24-25). Žurite, ali polako – i s blagošću.

Da bismo pokazali i, uopšte, imali ovakvo strpljenje, ključno je da na pravi način posmatramo pojmove vremena, večnosti i uspeha.

1. *Vreme.* Većina nas razmišlja samo o narednih pet ili deset godina (ako i toliko). Međutim, strpljenje u pastirskoj službi zahteva razmišljanje o narednih dvadeset, trideset, četrde-

set, pa možda čak i pedeset godina službe. To nam omogućava da dobro sagledamo sve teškoće. U jednom intervjuu za službu 9Marks, Džon Makartur se osvrnuo na svojih četrdeset godina pastirske vernosti istoj crkvi, Zajednici milosti u kalifornijskom San Veliju.[5] Tokom pete godine njegove službe među vođama je došlo do neslaganja i podele. Međutim, on je istrajao i tvrdi da sad može da vidi šta se dešava kad pastor ostane u crkvi trideset pet godina duže nego što bi s čovekovog gledišta morao: crkva je eksponencijalno donosila sve više roda i bila je sve punija pobožne blagodati i radosti. Da li nameravate da ostanete u svojoj zajednici na duže staze – dvadeset, trideset, četrdeset godina – ili biste više hteli da „napredujete na lestvici" i za pet ili deset godina preuzmete neku veću crkvu? Gradite li zajednicu ili karijeru? Ostanite sa zajednicom. Nastavite da poučavate. Nastavite da gradite model. Nastavite da vodite. Nastavite da volite.

Ako ste mladi i revnosni pastor koji tek treba da dobije poziv da propoveda, birajte mudro. Niko ne može da predvidi budućnost niti zna sve moguće ishode, ali možda zaista ne bi bilo pametno prihvatiti poziv iz crkve ili mesta u kojima ne vidite sebe duže od nekoliko godina. Idite onamo gde vam se čini da možete pustiti korenje do kraja života i posvetite se tome.

2. *Večnost.* Bog će od nas, kao pastora, tražiti da mu jednog dana položimo račune za to kako smo vodili i napasali njegove jaganjce (Jev. 13,17; Jak. 3,1). Sve što činimo pred njim je razotkriveno. On će znati da li smo zajednicu koristili samo da bismo izgradili karijeru. Znaće ako smo je prerano napustili radi sopstvene udobnosti ili koristi. Znaće ako smo bili previše grubi sa

---

5   „Četiri decenije službe sa Džonom Makarturom", snimljeno 12. jula 2002. Intervju se može poslušati ili skinuti na adresi www.9marks.org/interview/four-decades-ministry-john-macarthur/.

stadom. Vodite svoje stado tako da se na Sudnji dan ne postidite. „Što god činite, činite iz duše kao da činite Gospodu a ne ljudima, znajući da ćete od Gospoda kao uzvraćaj primiti nasledstvo. Služite Gospodu Hristu. Jer ko čini nepravdu primiće što je skrivio, i ne gleda se ko je ko" (Kol. 3,23-25).

3. *Uspeh*. Ako uspeh definišete na osnovu veličine crkve, onda će želja za rastom broja članova verovatno nadmašiti vašu strpljivost, pa možda čak i vernost biblijskim metodama. Ili će vaša služba ljudima biti prekinuta (tj. bićete otpušteni) ili ćete pribeći metodama koje privlače mase, ali ne propovedaju pravo evanđelje. Pašćete zbog prepone sopstvene ambicije. Međutim, ako uspeh definišete pomoću vernosti, onda ste u stanju da istrajete, jer ne robujete želji da odmah vidite rezultate i imate slobodu da budete verni poruci i metodama evanđelja, a brojke prepustite Gospodu. Možda će nam u početku to delovati ironično, ali porast u brojevima ćemo često videti upravo onda kad nam merilo vernosti bude važnije od veličine. Bog najviše voli da svoje stado poveri pastirima koji posao obavljaju onako kako je on rekao.

Naše strpljenje će procvetati onda kad budemo zahvalni i zadovoljni zbog mesta na koje nas je Gospod postavio. Stoga, ako ste u manjoj zajednici i na početku svoje službe, uživajte u jednostavnosti i blagodati dok još možete. Ne dajte da vaša ideja savršenog postane neprijatelj onome što je već dobro u crkvi kojoj služite. Volite zajednicu takvu kakva je, a ne onakvu kakva maštate da će postati. Ne poredite svoju situaciju sa situacijom ostalih sveštenika koje znate. Ako je moguće, trudite se da se zbližite s pastorima istomišljenicima u blizini koji mogu da se raduju s vama, da vas obodre u žalosti, pomognu da ispravno posmatrate stvari i hrabre duž celog puta.

Samouverenost u hrišćanskoj službi nije posledica lične umešnosti, harizme ili iskustva; takođe se ne stiče ni jednostavnim sprovođenjem pravih programa niti primenom novotarija u službi. Nećemo je nužno imati čak i ako imamo „odgovarajuću diplomu" za službu. Naše samopuzdanje, baš kao kod Isusa Navina, treba da leži u Božjem prisustvu, njegovoj sili i obećanjima (Is. Nav. 1,1-9). Još preciznije, ako hoćemo da postanemo i ostanemo pastori, imaćemo samopouzdanja onda kad sili Duha prepustimo da nas putem službe Hristove Reči osposobi za taj posao. „A takvo pouzdanje u Boga imamo kroz Isusa Hrista. Ne kao da smo sami od sebe kadri da o nečemu rasuđujemo — kao sami od sebe, nego je naša sposobnost od Boga, koji nas je osposobio za služitelje Novoga saveza, ne za služitelje slova, nego Duha; jer slovo ubija, a Duh oživljava" (2. Kor. 3,4-6). A kako nas to Duh osposobljava? Koje oruđe koristi? Nije reč ni o kakvom programu, nego o Hristovoj Reči. „Sve Pismo je bogonadahnuto i korisno za pouku, za karanje, za popravljanje, za odgajanje u pravednosti [zašto?], da Božiji čovek bude savršen, pripravljen za svako dobro delo" (2. Tim. 3,16-17; up. sa Jer. 1,9; Jez. 2,1-7; 3,1-11). Jedino što je neophodno jeste sila Hristove Reči. Zato će propovedanje i molitva uvek biti bez premca — kakva god novotarija je trenutno u modi. Neka vam služba bude utemeljena u sili evanđelja (Rim. 1,16).

TEME ZA RAZMIŠLJANJE

① Odaberite osobu u svojoj crkvi s kojom biste mogli da počnete da se sastajete radi njenog duhovnog dobra.

② Odaberite knjigu, možda čak i brošuru, koju biste voleli da zajedno s njom pročitate i razgovarate o njoj.

③ Da li možda vaše razumevanje vremena, večnosti i uspeha rađa nestrpljivost prema zajednici kojoj služite? Ako je tako, kako se to pokazuje? Kako biste mogli da preobrazite to svoje shvatanje?

2
POČETAK
RADA

Izgradnja lokalne crkve može da nam deluje obeshrabrujuće. Često se zajedno sa Pavlom zapitamo: „Ko je za sve ovo podoban?" (2. Kor. 2,16). Kako, dakle, da započnemo taj herkulovski podvig? Postoji li još neki temelj osim evanđelja? „Jer niko ne može da postavi drugi temelj, sem onoga koji je postavljen, a to je Isus Hristos" (1. Kor. 3,11).

POJAŠNJAVANJE EVANĐELJA

Strpljenje je vrlina pastora. Ali ako u nečemu ne treba da budete spori, to je propovedanje evanđelja (1. Kor. 2,1-5; 2. Tim. 4,1-5). Mnogi novi pastori starih crkava pretpostavljaju da pastva već ima osnovno razumevanje evanđelja i da živi hrišćanskim životom. Ipak, takva pretpostavka često čini da i članovi sve uzimaju zdravo za gotovo. Tačnije, kad ne razjašnjavamo evanđelje, već pretpostavimo da je svima dobro poznato, tada lakog srca dopuštamo ljudima koji se izjašnjavaju kao hrišćani da svoje obraćenje uzmu zdravo za gotovo, ne tragajući u sebi za njegovim dokazima – što sve zajedno može dovesti jedino do blažene uljuljkanosti u prokletstvo. Naša služba se, na kraju krajeva, svodi na ono: „Spašćeš i samoga sebe i one koji te slušaju" (1.

Tim. 4,16). Verovanje u istinito evanđelje i reakcija koja će pokazati pokajanje i tu veru – to je jedini način da se čovek spase. Stoga su evanđelje i neophodna reakcija na njega poslednje za šta treba da mislimo da je ljudima već poznato – čak i ako tvrde drugačije. Ljudsko srce je prevarno više svega (Jer. 17,9), nominalizam (u kome sebe samo nazivamo hrišćanima) se proširio po crkvi kao gangrena, a među ljudima koji se izjašnjavaju kao evanđeoski hrišćani vlada pogrešno razumevanje evanđelja, naročito kad je reč o njegovom odnosu prema drugim religijama i njegovom uticaju na naš svakodnevni život. Ljudi moraju da čuju evanđelje – izjašnjavali se oni kao hršićani ili ne.

Ono čime ih zadobijete verovatno će biti i ono *za šta* ćete ih zadobiti. Ako ih zadobijete evanđeljem, zadobili ste ih za evanđelje. Ako ih zadobijete tehnikom, programima, zabavom i harizmatičnom ličnošću, onda ste ih verovatno zadobili za sebe i svoje metode (a možda i ne!), ali se ipak najčešće dešava da ljudi nisu zadobijeni pre svega za evanđelje. „Jer mi ne objavljujemo sebe same nego Hrista Isusa Gospoda, a sebe smatramo vašim služiteljima Hrista radi" (2. Kor. 4,5). Drugim rečima, kad kasnije pokušate da sa tehnike, programa i zabave pažnju usmerite na evanđelje, verovatno ćete izgubiti te ljude; možda će se i obratiti, ali ne Hristu, nego vama. Hristovom evanđelju nikad nisu bili potrebni čovekovi trikovi da bi dovelo dušu do spasenja (Rim. 1,16; 1. Kor. 2,1-5).

Kako onda da počnemo pozitivno? Za početak, sebe stavite u pozadinu i propovedajte raspetog Hrista. Razjasnite šta je pravo evanđelje, kakvu reakciju zahteva i šta znači biti hrišćanin. Postarajte se da ljudi znaju da je Bog naš sveti Tvorac i pravedni Sudija, da smo mu svi zgrešili i postali predmet njegovog pravednog gneva, da je poslao Hrista da umre smrću koju smo mi svojim gresima zaslužili, da su Hristova smrt i vaskrsenje jedini način da se izmirimo s jedinim i istinitim Bogom i da na tu radosnu vest moramo da odgovorimo tako što ćemo se pokajati zbog greha i uzverovati u evanđelje – ako želimo da nam Bog oprosti, da se s njim izmirimo i spasemo od gneva koji dolazi. Potrudite se da ljudima bude jasno da moraju istrajati u životu pokajanja i vere, da njihov život mora da bude sve ispunjeniji ljubavlju i svetošću, što će dokazati da smo njegovi učenici (Jn. 15,8; up. sa Mt. 7,15-23; 1. Sol. 3,12-13; 1. Jn. 3,14; 4,8).

Neka sadržaj evanđelja obavi sav posao. To ne znači da treba da se opustite i budete dosadni, već da sebe treba da sklonite skroz u drugi plan. Ilustracije iz ličnog iskustva često služe samo isticanju sopstvene ličnosti. Ljudi ih vole jer vas tako bolje upoznaju, međutim, upravo to je ono o čemu pravi sluga evanđelja mora posebno da vodi računa za propovedaonicom – ne zato što ne želi da bude „autentičan“, nego zato što takve ilustracije obično više usmeravaju pažnju na nas nego na evanđelje. Zato ih koristite umereno, možda čak i nikako, naročito u prvim godinama službe kada smo svi skloniji mladalačkoj oholosti i ponosu koji popularnost nosi.

Pošto na kraju krajeva sve Pismo govori o Hristu, evanđelje možete da propovedate kao prirodni ishod bilo kog biblijskog teksta (Lk. 24,25-27, 45-47).[1] Ipak, za početak će možda biti mudro da sav govor, koliko god je to moguće, prepustite Isusu – ljudi se njemu retko kad protive! Započnite možda ekspozi-

---

[1] Ako želite da naučite kako da propovedate evanđelje iz bilo kog biblijskog odlomka, pomoći će vam Graeme Goldsworthy, *Preaching the Whole Bible as Christian Scripture* (Grand Rapids, MI: Eerdmans, 2000). Tema propovedanja evanđelja na osnovu starozavetnih tekstova je još strože obrađena u Sidney Greidanus, *Preaching Christ from the Old Testament* (Grand Rapids, MI: Eerdmans, 1999). Pogledajte i priručnik Bryan Chappell, *Christ-Centered Preaching* (Grand Rapids, MI: Baker, 1994).

cijskim propovedanjem iz evanđelja po Marku ili Jovanu. Neka čuju samog Isusa kako izgovara teške istine evanđelja. Predstavite ih njegovim rečima, ne svojim. Ako su ljudi u klupama zaista hrišćani, njegove reči će ih više dotaći nego vaše, a ako nisu, Isusove reči će im delotvornije prodreti do srca nego vaše. Zato je ekspozicijsko propovedanje tako važno, ne samo za početak, već i kao stalni plan ishrane za zajednicu – ono poentu odabranog teksta predstavlja i kao poentu propovedi, čime autoritet propovedi dobija temelj u autoritetu samog Pisma.

Razjašnjavanje evanđelja je toliko važno, naročito za početak rada, zato što moramo – koliko je do nas – da se pobrinemo za čistotu crkvenog članstva (tj. da svi članovi budu istinski obraćeni). Što je zajednici evanđelje jasnije, to će manje podložna biti mlakom nominalizmu i telesnim podelama. S druge strane, verovatnije ćete moći da oko radosne vesti, onoga što razlikuje crkvu od sveta, oblikujete zdravo jedinstvo koje će iz dana u dan sve više cvetati.

A kad se evanđelje razjasni, u čovekovom srcu počne svašta da se dešava. Da, ljudi postaju ohrabreni – ali i uvereni u sopstvenu grešnost. Ako zajednica već dugo nije čula propoved koja će joj predočiti greh, onda od nekih članova koji ne vole taj osećaj (ili ga možda ne razumeju) očekujte da budu iznenađeni; često se neće plašiti da vam to i kažu!

Kada i ako se to desi, setite se stiha 2. Tim. 2,24-26: „Jer služitelj Gospodnji ne treba da se upušta u takve borbe, nego treba da bude blag prema svima, kadar poučiti, voljan zlo podnositi, da u krotkosti vaspitava one koji se protive, ne bi li im kako Bog dao pokajanje na poznanje istine, i da se osveste od zamke đavola, koji ih je žive zarobio da čine njegovu volju.“

Ne treba da preziremo i izbegavamo takve teške razgovore. Takođe, u tim trenucima ne treba da branimo sebe. Naš zadatak je da napasamo jaganjce (i jarce!) strpljivom blagošću koja će slušaocima pomoći da spuste gard kako bi se iznova pokajali pred evanđeoskom istinom koju pokušavamo da iznova potvrdimo.

NEGOVANJE POVERENJA

Ako želite da vas slede, ljudi moraju da imaju poverenja u vas. To znači da ćete morati da im to olakšate, a to ćete morati da učinite bez bilo kakvih manipulacija. Božje stado poznaje njegov glas i bez problema će primetiti kada tog glasa ima ili nema u vašem. Tri od četiri najvažnija načina da zajednica stekne poverenje u vaše vođstvo su ekspozicijsko propovedanje, lični odnosi i poniznost.

1. *Ekspozicijsko propovedanje.* Kad ljudi vide da je poenta vaše propovedi jednaka očiglednoj poenti biblijskog stiha (tj. kad vide da je vaša propoved ekspozicijska), više će se uzdati u to da ste pokorni biblijskom tekstu i njegovoj svrsi. Vaša vizija za crkvu će gotovo uvek biti biblijska ukoliko iz Pisma propovedate ekspozicijski. Usled toga, ljudi će verovatno uvideti da ste ih poveli biblijskim putem i da, dok ih vodite, pažljivo sledite Pismo. Što jasnije predstavite Božju Reč, to će Božji narod u vašem glasu jasnije čuti glas Dobrog pastira, pa će, pošto vi sledite njega, oni slediti vas.

2. *Lični odnosi.* Jasno je: dok nemamo priliku da upoznamo ljude, manje ćemo se i uzdati u njih, naročito kad je reč o našim vođama. Treba da ih upoznamo – kakve su ličnosti, koji su im motivi, ciljevi i s čim se muče. Spisak je i mnogo duži. Upoznajte se. Jedna od najvećih grešaka kod pastora je stav da nas lažni za-

htev za „profesionalnom distancom" sprečava da u crkvi imamo prijatelja. I vi ste jagnje – i vama je kao svima ostalima potrebno da se družite. Takva je sama priroda crkve – to je pobožna mreža porodičnih odnosa koji pomažu da se članovi pročiste i posvete. Održavajte odnose: razgovarajte posle crkve, vodite ljude na ručak preko nedelje; budite gostoljubivi i pozovite ih kod sebe na večeru; zainteresujte se za ljude i otvoreno im recite o sebi sve što ih zanima; ponudite mladom hrišćaninu da zajedno s njim pročitate neku knjigu; ponudite nekome da zajedno obavite neki posao (kupovinu i sl.) kako biste usput razgovarali. Pružite ljudima priliku da vas upoznaju kako bi prema vama kao bratu i hrišćaninu mogli da razviju ljubav i poverenje.

3. *Poniznost.* Kad se zbližavate s ljudima, činite to ponizno. Ako želite da pokažete poniznost, postoje dva načina koja su najviše po volji Bogu i koja će najpre razoružati ljude; polažite im račune i dozvolite da vas isprave u onome što radite pogrešno. Njima budite odgovorni. Pozovite nekoliko muškaraca kojima ćete biti odgovorni za svoj život u oblastima polne čistote, ambicije ili nekih pitanja koja vas posebno muče. Ne činite to samo zato što želite da vam ljudi veruju, već zato što znate da ste grešni i da su vam drugi hrišćani potrebni kako bi vam pomogli da vaš život bude dostojan poverenja. Kad shvatite da ste pogrešili, slobodno to priznajte. Prihvatajte korekciju. Činjenica da smo vođe sama po sebi ne znači da smo uvek u pravu. Štaviše, vođe obično imaju više prilika da nešto pogrešno urade! Naviknite se da priznajete da ste pogrešili. To je normalno – čak i za pastore. Što se pre naviknete na to, crkva će lakše uočiti vaše poštenje i pouzdati se u njega. Ako vam treba podsticaj, setite se da će crkva kojoj služite početi da odražava slabosti koje ste pokazali tokom vremena. Stado pastora koji ne trpi korekcije ne-

će ih ni samo trpeti. Zar zaista želite da vodite sastanke zajednice pune članova koji ne žele da ih u bilo čemu ispravite? Istinska poniznost rađa iskreno poverenje i hrišćane koji sazrevaju.

TEME ZA RAZMIŠLJANJE

① Zašto je pametno odmah na početku utvrditi da je evanđelje poznato svakom članu crkve?

② Na koja tri osnovna načina možete pomoći ljudima zajednice da steknu poverenje u vas kao vođu?

③ Možete li da se setite još nekih pobožnih načina da steknete poverenje?

AŽURIRANJE SPISKOVA

Većina lokalnih Rotari klubova će skinuti sa spiska svojih članova osobu koja tokom dužeg vremenskog perioda ne dolazi na sastanke. S druge strane, mnoge crkve će dozvoliti da neka osoba ostane na spisku članova čak i godinama nakon što je prestala da dolazi! Članstvo bi u crkvi moralo da ima veći značaj nego u Rotari klubu. To ćemo najbolje istaći tako što ćemo poučavati o tome zašto je članstvo u lokalnoj crkvi važno.[2] Niko se ne spasava ni članstvom ni dolaženjem u crkvu, međutim, članstvo jeste spoljna i javna potvrda crkve da član i dalje pokazuje znake iskrenog hrišćanskog obraćenja.

S biblijske tačke gledišta, ako član duže vreme zanemaruje oku-

---

2 Potpunije biblijske argumente za članstvo u lokalnoj crkvi naći ćete u Mark Dever, Devet odlika zdrave crkve (Hrišćansko udruženje Projekat Timotej, 2018) ili u brošuri Marka Devera *A Display of God's Glory* (Washington, DC: 9Marks Ministries, 2001). O isključivanju članova ćemo raspravljati u 5. glavi.

pljanje Božjeg naroda, kako može da kaže da ga voli? A ako ga ne voli, kako može da kaže da voli Boga (up. sa 1. Jn. 4,20-21)? *S pastirske tačke gledišta*, ako neki član uporno ne dolazi na okupljanje Božjeg naroda, vođe crkve jednostavno nisu više u mogućnosti da sa strane uoče plodove njegovog života, pa stoga ne mogu više ni da putem članstva potvrde njegovo obraćenje. *S evanđeoske tačke gledišta*, besmisleno članstvo šteti zajedničkom evanđeoskom svedočanstvu crkve u zajednici koja je okružuje. Članovi se bez najave izgube obično onda kad žele da prikriju neki ozbiljan greh; međutim, taj greh čine kao ljudi koje će drugi u zajednici i dalje znati kao članove vaše crkve! Drugim rečima, zbog njihovih greha vaša crkva će nevernima u okruženju delovati licemerno.

I što je još ozbiljnije, kad ljudima koji duže vreme ne dolaze u crkvu i dalje držimo ime na spisku članova, time hranimo njihovu samoobmanu da su spaseni, dok njihovo ponašanje zapravo dovodi u pitanje njihovo spasenje. Ako je članstvo javna potvrda crkve da je neka osoba obraćena, onda je, kada je ostavljamo na spisku članova iako ne dolazi na okupljanja, zavaravamo i ona postaje podložna osudi. Što je još važnije, ako ste pastor lokalne crkve, Bog će u neku ruku vas smatrati odgovornim za duhovno blagostanje svakog člana crkve (Jev. 13,17). Zar stvarno želite da budete odgovorni za duhovno blagostanje člana koga četiri godine niste videli u crkvi – ili, još gore, za nekoga koga još niste čak ni upoznali? Kad zapostavimo te nedolaske na okupljanja, svi su na gubitku. To nanosi štetu vama, nanosi štetu osobi koja ne dolazi, nanosi štetu ugledu crkve, a na kraju i Božjem ugledu. Zbog svega navedenog, pametno bi bilo skinuti sa spiska članove koji već duže vreme zanemaruju okupljanja Božjeg naroda.

Lakmus test koji otkriva da li vaša crkva mora ovo da uradi jeste utvrđivanje odnosa broja članova i ljudi koji svake nedelje dolaze u crkvu. Ako crkva kojoj služite ima znatno veći broj članova od ljudi koji se okupljaju preko nedelje, to znači da mnogi vaši članovi zanemaruju dolazak na službe. Kasnije ćemo detaljno razmotriti praktične strane skidanja osoba koje se ne pojavljuju na službama sa spiska članova. Zasad je dovoljno reći da, ako imate ovakav problem, treba da jasno i strpljivo propovedate o biblijskoj važnosti članstva (pogledajte Prvu Korinćanima 5, koja govori o potrebi da se Božji narod i svet razlikuju), pokušate da stupite u kontakt s nemarnim članovima kako biste ih poučili i obavestili o svojim namerama, pa ako se ne pokaju i ne vrate skupštini Božjeg naroda, skinete ih sa spiska članova. Sređivanje spiskova je jedan od načina da ljudima razjasnite šta znači biti hrišćanin. To je i jedan od načina da razjasnite šta evanđelje podrazumeva.

SASTAJANJE SA ČLANOVIMA „PO OBRNUTOM REDOSLEDU"

Još jedan način da se evanđelje razjasni je vođenje razgovora „unazad" sa članovima crkve.[3] Kad sam tek došao u crkvu Kapitol Hil, hteo sam da nasamo popričam sa svakim potencijalnim novim članom crkve. To sam učinio najpre da bih ispunio svoju pastirsku obavezu i saznao da li svako ko postaje naš član razume evanđelje, kaje se zbog greha, veruje u Isusa i, samim tim, živi drugačije nego svet. Počeo sam da vodim i

---

3   Ove sastanke nisam nikad javno označio kao „vođenje razgovora unazad". Jednostavno sam išao u kućne posete trenutnim članovima, slušao šta misle o prethodnim pastorima, o dobrim stvarima u crkvi i o njenim teškoćama. Čineći to, slušao sam – a u većini slučajeva i lično tražio da čujem – kratko objašnjenje evanđelja.

razgovore „unazad" u vezi sa članstvom. Tačnije, nisam razgo-
varao samo sa *potencijalnim* članovima, već sam iste razgovore
počeo da vodim i sa *trenutnim* članovima crkve. Razgovore vo-
dim „unazad" tj. po obrnutom redosledu ne zato što je njiho-
va tema istupanje iz crkve, već zato što sam jednostavno kre-
nuo da tim redom razgovaram s ljudima koji su postali članovi
crkve. Počeo sam da razgovaram s onima koji su se crkvi pri-
ključili neposredno pre nego što sam ja stigao, a i dalje se kre-
ćem unazad po spisku članova, po obrnutom hronološkom re-
dosledu. To radim jer ne želim da jednostavno pretpostavim
da su svi trenutni članovi ispravno i na svoje spasenje razume-
li evanđelje i reagovali na njega. To takođe činim da ne bih bio
odgovoran za to što trenutni članovi pretpostavljaju da su spa-
seni zahvaljujući članstvu u crkvi, dolascima na službu i aktiv-
nostima. I konačno, to radim i zato da bih bolje upoznao čla-
nove i njima omogućio da bolje upoznaju mene.

U tim razgovorima ih, između ostalog, zamolim da ukratko
iznesu svoje svedočanstvo, a dok ih slušam, tragam za dokazi-
ma da li ih prijatelji i kolege znaju kao hrišćane. Od trenutnih i
potencijalnih članova takođe tražim da iznesu evanđelje za mi-
nut ili manje, da bih se uverio da jasno shvataju šta je opravda-
nje samo po veri i šta pokajanje i vera zahtevaju od nas. Ne mo-
raju da upotrebe baš te reči – samo hoću da znam da razumeju
i primenjuju osnovne ideje.

Propovedanje je najbolji i najvažniji način da se evanđelje
razjašnjava iz nedelje u nedelju. Međutim, to nije jedini način,
niti je jedini najvažniji način. Način na koji primamo članove
(i opraštamo se od njih) snažan je podsetnik na to šta je evan-
đelje i kako utiče na naš način života. Ako ste novi pastor u
crkvi koja već dugo postoji, počnite da se ovako „unazad" sa-

stajete sa članovima koji su došli u crkvu nešto pre vas. To će vam, kao pastoru, pokazati da li su ljudi u klupama razumeli evanđelje i daće vam priliku da ga u razgovoru nasamo razjasnite onima koji nisu u stanju da ga precizno iskažu. Takođe će vam u okviru zajednice otkriti one kojima zbog nekih stvari treba da posvetite više pažnje u okviru vašeg odnosa učeništva, a verovatno će vas i upozoriti na članove koji nisu zaista obraćeni. Čak i ako ste već dugo pastor u istoj crkvi, ako nikad dosad niste vodili ovakve razgovore niti se zapitali da li ljudi zaista razumeju Hristovo evanđelje, bilo bi dobro da se osvrnete po članstvu i obavite taj lekoviti zadatak. Takvi iskreni razgovori mogu mnogo da pomognu da spasete „samoga sebe i one koji… slušaju" (1. Tim. 4,16).

TEME ZA RAZMIŠLJANJE

① Kako prečišćavanje spiska članstva pomaže u razjašnjavanju evanđelja?

② Zašto je dobra ideja voditi razgovore „po obrnutom redosledu" s osobama koje već jesu članovi crkve?

3
ODGOVORNA EVANGELIZACIJA

Zgrade se zidaju na temeljima. Možda najbitniji radovi na udaranju temelja zdravoj crkvi obavljaju se tokom evangelizacije. Mi i onim što kažemo i načinom na koji to kažemo saopštavamo kako razumemo ne samo evanđelje, već i njegove posledice po naš život. Ako krenemo od samog temelja, naše razumevanje evanđelja će uticati na način evangelizacije; način evangelizacije će pak uticati na to kako slušaoci razumeju evanđelje. Njihovo razumevanje evanđelja će uticati na to kako ga sprovode u životu, a to će, opet, direktno uticati na ukupno svedočanstvo naših crkava u okolnom društvu. Zajedničko svedočanstvo naših crkava će, u skladu s tim, nama olakšati ili otežati evangelizaciju, što zavisi od toga da li se svedočanstvo doživljava kao pomoć ili kao smetnja. I na kraju, teškoće u evangelizaciji ili njihovo odsustvo odraziće se i na naš rad u osnivanju crkava, što nas opet vraća postavljanju samih temelja.

KLJUČNI POJMOVI

Najvažniji aspekt evangelizacije jeste evanđelje – dobra vest. Ako evanđelje ne shvatamo ispravno, u skladu s Rečju, onda se ono što radimo ne može nazvati evangelizacijom. Koji su, dakle, ključni pojmovi evangelizacije?

Možemo ih sažeti u četiri reči: Bog, čovek, Hristos i reakcija. *Bog* je naš sveti Tvorac i pravedni Sudija. On nas je stvorio da ga slavimo i zauvek mu se radujemo (1. Moj. 2,7, 16-17; 18,25; Mt. 25,31-33). Međutim, *čovečanstvo* se odmetnulo od Boga jer je zgrešilo njegovom svetom karakteru i zakonu (1. Moj. 3,1-7). Svi mi takođe učestvujemo u toj grešnoj pobuni, preko Adama kao predstavnika svih ljudi, ali i zbog naših pojedinačnih postupaka (1. Car. 8,46; Rim. 3,23; 5,12, 19; Ef. 2,1-3). Zbog toga smo se otuđili od Boga i postali podložni njegovom pravednom gnevu, koji će nas, ako ne zadobijemo oproštaj, prognati u pakao za sva vremena (Ef. 2,12; Jn. 3,36; Rim. 1,18; Mt. 13,50). Ali Bog je poslao Isusa *Hrista*, u potpunosti Boga i u potpunosti čoveka, da za naše grehe umre smrću koju smo mi zaslužili – pravednik za nepravednike – da bi Bog u Hristu mogao da kazni naš greh, ali i da bi nam u njemu oprostio (Jn. 1,14; Rim. 3,21-26; 5,6-8; Ef. 2,4-6). Jedina spasonosna *reakcija* na ovu dobru vest jesu pokajanje i vera (Mt. 3,2; 4,17; Mk. 1,15; Lk. 3,7-9; Jn. 20,31). Moramo da se pokajemo od greha (da se od njih okrenemo Bogu) i poverujemo u Isusa Hrista da bismo dobili oproštaj za grehe i izmirili se s Bogom.

Bog, čovek, Hristos, reakcija. Upamtite – evangelizacija nije evangelizacija bez evanđelja.

POZIVANJE

Svaki put kad predstavimo evanđelje, bilo na javnom nedeljnom okupljanju crkve, bilo u privatnim razgovorima tokom nedelje, moramo da pozovemo ljude da se pokaju i poveruju u evanđelje, ako želimo da naše predstavljanje dobre vesti bude kompletno. Čemu dobra vest ako mi nije rečeno kako treba da na nju reagujem ili šta da učinim? Moramo pozvati ljude da se pokaju i poveruju.

Ali kad ih pozovemo, moramo paziti da jedinu spasonosnu reakciju ne pobrkaju s bilo kojom drugom. Ulog je velik, jer ako ovde dozvolimo bilo kakvu dvosmislenost, kod ljudi ćemo samo podržati njihovu lažnu predstavu o sopstvenom duhovnom stanju, jer ćemo ih uveravati da su spaseni, dok se oni možda nisu iskreno ni pokajali ni poverovali. Dve reakcije koje se danas najčešće brkaju s iskrenim pokajanjem i verom jesu molitva s nekim i istupanje napred na crkvenoj službi.

Hrišćani često podele evanđelje s nevernom osobom i zatim od nje zatraže da izmoli napisanu molitvu. Ljudi na taj način zaista mogu da se pokaju i uzveruju. Međutim, dobronamerni evangelizator će tada često ohrabriti „novog vernika" rečima: „Ako si izmolio ovu molitvu iskreno i celim srcem, čestitam! Sada si Božje dete." Ipak, Pismo nam ni na jednom mestu ne kaže da su molitva ili iskrenost osnova našeg uverenja u spasenje. Po Isusu, da bismo bili sigurni u spasenje, ne treba da gledamo molitve i iskrenost, već postupke – plodove našeg života (Mt. 7,15-27; Jn. 15,8; 2. Pet. 1,5-12). Novi zavet nam kaže da su naše sveto ponašanje, ljubav prema drugima i zdrava doktrina ključni pokazatelji da je naše spasenje sigurno (1. Sol. 3,12-13; 1. Jn. 4,8; Gal. 1,6-9; 5,22-25; 1. Tim. 6,3-5). To znači da ne treba da podstičemo ljude da osećaju sigurnost spasenja samo na osnovu izmoljene molitve, bez vidljivih plodova pokajanja u životu.

Isto važi za ljude koji istupe napred posle propovedi u crkvi. Posle propovedi ljudi često izlaze napred, nagoveštavajući „odluku da slede Hrista", da bi ih zatim crkva na licu mesta primila u članstvo! Iako se tu ne mogu videti nikakvi dokazi o plodovima, ipak se pretpostavlja (često pogrešno) da se osoba iskreno pokajala i poverovala samo zato što je pokazala mnogo emocija, izašla napred i izmolila neku jednostavnu molitvu.

Proizvod ovakvog uverenja za koje „nisu potrebni dokazi" je da se ljudi uče da misle da su spaseni zahvaljujući molitvi koju su izrekli pre dvadeset godina i ne pomišljajući pritom na *trenutnu* neusaglašenost njihovog načina života s ispovedanjem. Ponekad punimo crkve takvim lažnim obraćenicima, koji onda svojim gresima dovode u pitanje zajedničko svedočanstvo lokalne crkve. Tako se ne gradi zdrava crkva i to može da spreči naš rad u evangelizaciji – i unutar i van lokalne zajednice.

Moramo da shvatimo: ljudi mogu da se iskreno mole i istupaju napred posle propovedi, a da se pritom ne kaju iskreno i ne uzdaju u Hrista. To čine već dve hiljade godina. Pisac Poslanice Jevrejima nas upozorava da mnogo ljudi ima naoko istinska duhovna iskustva od kojih im, svejedno, ne „predstoji spasenje" (Jev. 6,4-9; up. sa 2. Pet. 1,6-10) i kaže da su vera, nada i ljubav mnogo pouzdaniji pokazatelji (Jev. 6,9-12). Biblija nam kao na jedini spoljašnji dokaz i pokazatelj da je neko obraćen ukazuje na plodove poslušnosti (Mt. 7,15-27; Jn. 15,8; Jak. 2,14-26; 1. Jn. 2,3).

Pametnije je da prekinemo s takvom dvosmislenom evanđeoskom praksom nego da dopustimo da i dalje zbunjuje ljude u vezi s pravom, spasonosnom reakcijom na evanđelje. Naravno – ako dozvolimo dvosmislenost, imaćemo veći broj članova u crkvi, ali ona zavarava nespasene navodeći ih da misle da su spaseni – a to je najsurovija prevara na svetu. Takođe nanosi veliku štetu čistoti crkava i njihovom celokupnom svedočanstvu, jer dozvoljava da članovi crkve postanu ljudi koji ispovedaju da su hrišćani, za koje se kasnije ispostavi da uopšte to nisu, jer su se vratili načinu života koji jednostavno ne karakteriše istinskog obraćenika Hristu.

Bilo da gradite novu crkvu ili obnavljate staru, nastavite da pozivate ljude da se pokaju i poveruju – i u razgovoru i u propovedi. Novi obraćenici treba da javno ispovede tu veru, a tome služi *krštenje*.

TEME ZA RAZMIŠLJANJE

1. Koja su četiri elementa koje svako izlaganje evanđelja treba da uključi?
2. Zašto bi trebalo da nam bude važno kako hrabrimo ljude da reaguju na evanđelje?
3. Kako poziv za istupanje napred posle službe može duhovno da zbuni čoveka?

IZBEGAVANJE ZABAVE

Mnoge američke crkve u širenju evanđelja i među odraslima i među decom koriste metode zasnovane na zabavi. Kod odraslih takva evangelizacija obično podrazumeva istraživanje ciljne grupe i oblikovanje službe evangelizacije u kojoj je sve – od muzike do propovedi – usmereno na to da se ljudi osećaju prijatno; to je pristup „opusti se i uživaj u predstavi". S decom, sve se odvija preko omladinskih grupa ili u nedeljnoj školi, koje su pune zabavnih aktivnosti na čije se margine nekako uglavi i evanđelje.

Nema razloga da se protivimo saopštavanju evanđelja na razumljiv, kreativan, pa možda čak i provokativan način. Ipak, evangelizacija u vidu zabave ima i štetnih propratnih pojava. Setite se – ono čime ih zadobijete verovatno će biti ono za šta ćete ih i zadobiti. Ako ih zadobijete zabavom, verovatno ste ih pre zadobili za šou nego za poruku, što povećava rizik od lažnih obraćenja. Ali čak i ako ih nije zadobio šou, metode zasnovane na zabavi čine pokajanje gotovo nemogućim. Zabava za čula i udovoljavanje naklonostima neće nas naterati da se ostavimo greha. Evanđelje nam je suprotstavljeno po samoj svojoj sadržini i suštini. Ono se protivi našem umišljenom osećaju da smo pravedni i samodovoljni i od nas zahteva da okrenemo leđa gresima i uzdamo se u opravdanje koje za nas postiže neko drugi. Zato je zabavan način saopštavanja evanđelja problematičan: on će gotovo uvek zaseniti njegove najteže aspekte – cenu pokajanja, krst učeništva, uzanost puta. Neki se s ovim neće složiti i reći će da drama može da pruži nevernima prigodan vizuelni prikaz evanđelja. Međutim, nama su takvi prikazi već dati. To su obredi krštenja i pričesti, kao i preobraženi život naše hrišćanske braće i sestara. To svakako ne znači da treba ugušiti svaku kreativnost u dopunskim evangelizatorskim poduhvatima. Želimo da podstaknemo kreativnost u pronalaženju načina da se evanđelje podeli. Ipak, i dalje stoji upozorenje da se, kad je reč o „efikasnosti" evangelizacije ne smemo oslanjati na zabavu, naročito onda kad se evangelizacija odvija tokom nedeljnog okupljanja radi javnog, zajedničkog slavljenja.

Crkve su najzdravije onda kad je evanđelje najjasnije, a evanđelje je najjasnije kad su naše metode evangelizacije najjednostavnije.

IZBEGAVANJE MANIPULACIJE

Mnogi dobronamerni pastori ne žele da izmanipulišu ljude da se pokaju i poveruju. Ipak, uviđali mi to ili ne, neke od metoda koje koristimo u širenju evanđelja ponekad jesu manipulativne na suptilan način. Pastori ponekad koriste muziku na službi da utiču na emocije, naročito ako se tokom poziva za istupanje napred ili na završetku propovedi čuje tiha muzika; ona kod slušalaca budi emocije i hrabri ih da se predaju Hristu, ali ta odluka može da bude pogrešna jer je zasnovana isključivo na osećanjima. Nasuprot tome, neki pastori koriste nešto življu muziku; ona na kraju u ljudima izazove emocionalnu ushićenost i razdraganost koja nije uvek i nužno od Boga. Neki pastori pritiskaju ljude da se pomole ili priđu oltaru tako što neprekidno pevaju jedan te isti stih iz pesme, sve dok se neko najzad ne slomi. Nekolicina njih čak koristi agresivne taktike u razgovorima kako bi pritisli ljude da mole molitvu pokajanja.

Naše predstavljanje evanđelja i pozivi na pokajanje u krajnjoj liniji ne bi trebalo da budu oblikovani onim za šta mislimo da će da nam „završi posao". Tako nešto pokazuje da mislimo da je obraćenje nešto čime možemo da upravljamo, što ne može biti dalje od istine. Umesto da sve svoje moći upregnemo u ubeđivanje i promenu grešnika, dok Bog uglađeno stoji po strani i mirno čeka da ga duhovni leš, njegov jasno označeni duhovni neprijatelj, pozove u svoje srce, hajde da mi budemo uglađeni u propovedanju evanđelja – potrudimo se da uverimo ljude, ali s jasnim saznanjem da ne možemo mi da ih obratimo. Zatim se povucimo i pustimo Boga da upotrebi svu svoju moć uveravanja, obraćenja i promene grešnika. Tada ćemo jasno videti ko ima moć da mrtve podigne u život.

USMERENI NA BOGA

Neke strategije evangelizacije kao da se trude da evanđelje učine privlačnim nevernima; one će u prvi plan izneti sve blagodati hrišćanstva, a cenu koju moramo da platimo sačuvaće za kasnije. Obećavaju da ćemo biti zadovoljniji i manje nervozni, da ćemo se više osećati kao deo zajednice i bolje shvatati smisao života – takođe i biti spremni za večnost! – samo ako se odmah predamo Hristu. Možda nevernu osobu koja to sluša sve ovo zaista i čeka iza ćoška. Ipak, šta ovakva evangelizacija – koja naglašava samo koristi – čini biblijskom evanđelju? Zbog nje nam se čini da je svrha evanđelja samo da meni bude bolje i da ja budem srećniji. Mi svakako jesmo korisnici svih blagodati koje Bog daje. Kad postajemo hrišćani, nije da „činimo uslugu" Bogu. Ipak, krajnji cilj evanđelja nije moje blagostanje. Njegova svrha je objavljivanje Božje svetosti i nadmoćne milosti. Ono obznanjuje Božju slavu i okuplja za njega one koji će ga proslavljati u duhu i istini. Evanđelje govori o Bogu koji potvrđuje svoju svetost tako što Hrista kažnjava za grehe svih onih koji se pokaju i poveruju. Evanđeljem Bog proslavlja svoje ime u svetu tako što okuplja narod oko sebe i izdvaja ga da proširi njegovu slavu po svim narodima.

Evangelizacija koja u prvi plan stavlja samo koristi koje imamo od nje puni naše crkve ljudima naučenim da očekuju da im sve ide kao po loju samo zato što su hrišćani. Međutim, Isus svojim sledbenicima nije obećao da će im svet ugađati, već da će ih proganjati (Jn. 15,18 – 16,4; up. sa 2. Tim. 3,12). Želimo da izgradimo hrišćane i crkve koji će istrajati u teškoćama, koji su spremni da pate, da budu progonjeni, pa čak i da umru za Hristovo evanđelje, jer Božju slavu vrednuju mnogo više nego prolazne koristi koje imaju od obraćenja. Ne želimo da ljudi postanu hrišćani jer će im to smanjiti stres. Želimo da postanu hrišćani jer znaju da moraju da se pokaju za svoje grehe, poveruju u Isusa Hrista, radosno uzmu svoj krst i počnu da ga slede na Božju slavu.

Hrišćanski život ima svoje divne prednosti, ali ako u evangelizaciji budemo više usmereni na Boga tako što ćemo manje govoriti o privremenim koristima, a više o Božjem karakteru i planu, više hrišćana će biti spremno da trpi, a crkve će više motivisati Božja slava.

OBUKA ČLANOVA

U idealnom slučaju, pastor nije jedini koji vrši evangelizaciju, bar ne na duže vreme. Ali ako naši članovi treba da i sami postanu verni i plodonosni evangelizatori, onda je pastorov zadatak da ih opremi za taj posao (Ef. 4,11-12).[1] Jedan od osnovnih načina na koji ćete osposobiti članove da budu verni evangelizatori jeste da im putem svojih propovedi pružite primer. To, između ostalog, možete da uradite i tako što ćete se usred propovedi jednostavno obratiti nevernima. Možete da, na primer, kažete nešto nalik ovome: „Ako ovde ima i onih koji ne veruju, drago nam je što ste tu. Pitam se kako sve ovo vama zvuči“, „Da li vam možda pada na pamet kakve bi veze poenta ovog teksta mogla da ima s vama?“ ili „Želimo da vas jasno poučimo čemu nas ovde Biblija uči.“ Onda ćemo im jednostavno na minut-dva razjasniti šta tekst koji govori o slabostima njihovog pogleda na svet podrazumeva i kako se može primeniti u praksi, kako ih poziva da ozbiljno shvate Boga i evanđelje, kako im govori o važnosti pokajanja, nadi evanđelja

---

1   Pogledajte Kolin Maršal i Toni Pejn, *Špalir i loza* (Hrišćansko udruženje Projekat Timotej, 2024).

ili Hristovom saosećanju usred bezdušnog sveta.

Još jedan dobar način da se članovi obuče za evangelizaciju jesu i časovi induktivnog proučavanja Biblije, s prikazom osnovnih veština posmatranja, tumačenja i primene teksta. Dok na ovaj način proučavate Bibliju, dajete ljudima mogućnost da nauče da postave prava pitanja u vezi s bilo kojim pasusom koji se čita. U tom procesu će bolje upoznati Pismo, ali će i sami bolje upotrebljavati Reč – i kad je proučavaju za sebe i kad je s ciljem evangelizacije koriste u razgovoru. Tokom vremena članovi će ovladati Pismom, lakše će uočavati istinu i ispravljati greške i samouverenije će ga čitati zajedno s nehrišćanima koje je Biblija iskreno zainteresovala. Članove možemo obučiti za evangelizaciju i tako što ćemo im dati kvalitetne traktate o evanđelju kao što su *Two Ways to Live (Dva načina života)* izdavača Matijas medija ili knjižica Grega Gilberta Šta je evanđelje? Takođe možete početi da držite nedeljnu školu za odrasle, u kojoj ćete na svakom času proučavati traktat i zatim po njemu oblikovati model jednog evangelizatorskog razgovora. To će članovima razjasniti evanđelje, ali će ih i naučiti jeziku i izrazima koje mogu koristiti kad ga dele s nevernima.

Pružanje gostoprimstva nevernim posetiocima je jedan od najpotcenjenijih načina da ih navedemo da se opuste i postanu otvoreniji za razgovor o evanđelju. I ovde bi bilo idealno da gostoprimstvo ne pokaže samo pastor. Štaviše, često je delotvornije (i manje zastrašujuće!) kad gostoprimstvo pružaju članovi, a ne pastor. Kad bi pastor ili tim starešina propovedao o gostoprimstvu nevernima ili dao lični primer, onda bi se zajednica ugledala na njih i počela da u crkvi neguje kulturu u kojoj je normalno da članovi požele dobrodošlicu i popričaju s nehrišćanima koji ih posete, da s njima uspostave prijateljstva usmerena na evanđelje, da otvore svoj dom nevernima pozivajući ih na ručak posle službe, da ih pozovu na ručak ili večeru negde napolju ili da utvrde neko vreme tokom radnih dana kad bi se nalazili s njima na kafi i razgovoru o onome što su čuli u crkvi. Pomislite koliko bi, u smislu evangelizacije, plodonosno bilo kad bi cela zajednica bila rešena da bude gostoljubiva prema nevernima radi evanđelja u njihovom životu!

TEME ZA RAZMIŠLJANJE

① Postoje li u evangelizaciji vaše crkve elementi koji su pre zabavni nego informativni?

② Da li strategija evangelizacije u vašoj crkvi na neki način podseća na marketinšku strategiju?

③ Da li se metoda evangelizacije u vašoj crkvi može shvatiti kao manipulisanje osećanjima?

④ Ako ste na bilo koje od prethodnih pitanja potvrdno odgovorili, kako bi to moglo da se ispravi na zdrav način?

4
PRIJEM NOVIH ČLANOVA

Bezbednost danas ima veliki značaj. Stvaramo i kupujemo razne naprave da bismo zaštitili domove. Smišljamo elektronske lozinke da ne bismo doveli u opasnost važne informacije u kompjuterima ili na bankovnim računima. Stavljamo priveske na ključeve da ne bismo izgubili pristup automobilu, kući ili kancelariji i da bismo sprečili da ih se, zbog našeg nemara, dočepaju opasni ljudi. Aerodromski terminali su prepuni detektora za metal i brojnih radnika obezbeđenja svuda po mestima gde se ljudi ukrcavaju. Čak je i u klubovima i društvima pristup često ograničen, da im nekvalifikovani članovi ne bi narušili ugled.

I uz svu tu brigu o bezbednosti prisutnu u skoro svakom aspektu našeg života, iznenađujuće je koliko su hrišćani, pa čak i pastori, postali nemarni kad je reč o duhovnoj bezbednosti lokalne crkve – zenice Božjeg oka. Pritom ne mislim na to da jednostavno ostavljamo vrata zgrade otključana kad se svi raziđu posle jutarnje službe. Mislim na to kako mnoge crkve ne čuvaju vrata svoga članstva. Ona su obično odškrinuta zbog iskrene ljubavi prema onima koji hoće da uđu i malo se zagreju. Međutim, od njih se najčešće ne traži lozinka evanđelja, nije im potreban ključ zdrave nauke, ne ispituju se znaci koji će ukazati na svetost i ljubav – a time se kompromituje čistota crkve. Ovde pokušavamo da otkrijemo kako da izgradimo zdravu crkvu. Zdravlje svake lokalne crkve velikim delom zavisi od toga da li su njeni članovi duhovno živi. Mrtvi članovi šire bolesti od kojih duša truli – a sve one su gangrenozni oblici greha za koje se nisu pokajali. Zato nas ovde zanima da u okviru članstva lokalne crkve sačuvamo regenerativnu moć, a time i zajedničko svedočanstvo crkve u lokalnom okruženju. Drugim rečima, postavljamo pitanje: kako da se pobrinemo – koliko god je to spolja moguće – da svaka osoba koju primimo u članstvo bude istinski obraćena?

GDE U BIBLIJI ČITAMO O ČLANSTVU U LOKALNOJ CRKVI?

Da li Biblija govori o pitanju članstva u lokalnoj crkvi? Ovo je možda jedno od najčešćih pitanja u vezi sa članstvom u crkvi. Kad kažemo da je članstvo u lokalnoj crkvi biblijski koncept, to nam možda zvuči malo napregnuto – bar dok ga ne potražimo u Bibliji. Nije tako naglašeno kao iskupljenje ili opravdanje verom, ali dokazi su tu i stalno na njih nailazimo.[1]

Iz slučaja s disciplinovanjem u Prvoj Korinćanima 5 možemo zaključiti da se javno znalo ko je u crkvi, a ko nije. „Zašto, najzad, da ja sudim onima koji su napolju? Zar vi ne sudite onima koji su unutra? A Bog će suditi onima koji su napolju. Uklonite zloga iz svoje sredine" (stihovi 12-13). Isterivanje ima smisla jedino ako je i pripadnost crkvi jasno vidljiva. Kad govori korintskoj crkvi da ponovo prihvati čoveka u zajednicu, Pavle

---

1   Za više o ovoj temi pogledajte Mark Dever, *A Display of God's Glory: Deacons, Elders, Congregationalism, and Membership* (Washington, DC: 9Marks Ministries, 2001).

im kaže: „Tome je dosta ovaj ukor od većine" (2. Kor. 2,6). „Većina" ima smisla samo ukoliko postoji izvesna priznata celina.

Znamo da je novozavetna crkva imala spiskove udovica (1. Tim. 5,9) i da sam Gospod ima spisak članova koji će naslediti večni život (Fil. 4,3; Otk. 21,27). Prebrojavanje je jedna od prvih stvari koje Bog čini nakon što otkupi svoj narod. Cilj vojnog popisa iz 1. glave Četvrte Mojsijeve bilo je pravljenje spiska izrailjskih ratnika raspoloživih za bitke – prebrojani su da bi se videlo da li na njih može da se računa. To je bio način da se razjasni: „Ko hoće da stoji rame uz rame s nama?"

Bog je oduvek želeo da se napravi jasna razlika između sveta i njegovog svetog naroda. Svrha pošasti opisanih u Drugoj Mojsijevoj bila je delimično i „da znate da je Gospod učinio razliku između Izrailjaca i Misiraca" (2. Moj. 11,7; up. sa 8,23; 9,4). Jedan od glavnih razloga postojanja moralnog kodeksa i razvijenog sistema žrtvovanja životinja u Starom zavetu bilo je razdvajanje i razlikovanje Božjeg naroda od kulture koja ga je okruživala.

Zato je članstvo u crkvi način da se označe granice crkve. To se primenom kažnjavanja u okviru crkvene discipline logično podrazumeva. Takva korektivna disciplina znači da je za osobu važno da zna da je član crkve. Od nje se ne može očekivati da se podredi disciplini crkve ako nije svesna da je njen član. To takođe znači da i drugi članovi moraju da znaju da li je neko član ili nije. Ako je neko kažnjen, onda ostali članovi moraju da znaju za to kako se ne bi mešali s njim (1. Kor. 5,9-12; 2. Sol. 3,14-15). Korektivna disciplina podrazumeva i da je važno da oni koji su van crkve znaju ko su njeni članovi, jer je jedan od glavnih motiva korektivne discipline zajedničko svedočanstvo crkve u nevernom okruženju.

Ponavljam, dokazi nisu izobilni, ali su jasni i dosledni. Zato u najmanju ruku možemo reći da je članstvo u lokalnoj crkvi dobar i neophodan ishod Božje želje da se napravi jasna razlika između njegovog odabranog naroda i svetskog odmetnutog sistema koji ga okružuje. Osnovni model nastao je u Korintu, a i dalje je neophodan, zbog svoje discipline koja pročišćava i koriguje članstvo.

ČASOVI ZA NOVE ČLANOVE

Jedan od načina da budemo sigurni da su ljudi koje primamo kao nove članove stvarno obraćeni jesu obavezni časovi za nove članove. U Baptističkoj crkvi Kapitol Hil od novih članova zahtevamo da pohađaju šest jednočasovnih predavanja koja se održavaju svake nedelje u vreme nedeljne škole: „Kako glasi naša izjava vere?" (U šta ćemo verovati?); „Kakav je zavet naše crkve?" (Kako ćemo živeti?); „Zašto pristupiti crkvi?" (Zašto je članstvo u crkvi važno i šta podrazumeva?); „Istorijat crkve Kapitol Hil" (Kako smo povezani sa celokupnim tokom hrišćanstva pre nas); „Kako shvatamo misiju i evangelizaciju?" (Šta tačno karakteriše našu denominaciju i šta sve ona sadrži?); i „Zajednički život" (Kako živimo zajedno kao lokalna crkva?).[2]

Naravno, nisu svi ovi časovi obavezni da bismo se uverili da je potencijalni član zaista obraćen. Glavni cilj časova je da vidimo da su potencijalni članovi svesni naših očekivanja. Međutim, na svakom času postavlja se po jedno važno pitanje, a zdravlje i jedinstvo crkve zavisi od toga koliko su svi članovi, u suštini, u stanju da daju iste odgovore i biblijsko obrazloženje. Ovakvi ča-

---

2   Manuskripti svakog razgovora mogu se slobodno umnožavati i koristiti, a besplatno možete da ih preuzmete na veb-adresi https://www.capitolhillbaptist. org/resources/core-seminars/series/membership-matters/.

sovi utvrđuju naša zajednička uverenja, posvećenost, identitet i načine na koje možemo zajedno da radimo na širenju evanđelja po svim narodima. Oni će zato očuvati čistotu lokalne crkve, ali i učvrstiti jedinstvo među njenim članovima. Ako imate više vođa koji ne pripadaju plaćenom osoblju, onda bi za vas kao pastora možda najbolje bilo da vi predajete na času o izjavi vere (jer ste u zajednici ipak vi glavni učitelj doktrine), a da poučavanje na ostalim časovima prepustite neplaćenim starešinama ili vođama. Tako će se novi članovi upoznati sa starešinama/vođama, dok će ovi steći više iskustva u poučavanju i utvrditi svoj autoritet u zajednici.[3]

CRKVENI ZAVET

Kao što smo već spomenuli, crkveni zavet odgovara na pitanje *kako da se posvetimo zajedničkom životu*? Oblik zaveta je način na koji izražavamo svoju posvećenost. Sadržaj zaveta je način na koji razumemo tu našu posvećenost. Naša crkva ovde u gradu Vašingtonu osnovana je s jednim takvim zavetom, a original je uramljen i stoji u našem glavnom holu, s originalnim potpisima iz 1878. Kad tražimo od ljudi da potpišu crkveni zavet, stavljamo im do znanja da se od njih očekuje ne samo da veruju u izjavu vere, već i da žive u skladu s njom. To im takođe govori

---

3   Često se smatra da je kad odlažemo prijem u članstvo ili krštenje kako bi potencijalni novi član najpre pohađao časove loše to što ih uskraćujemo zajedništva, pa čak i blagodati samo zbog neke naoko nevažne administrativne obaveze, ali Pavlove mudre reči o postavljanju starešina upućene Timoteju važe i za nove članove i kandidate za krštenje: „Ruke ne polaži brzo ni na koga i nemoj da učestvuješ u tuđim gresima; drži sebe čista“ (1. Tim. 5,22). Bolje je pustiti da ponašanje potencijalnih članova potvrdi ili opovrgne njihovo usmeno ispovedanje pre nego što ono postane deo zajedničkog svedočanstva crkve. Mnoge evanđeoske crkve ne shvataju da je strpljenje vrlina i prilikom prijema novih članova.

kako se od njih očekuje da to urade – naime, na način koji očigledno izgrađuje zajedničko telo i čini boljim svedočanstvo crkve u njenom okruženju.

Upotreba jednog takvog crkvenog zaveta pomaže da se ispravi pogrešna pretpostavka da ljudi mogu da žive ili kao usamljeni pojedinci ili s nekim nepokajanim grehom, a da pritom i dalje budu punopravni članovi crkve. Zavet nam pruža biblijska merila ponašanja za članove, obaveštavajući ih pritom šta znači biti član lokalne crkve i podsećajući ih na obaveze koje članstvo nosi sa sobom kad je reč o načinu života i interakciji sa drugim članovima. Crkveni zavet daje smisao članstvu jer razjašnjava duhovne dužnosti i obaveze prema drugima koje su obeležje članstva. Ako tačno razjasnimo koje su obaveze članstva, poboljšaćemo zdravlje lokalne crkve, jer se time nominalizam drži na bezbednoj distanci, a članovi odgovornije sazrevaju u iskrenoj hrišćanskoj pobožnosti. Što više sazrevamo u istinskoj hrišćanskoj svetosti i ljubavi, to više dokaza pružamo da smo zaista Hristovi učenici (Jn. 13,34-35; 15,8).

Možete da javno ohrabrite članove da nešto pre uzimanja pričesti crkveni zavet upotrebe kao oruđe ličnog preispitivanja. Možda bi bilo dobro čak i da zajedno pročitate zavet pre poslovnih sastanaka zajednice da biste podsetili članove na kakvo su se ponašanje obavezali čak i kad je reč o poslovanju crkve.

Zavet za članstvo Baptističke crkve Kapitol Hil

Pošto se uzdamo da nas je božanska blagodat dovela do pokajanja i vere u Gospoda Isusa Hrista, pošto smo mu se predali i u skladu s našim ispovedanjem vere krstili u ime Oca, Sina i Svetoga Duha, sada uz njegovu milostivu pomoć svečano i radosno obnavljamo naš zavet jedni s drugima.

Radićemo i molićemo se za jedinstvo Duha u svezi mira.

Živećemo zajedno u bratskoj ljubavi, kao što i priliči članovima hrišćanske crkve; jedni prema drugima bićemo blagi, brižni i pažljivi i verno ćemo opominjati i preklinjati jedni druge ukoliko se za to javi potreba.

Nećemo zapostaviti zajednička okupljanja niti zanemariti molitvu za nas u crkvi i one van nje.

Trudićemo se da one koji su nam u datom trenutku povereni podižemo u Gospodnjoj nezi i opomeni, kao i da svojim čistim primerom i ljubavlju tražimo spasenje porodice i prijatelja.

Radovaćemo se kad je neko od nas srećan i trudićemo se da nežno i sa saosećanjem nosimo teret jedni drugih. Težićemo za tim da, uz božansku pomoć, u svetu živimo pažljivo, odričući se svetskih požuda i požuda koje nisu po Božjoj volji, znajući da, pošto smo svojom voljom krštenjem sahranjeni i vaskrsli iz simboličnog groba, imamo posebnu obavezu da živimo novim i svetim životom.

Zajedno ćemo se truditi da u ovoj crkvi nastavimo s vernom evanđeoskom službom tako što ćemo proslavljati Boga i čuvati obrede, disciplinu i doktrinu. Radosno i redovno ćemo podržavati službu, učestvovati u plaćanju troškova crkve, davanju za siromašne i za širenje evanđelja po svim narodima.

Ako se odselimo odavde, čim to bude moguće, postaćemo deo druge crkve u kojoj ćemo moći da pokažemo duh ovog zaveta i sprovedemo principe Božje Reči.

Neka milost Gospoda Isusa Hrista, ljubav Božja i zajednica Svetog Duha bude sa svima nama. Amin.

RAZGOVOR ZA PRIJEM U ČLANSTVO

Kad osoba završi s časovima za nove članove i čuje sve tamo opisane doktrine, ideje i prakse, sledeći korak koji treba da preduzme je da zatraži razgovor za prijem u članstvo. Neki ljudi će na časovima saznati stvari zbog kojih će se ohladiti prema crkvi i otići negde drugde. Za one koji i dalje žele da budu članovi, razgovor je samo još jedan mali korak inicijative koju moraju da preuzmu kako bi dokazali da zaista žele da postanu članovi. Kad se sastavi spisak ljudi koji su zainteresovani za razgovor o članstvu, bilo bi dobro da pastor (ili neki starešina, ako je crkva velika) nasamo razgovara sa svakim potencijalnim članom. Taj razgovor obično traje između pola sata i četrdeset pet minuta, a njegova svrha je delimično i dobijanje nekih opštih informacija o načinima stupanja u kontakt i porodičnom statusu. Ipak, osnovni cilj razgovora je dobijanje duhovnih podataka. Evo na šta treba obratiti pažnju.

1. Evanđelje. Da bi se očuvala čistota crkve, veoma je važno zatražiti od potencijalnih članova da objasne evanđelje – ako je moguće za minut ili kraće. Nekima će to delovati zastrašujuće, ali to je u redu – bolje je da pred vama zamuckuju nego da poslednjeg dana nemo stoje pred Gospodom (to će tada i za vas biti bolje, pošto ćete i vi polagati račun pred njim; pogledajte Jev. 13,17). U odgovoru obratite pažnju na osnove – a to su Bog, čovek, Hristos, reakcija – čak i ako kandidati ne upotrebljavaju baš te reči. Ako nešto izostave, ljubazno im postavite pitanja koja će ih navesti da se prisete. Ako i dalje nisu u stanju da se izraze, objasnite im i pitajte ih da li su se pokajali od greha i poverovali u evanđelje. Ako vam se čini da su posle razgovora i dalje nesigurni, ne samo u artikulisanju, već i u razumevanju evanđelja, pre nego što ih preporučite za članstvo, podstaknite ih da najpre uz Bibliju prouče evanđelje s nekim zrelijim članom.

2. *Ranije crkve.* Pitajte kandidate u koje su crkve išli pre nego što su došli kod vas i zašto su ih napustili. Mnogi promene crkvu jer se ne slažu s njom po nekim bitnim biblijskim pitanjima ili pak zbog selidbe. Međutim, ima i onih koji u istoj oblasti idu iz jedne u drugu crkvu iz nekih loših razloga. Ako su došli iz crkve koja je blizu vaše, obavezno ih pitajte zašto žele da pređu kod vas. Ne ohrabrujte mešanje pastve ili nečije možda neodgovorno ponašanje samo zato što želite više članova u crkvi. Takođe ih podstaknite da donesu pismo preporuke iz prethodne crkve tako da među pastorima bude jasno ko je odgovoran za tu osobu.

3. *Krštenje.* Da li su kandidati kršteni? Kako su kršteni? Da li su spremni da se krste ako to tek treba da urade?

4. *Disciplinovanje unutar crkve.* Da li je na njima u nekoj crkvi bila primenjivana disciplinska mera? Ako jeste, pitajte ih za razlog.

5. *Lično svedočanstvo.* Zatražite da vam ispričaju svoje svedočanstvo. Obično im postavljam pitanja o domu u kom su odrasli, kad i kako su se obratili i kako im se život od tada promenio. Pritom u odgovorima tražim dokaze pokajanja i obraćenja.

U Dodatku možete naći primer razgovora za prijem u članstvo.

SLUŽBA NOVIH ČLANOVA

Često padamo u iskušenje da nove članove podstaknemo da odmah uskoče u posao – da nađu svoju oblast službe i počnu da služe. Ipak, ovo baš i ne bih savetovao. Ne znamo uvek kakvo su učenje ljudi primili u prethodnoj crkvi; nekada moraju da prevaziđu pogrešno razumevanje evanđelja ili pogrešno učenje crkve. Stalo nam je da na biblijski način razumeju i evanđelje i crkvu i da se, pre nego što im omogućimo zvaničan ili javni pristup duhovnom životu drugih članova, uverimo da verno dolaze na službe i žive po evanđelju. Mnogi od nas ovde ponovo moraju da čuju Pavla: „Ruke ne polaži brzo ni na koga i nemoj da učestvuješ u tuđim gresima; drži sebe čista" (1. Tim. 5,22).

DOZVOLJENO ODSTUPANJE

Jedno svakako mora da nam bude jasno, a to je da će, dok se Gospod ne vrati, u žitu neizostavno rasti i kukolj (Mt. 13,24-43). Ta činjenica, međutim, ne znači da mi kao pastori možemo da neodgovorno primamo nove članove u crkvu. Moramo da budemo verni i da radimo sve što je u našoj moći da sprečimo neobraćene da postanu članovi naše crkve. Možda nam deluje grubo da dovodimo u pitanje spasenje ljudi koji žele da postanu članovi, ali ako je članstvo u lokalnoj crkvi spoljašnja potvrda čovekovog duhovnog obraćenja, onda upravo najgrublja stvar koju možemo da uradimo jeste da navedemo čoveka pod osudom da pomisli da je spasen samo zato što smo ga prebrzo primili u članstvo. Ako volimo ljude i ako nam je stalo do celokupnog svedočanstva naše crkve, onda ćemo i jedno i drugo zaštititi tako što ćemo paziti koga primamo u članstvo. Ne ostavljajmo vrata širom otvorena.

TEME ZA RAZMIŠLJANJE

① Zašto bi bilo pametno organizovati obavezna predavanja za nove članove?

② Kako crkveni zavet doprinosi zdravlju lokalne crkve?

③ Kako razgovori s kandidatima za članstvo doprinose zdravlju lokalne crkve?

5
CRKVENA DISCIPLINA

Svima nam je jasno da disciplina baš i nije milozvučna reč. Pomalo podseća na prokelj – svi znamo da bi trebalo da ga volimo, ali čini nam se da će nam za to ipak trebati vremena. Reč *disciplina*, bilo da se odnosi na korigovanje ili na samokontrolu, deluje nam previše ograničavajuće – što u kulturi koja toliko naglašava slobodu baš i nije šik. Međutim, Pismo nam i zapoveda i daje primere discipline unutar crkve. Ako se nadamo izgradnji zdrave crkve, onda moramo biti spremni za disciplinu.

FORMATIVNA I KOREKTIVNA

Ako napravimo paralelu između discipline unutar Hristovog tela i discipline u fizičkom telu, onda bi formativna disciplina bila nalik pravilnoj ishrani i vežbanju, a korektivna bi bila nalik operativnom zahvatu. Formativna disciplina pomaže crkvi da stekne kondiciju, ostane u njoj i raste. Primeri takve discipline su propovedanje, učenje, učeništvo, proučavanje Biblije po malim grupama i okupljanje radi zajedničkog slavljenja. Te aktivnosti oblikuju način na koji rastemo i snaže nas za rad – i kao pojedince i kao crkvu uopšte. One pomažu u sprečavanju ozbiljnih rizika od lažnog učenja, javnih skandala, prepiranja i mnogih drugih duhovnih bolesti; zahvaljujući njima lokalna crkva može da izgleda privlačnije onima spolja.

Korektivna disciplina je nalik operaciji – ispravlja nešto što je u telu krenulo naopako pre nego što dođe do još gorih oštećenja. Primeri korektivne discipline su ukor, opomena i ekskomunikacija (isključivanje iz članstva crkve i zabrana uzimanja pričesti). Ona ispravlja ozbiljnije greške u doktrini i načinu života članova. U ovoj glavi ćemo govoriti o sprovođenju korektivne discipline.

Zanemarivanje korektivne discipline za crkvu može da bude smrtonosno. Niko ne voli da dođe u situaciju da mora pod nož. Ipak, ponekad nam upravo taj nož spasava život. Nikad nije prijatno kad moramo da primenimo korektivnu crkvenu disciplinu, a naročito ne u javnosti. Međutim, nepokajani greh i oni koji ga se uporno drže predstavljaju rak koji mora da se ukloni iz tela da bismo bili zdravi i angažovani u produktivnom radu. Većina nas zna za najmanje jednu crkvu čije je zajedničko svedočanstvo ukaljano jer je oklevala da kazni nekog člana koji je na javno skandalozan način zgrešio i nije se pokajao. Međusobni odnosi u kojima ljudi polažu račune jedni drugima mogu da spreče takve tragedije, a skidanje osobe koja se ne kaje sa spiska članova može da pomogne u obnovi crkve.

PREVENTIVNA FUNKCIJA POLAGANJA RAČUNA DRUGIMA

Evo jedne dobre vesti – korektivna disciplina ne mora da bude javna! Štaviše, u zdravoj crkvi ona se na međuljudskom nivou odvija sve vreme. Ljudi u crkvi greše, ali hrišćani koji sazrevaju rado će u svoj život prihvatiti druge hrišćane kako bi mogli da jedni drugima ispovedaju grehe (Jak. 5,16; 1. Jn. 1,5-10). Tako uglavnom i dolazi do duhovnog rasta – prihvatanjem biblijske korekcije. Kao pastor morate da budete primer ponizne odgovornosti pred drugima i da to podstaknete i kod ostalih.

Kad se ispovedamo jedni drugima, to izvodi naše grehe na svetlo, gde možemo da se obračunamo s njima, u kontekstu prijateljstva u kome jedni druge posvećujemo i snažimo putem molitve, ohrabrivanja i praktične primene Reči. Da bi rastao, grehu je potreban mrak – potrebni su mu izolacija, koja se često maskira u „privatnost", i ponositi stav da smo dovoljni sami sebi, koji nosi masku „snage". Kad ovakvi uslovi postanu preovlađujući, greh se tada zaliva kiselinom sramote, zbog čega grešniku tama postaje privlačnija od svetla. Ali kad živimo na svetlu i ispovedamo grehe, shvatamo da u našoj borbi nismo sami; tada postajemo otvoreni za opomene ljudi koji nas vole i žele da nas zaštite, a te opomene su pesticid koji suzbija i uništava moć ukorenjenog greha da nas uništi i zarobi.

Kad se ispovedamo prijatelju pred kojim smo odgovorni, to će sprečiti da gresi s kojima se trenutno mučimo kasnije postanu skandalozni. Mudri pastor će javno ohrabriti pastvu da neguje takva prijateljstva, jer zna da su ona biblijska i preventivna mera koja pomaže da se umanji verovatnoća nastanka i učestalosti greha koji bi zahtevao javnu crkvenu kaznu. Crkve rastu ako se greh plevi dok je još mali.

OKRUŽENJE

Ne uspevamo svaki greh da iščupamo dok je još mali. Bilo da je reč o dugotrajnom nedolaženju u crkvu ili o javnom i skandaloznom grehu, u nekom trenutku tokom službe verovatno će-

mo morati da izreknemo javnu disciplinsku meru. Ipak, da bi ta
mera bila produktivna, u crkvi okruženje mora da bude takvo da
postoje i smisleni duhovni međuljudski odnosi i zdrava struktu-
ra vođstva. Zdravi odnosi među članovima moraju biti obnovlje-
ni *pre* mera korektivne discipline ukoliko želimo da te mere budu
sprovedene kako treba. Isus je rekao da će ako volimo jedni dru-
ge svi znati da smo njegovi učenici (Jn. 13,34-35). Pavle je rekao
da je crkva zajedničko telo, „ujedno povezano i sjedinjeno, na taj
način što svaki zglavak pruža potporu shodno odmerenom dej-
stvu svakog pojedinog dela" (Ef. 4,16). Međuljudski odnosi su
ligamenti na koje se rast crkve oslanja. Crkvi je potrebna mre-
ža smislenih duhovnih odnosa i malih grupa u kojima ljudi vode
neobavezne razgovore, duhovne razgovore, međusobno se hra-
bre i posvećuju u učeništvu i polaganju računa.

Ovakvo učešće u duhovnom životu drugih – koje karakteri-
še najpre ljubav – mora da na pozitivan i formativan način posta-
ne norma *pre* uspostavljanja korektivne discipline. Bez okruženja
u kome vladaju duboko međusobno prožeti duhovni odnosi, ko-
rektivna disciplina bi bila kao da smo detetu koje vidimo jednom
mesečno prišli na ulici i išamarali ga. Takva kazna bi bila ocenje-
na kao gruba, pa i prestroga, a ne kao teška, ali odgovorna mera
proistekla iz ljubavi i brige prema duhovnom blagostanju osobe.
Takođe je važno već imati dobro utvrđenu strukturu vođstva ko-
je se neće pokolebati pod pritiskom situacije. To je jedan od naj-
praktičnijih razloga za postojanje većeg broja starešina, pri čemu
bi najbolje bilo da neplaćenog osoblja bude više od plaćenog. Jav-
no korektivno disciplinovanje u crkvama koje imaju samo jednog
pastora ili starešinu jeste moguće, ali možda ne i mudro. Ako se
kao jedini pastor ili starešina u crkvi ipak upustimo u izricanje me-
re, rizikovaćemo da se kod zajednice stvori mentalitet „mi protiv

njega" – pastva protiv plaćenog pastora. Sa gledišta vođstva, če-
sto je teško oteti se utisku (iako je lažan) da pastor postupa auto-
ritativno i jednostrano – zato će možda biti teško i izbeći otkaz!

Ali ako imate nekolicinu biblijski kvalifikovanih starešina ko-
ji nisu deo plaćenog osoblja i imaju autoritet u zajednici, i ako tih
starešina ima više, ali vas svejedno podržavaju kao vođu koji tre-
ba da donese odluku, onda će članovi biti uvereni da je odluka
prošla ne samo vaš sud, već i sud ostalih pouzdanih vođa. Takođe-
đe, ideja o primeni mere tada ne bi potekla samo od vas, već od
starešina kao jedinstvene grupe. Druge starešine mogu da vam
daju savete u vezi s tim šta da kažete, kako da govorite, kada da
nastavite, a kad da se strpite. Isto tako, mogu i da vas (iskreno)
spreče da uradite nešto pogrešno ili, pak, da pravu stvar uradite
na ne baš mudar način. Ublažiće nepravednu kritiku tako što će
je primiti zajedno s vama ili čak i umesto vas, u privatnim razgo-
vorima do kojih može doći nekoliko nedelja pre sastanka zajed-
nice na kome će se govoriti o disciplinskoj meri.

TEME ZA RAZMIŠLJANJE

1. Kako uspostavljanje međuljudskih odnosa u kojima jed-
ni drugima polažemo račune stvara mogućnost korek-
tivne discipline?
2. Zašto je pre izricanja bilo kakvih disciplinskih mera do-
bro imati veći broj starešina u crkvi?

POSEBNA PAŽNJA

Još jedan od načina da zajednicu pripremimo za slučaj javne
mere korektivne discipline jeste pravljenje spiska osoba kojima

je potrebna posebna pažnja; taj spisak ćemo pročitati na sastan-
ku zajednice. Na njemu se nalaze članovi za koje se iz raznih ra-
zloga (a kod mnogih uopšte nije u pitanju greh) treba posebno
moliti. Osoba čije se ime nađe na listi ne mora nužno da bude
neko ko uporno greši i ne kaje se. Ipak, ta lista se između osta-
log može upotrebiti i da zajednica shvati da treba da se moli za
svakog člana koji je skandalozno zgrešio i nije se pokajao, kao i
da pozove članove da se kod pastora i starešina nasamo raspi-
taju o situaciji. Obznanite članovima crkve o kome je reč na sa-
stanku zajednice koji prethodi onome na kome će disciplinska
mera biti izrečena. Na tom prvom sastanku objasnite zašto se
svaka osoba nalazi na spisku i podstaknite ljude da se kod vas
ili nekog starešine nasamo raspitaju o celoj situaciji pre sledećeg
sastanka. Kad članovima date priliku da nasamo postave pita-
nja, to može da načini veliku razliku u načinu na koji zajednica
reaguje na javni slučaj korektivnog disciplinovanja. To će takođe
eliminisati faktor šoka koji se za njega obično vezuje.

IZBACIVANJE SA SPISKA ČLANOVA

Da biste pomogli ljudima da razumeju šta se dešava prilikom
izricanja javne korektivne mere, prethodno ih poučite da is-
ključivanje iz crkve shvate kao brisanje imena iz spiska člano-
va i, što je još značajnije, kao zabranu uzimanja pričesti. Tako-
đe se postarajte da članovi znaju da kažnjenog člana treba da
tretiraju kao nevernog, jer nije pokazao nameru da se pokaje
i popravi ponašanje.

To ne znači da nije dobrodošao u crkvu. Definitivno nam
je stalo da taj član dolazi u crkvu i sluša propovedanje Reči,
baš kao što nam je stalo do svakog nevernika. To takođe ne

znači da ne treba da pokušavamo da ubedimo isključenog da se pokaje. S druge strane, to podrazumeva da mi kao članovi ne treba da jedemo s takvim ljudima, ne treba da se družimo s njima, pa čak ni da vodimo neobavezne razgovore kao da nisu učinili ništa pogrešno (vidi 1. Kor. 5,9-13). Ako zajednicu vode starešine, onda će predlog da se osoba izbriše iz članstva obično doći od njih (mada može da dođe i iz same zajednice). Stoga predlog koji potiče od starešina jeste predlog većeg broja članova i ne treba mu dodatna podrška.[1] Jedino što tada preostaje jeste da zajednica glasa. Procenat glasova koji je potreban za izricanje mere zavisi od toga kako je to rešeno u pravilniku vaše crkve.

TEME ZA RAZMIŠLJANJE

① Kako spisak osoba na koje posebno treba obratiti pažnju može da doprinese boljem zdravlju lokalne crkve?

② Pročitajte stihove Matej 18,17; 2. Solunjanima 3,6-15 i Titu 3,9-11. Kako da se ponašamo prema članovima kojima je izrečena disciplinska mera?

ZAKLJUČAK

Okupljanje crkve je težak posao koji zahteva marljivost, budnost, mudrost i strpljenje. Neki u zajednici neće razumeti zašto obavljate stvari tako kako ih obavljate. Neki mogu da postanu nestrpljivi ako ne vide rezultate odmah ili ako crkva raste sporije nego što su očekivali. Neke može da uvredi što svojim čestim pojašnjavanjem

---

1 Ovde se, naravno, podrazumeva upotreba zvaničnih uputstava za promišljene sastanke, kao što su Robertova pravila procedure.

evanđelja naoko dovodite u sumnju spasenje ljudi. Drugi će čak i napustiti crkvu, jer je sablazan evanđelja učinila da se osećaju neprijatno ili besno. Sve je to u redu. Kod pastora su često upravo to pokazatelji da je veran u svojim prvim godinama rada.

Stalno *propovedajte*. Stalno se *molite*. Stalno gradite *lične odnose*. Uvek budite *strpljivi* kad vas ljudi zaborave, kad vas pogrešno shvate ili vam nanesu zlo (2. Tim. 2,24). Stalno se trudite da vam zajednica veruje. Uzdajte se u to da će Isus u moći svoje Reči izgraditi svoju crkvu. Položite temelje sa strpljivom, biblijskom mudrošću. Vredno je truda. Kad to radite, struktura kuće će biti čvrsta i decenijama kasnije takođe ćete uštedeti, jer joj neće trebati mnogo popravki.

Međutim, okupljanje crkve je takođe izuzetno dragocen i uzbudljiv posao! Ne odustajte! Ne predajte se sumnji, razočaranju i strahu od čoveka! Osmotrite pažljivije. Božji plan za celokupnu čovekovu istoriju okreće se oko lokalne crkve kao vidljive i udružene manifestacije njegovog Sina, Isusa Hrista! On je uredio da se njegovi najvažniji ciljevi i ovde i u nebu ostvare posredstvom lokalne crkve (Ef. 3,10-11)! Obećao je da njegova crkva neće propasti (Mt. 16,18)! On toliko voli crkvu da je Pavle morao da se moli za sposobnost da shvati dimenzije te ljubavi (Ef. 3,17-19)! Crkva za Boga ima kosmički značaj – bukvalno. Kao pastori i vođe crkve, imamo tu privilegiju da zidamo crkvu koju Bog toliko voli tako što ćemo se sami pokoravati evanđelju i slediti Hrista (Ef. 4,11-16). Budite primer pobožnosti (1. Tim. 4,12-16). Budite jaki i hrabri – s vama su Božje prisustvo, moć i obećanja (Is. Nav. 1,1-8). „Budi trezven u svemu, zlopati se, izvrši delo evanđeliste, svrši potpuno svoju službu" (2. Tim. 4,5).

PREPORUČENA LITERATURA ZA PRVI ODELJAK

O PASTIRSKOJ SLUŽBI

➢ Ascol, Tom, ed. *Dear Timothy: Letters on Pastoral Ministry* (Cape Coral, FL: Founders Press, 2004).

➢ Bridges, Charles. *The Christian Ministry* (Carlisle, PA: Banner of Truth, reprint 2001).

➢ Carson, D. A. *The Cross and Christian Ministry* (Grand Rapids, MI: Baker, 1993).

O PROPOVEDANJU

➢ Chapell, Bryan. *Christ-Centered Preaching: Redeeming the Expository Sermon* (Grand Rapids, MI: Baker, 1994).

➢ Dever, Mark, and Greg Gilbert. *Preach: Theology Meets Practice* (Nashville: B&H, 2012).

➢ Goldsworthy, Graeme. *Preaching the Whole Bible as Christian Scripture: The Application of Biblical Theology to Expositional Preaching* (Grand Rapids, MI: Eerdmans, 2000).

➢ Helm, Dejvid. *Ekspozicijsko propovedanje: Šta je potrebno za dobro propovedanje* (Hrišćansko udruženje Projekat Timotej, 2020).

➢ Stott, John. *Between Two Worlds: The Art of Preaching in the Twentieth Century* (Grand Rapids, MI: Eerdmans, 1992).

O MOLITVI

➢ Carson, D. A. *Praying with Paul*, 2nd ed. (Grand Rapids, MI: Baker Academic, 2014).

➢ Onwuchekwa, John. *Prayer: How Praying Together Shapes the Church* (Wheaton, IL: Crossway, 2018).

O EVANĐELJU

➢ Gilbert, Greg. *Šta je evanđelje?* (Hrišćansko udruženje Projekat Timotej, 2023).

➢ MacArthur, John. *The Gospel according to Jesus* (Grand Rapids, MI: Zondervan, 1994).

➢ Ortlund, Rej. *Evanđelje: Kako crkva odražava Hristovu lepotu* (Hrišćansko udruženje Projekat Timotej, 2021).

O OBRAĆENJU

➢ Butterfield, Rosaria. *Openness Unhindered* (Pittsburgh: Crown and Covenant, 2015).

➢ Gilbert, Greg. *Assured: Discover Grace, Let Go of Guilt, and Rest in Your Salvation* (Grand Rapids, MI: Baker, 2019).

➢ Helm, Paul. *The Beginnings: Word and Spirit in Conversion* (Carlisle, PA: Banner of Truth, 1988).

➢ Lorens, Majkl. *Obraćenje: Kako Bog stvara svoj narod* (Hrišćansko udruženje Projekat Timotej, 2023).

➢ McKinley, Mike. *Am I Really A Christian?* (Wheaton, IL: Crossway, 2011). Peters, Justin. *Do Not Hinder Them: A Biblical Examination of Childhood Conversion* (Justin Peters Ministries, 2017).

➢ Pajper, Džon. *Konačno živi* (Hrišćansko udruženje Projekat Timotej, 2023).

➢ Wells, David. *Turning to God* (Grand Rapids, MI: Baker, 2012).

O EVANGELIZACIJI

- ➢ Dever, Mark. *The Gospel & Personal Evangelism* (Wheaton, IL: Crossway, 2007).
- ➢ Metzger, Will. *Tell the Truth*, 4th ed. (Downers Grove, IL: InterVarsity Press, 2012).
- ➢ Murray, Iain. *Revival and Revivalism* (Carlisle, PA: Banner of Truth, 1994). Packer, J. I. *Evangelism and the Sovereignty of God* (Downers Grove, IL: InterVarsity Press, 1991).
- ➢ Stiles, Mack. *Evangelism: How the Whole Church Speaks of Jesus* (Wheaton, IL: Crossway, 2014).

O UČENIŠTVU

- ➢ Coleman, Robert. *The Master Plan of Evangelism* (Grand Rapids, MI: Revell, 1994).
- ➢ Dever, Mark. *Discipling: How to Help Others Follow Jesus* (Wheaton, IL: Crossway, 2016).
- ➢ Pajper, Džon. *Ne traći svoj život* (Hrišćansko udruženje Projekat Timotej, 2023).
- ➢ Ryle, J. C. *Holiness* (Moscow, ID: Charles Nolan Publishers, 2001).
- ➢ Ryle, J. C. *Thoughts for Young Men* (Carlisle, PA: Banner of Truth, 2015). Tripp, Paul. *Instruments in the Redeemer's Hands* (Phillipsburg, NJ: P&R, 2002).
- ➢ Tripp, Paul. *War of Words* (Phillipsburg, NJ: P&R, 2000).
- ➢ Welch, Edward. *When People Are Big and God Is Small* (Phillipsburg, NJ: P&R, 1997).

O CRKVENOJ DISCIPLINI

- ➢ Dever, Mark. *Devet odlika zdrave crkve* (Hrišćansko udruženje Projekat Timotej, 2018).

➢ Liman, Džonatan. *Crkvena disciplina: Kako crkva štiti Isusovo ime* (Hrišćansko udruženje Projekat Timotej, 2024).

➢ Leeman, Jonathan. *Understanding Church Discipline* (Nashville: B&H, 2016).

➢ Whitney, Don. *Spiritual Disciplines within the Church* (Chicago: Moody, 1996).

➢ Wills, Gregory A. *Democratic Religion* (New York: Oxford University Press, 1996).

O ČLANSTVU U CRKVI

➢ Anyabwile, Thabiti. *What Is a Healthy Church Member?* (Wheaton, IL: Crossway, 2008).

➢ Dever, Mark. *Devet odlika zdrave crkve* (Hrišćansko udruženje Projekat Timotej, 2018).

➢ Dever, Mark, ed. *Polity: Biblical Arguments on How to Conduct Church Life* (Washington, DC: 9Marks Ministries, 2000).

➢ Dever, Mark. „Regaining Meaningful Church Membership", in *Restoring Integrity in Baptist Churches* (Grand Rapids, MI: Kregel, 2008).

➢ Dever, Mark. *What Is a Healthy Church?* (Wheaton, IL: Crossway, 2007). Dever, Mark, and Jamie Dunlop. *The Compelling Community: Where God's Power Makes a Church Attractive* (Wheaton, IL: Crossway, 2015).

➢ Liman, Džonatan, *Crkveno članstvo* (Hrišćansko udruženje Projekat Timotej, 2024).

➢ Leeman, Jonathan, *Understanding the Congregation's Authority* (Nashville: B&H, 2016).

Drugi odeljak

KAD SE
CRKVA OKUPI

6
ŠTA JE REGULATIVNI PRINCIP

Sad kad smo okupili crkvu, šta da radimo kad se svake nedelje ujutru nađemo na jutarnjoj službi? Kakva treba da bude služba i zašto baš takva? Ima li uopšte smisla razmišljati o tome kako bi „trebalo" da radimo stvari na zajedničkom okupljanju radi proslavljanja Boga? Zar nam Biblija ne daje malo više slobode? U ovoj glavi ćemo razmisliti o biblijskim razlozima zbog kojih naše okupljanje radi slavljenja treba da ocenjujemo i oblikujemo jedino po Pismu.

REGULATIVNI PRINCIP
Regulativni princip ukratko tvrdi da sve što radimo u zajedničkom proslavljanju mora da bude jasno dozvoljeno u Pismu. Jasna dozvola može da bude ili eksplicitna biblijska zapovest ili valjani i neizostavni zaključak koji se može izvući iz nekog biblijskog teksta.[1] Regulativni princip se s većom ili manjom stro-

---

[1]   Više o regulativnom principu možete saznati u Philip Graham Ryken, Derek W. H. Thomas i J. Ligon Duncan III, urednici, *Give Praise to God: A Vision for Reforming Worship* (Phillipsburg, NJ: Presbyterian & Reformed, 2003), 17–73. Za isto-

gošću primenjuje već vekovima. On u stvari kaže da nam Bog preko svoje Reči govori kako treba da mu pristupimo u slavljenju – zato je naša dužnost da u Pismu potražimo šta nam Bog govori da radimo u životu i naročito u crkvi.

Pomoći će nam ako počnemo s pomirljivom opaskom D. A. Karsona da „teološki bogate i ozbiljne službe iz oba tabora često imaju zajedničkog *sadržaja* više nego što ijedna strana obično to priznaje.“[2]

Karson nadalje zapaža kako „u Novom zavetu nema ni jednog jedinog pasusa koji utvrđuje model zajedničkog proslavljanja.“[3] Tu se slažemo. Ipak, kad predvodimo Božji narod u zajedničkom proslavljanju, mi u izvesnom smislu obavezujemo njihovu savest da učestvuje u svakom delu službe. Takvo obavezivanje je legitimno sve dok ima pozitivnu biblijsku potvrdu, jer je samo Pismo dostojno da obaveže savest; ono funkcioniše kao konačno pravilo za veru i njenu praktičnu primenu. Nije iznenađujuće što je Biblija prepuna primera koji govore o tome koliko je Bogu stalo do načina na koji ćemo ga zajednički proslaviti.[4]

PROSLAVLJANJE JE CILJ OTKUPLJENJA

U Drugoj Mojsijevoj 3 – 10 se na više mesta kaže da je zajedničko proslavljanje Boga cilj otkupljenja (3,12, 18; 5,1, 3, 8;

---

rijski uvod u ovu temu, pogledajte Iain Murray, *The Reformation of the Church: A Collection of Reformed and Puritan Documents on Church Issues* (Carlisle, PA: Banner of Truth, 1965), 35–58.

2   D. A. Carson, urednik, *Worship by the Book* (Grand Rapids, MI: Zondervan, 2002), 55, naglašeno u originalu.

3   Carson, *Worship by the Book*, 55.

4   Pogledajte J. Ligon Duncan III, „Does God Care How We Worship?“ i „Foundations for Biblically Directed Worship“, u Ryken, Thomas i Duncan, urednici, *Give Praise to God*, 17–73.

7,16; 8,1, 20, 25-29; 9,1, 13; 10,3, 7-11, 24-27). Ako je zajednič-
ko proslavljanje cilj otkupljenja, onda je normalno očekivati da
će Bog svom otkupljenom narodu otkriti kako želi da ga prosla-
vimo kad se okupimo. Vidimo da on upravo to i čini nakon što
je okupio svoj narod kod Sinaja. Da li bi Bog bio tako nehajan
da sprovođenje svog plana otkupljenja prepusti mašti jednog u
suštini idolopokloničkog naroda (pogledajte Drugu Mojsijevu
32)? Ne bi. Štaviše, on je ranije, u Drugoj Mojsijevoj 3,12, obe-
ćao da će njegovo poslanje Mojsija biti potvrđeno kad se Izra-
ilj bude poklonio Bogu baš na planini gde se pojavio u gorućem
žbunu. Bog je odabrao mesto. Bog je odabrao vreme. Kad je
Izrailj došao na Sinaj, Bog je pozdravio svoj narod (o čemu či-
tamo u Drugoj Mojsijevoj 20 – 40) tako što je utvrdio uslove i
procedure na kojima će se temeljiti njihovo proslavljanje. Zajed-
ničko proslavljanje je od prevelikog značaja za Božji plan otku-
pljenja da bi njegove detalje prepustio nekome kao što smo mi.

BOGU JE VAŽNO KAKO GA NAROD
U STAROM ZAVETU PROSLAVLJA

Druga Mojsijeva 20,4. Druga zapovest jasno potvrđuje da Bogu
nije važno jedino da njegov narod proslavlja *samo* njega; važno
je i *kako* ga proslavlja. „Ne gradi sebi lik rezani niti kakvu sliku
od onog što je gore na nebu, ili dole na zemlji, ili u vodi, ispod
zemlje." Bog zabranjuje izvestan vid proslavljanja, čak i ako je
čovekov cilj u njemu da mu se pokloni.

Druga Mojsijeva 32,1-10. Izrailj je pravljenjem zlatnog teleta
pokušao da stvori alternativu sistemu proslavljanja koji je Bog
upravo otkrio Mojsiju u Drugoj Mojsijevoj 25 – 30 (stihovi 1-6).
Božja ljubomorna i silovita reakcija pokazuje koliko ozbiljno

shvata i sebe i način na koji ga ljudi proslavljaju (stihovi 7-10). Ne treba da ga proslavljamo na bilo koji način koji nama deluje ispravno. Treba da ga proslavljamo onako kako je on propisao i na način koji je on otkrio.[5]

TEME ZA RAZMIŠLJANJE

① Pročitajte Prvu Korinćanima 14. Šta primećujete u vezi s dinamikom zajedničkog proslavljanja?

② Pročitajte Treću Mojsijevu 10,1-3. Šta je, po tekstu, toliko razgnevilo Boga?

BOGU JE VAŽNO KAKO GA NAROD U NOVOM ZAVETU PROSLAVLJA

Jovan 4,19-24. Isus kaže ženi na bunaru da Samarjani ne proslavljaju Boga kako treba, jer je njihov način proslavljanja zasnovan na saznanjima o Bogu koja se mogu naći samo u Petoknjižju, a ne u celom Starom zavetu („Vi [Samarjani] se molite onome što ne znate", stih 22). Njihova iskrenost jeste bila neophodna, ali ne i dovoljna. Nisu se molili Bogu kako treba jer su ispravna molitva i proslavljanje reakcija na ono što je Bog otkrio o sebi, a ako je obožavanje reakcija na otkrivenje, onda mora i da bude u skladu s tim otkrivenjem.[6] Isus dalje zaključuje da Bog traži one koji će mu se moliti „u duhu i istini" (24. stih) – drugim

---

5   Pogledajte i 3. Mojsijevu 10,1-3, gde Bog ubija Nadava i Avijuda zato što su pred njega izneli „oganj tuđ", ili pak 1. Dnevnika 13,7-11, gde Bog ubija Uzu zato što je dotakao kovčeg zaveta da bi sprečio da ispadne iz kola, koja Bog uopšte nije ni odobrio kao sredstvo prenošenja kovčega (2. Moj. 25,14; 1. Dnev. 15,13).

6   Pogledajte Duncan, „Does God Care How We Worship?" u Ryken, Thomas i Duncan, urednici, *Give Praise to God*, 43.

rečima, one koji se mole Bogu u skladu s Duhom koji je u nji-
ma i s Božjim samootkrivenjem koje je najpotpunije prikazano
u Isusu Hristu. I nama je iskrenost od ključnog značaja, ali nije
dovoljna. Otkrivenje uređuje način proslavljanja.

1. Korinćanima 14. U svojim uputstvima o zajedničkom pro-
slavljanju, Pavle više podstiče proroštva nego govorenje u je-
zicima (stihovi 1-5). A ako se već govori u jezicima, „proro-
ci... neka govore dvojica ili trojica, a ostali neka rasuđuju" (29.
stih). A kako će u skupštini ljudi da rasuđuju šta je rečeno, osim
pomoću Pisma? Pavle dalje tvrdi kako „Bog nije Bog nere-
da, nego mira" (33. stih). Otkriveni Božji karakter sam po se-
bi upravlja našim obožavanjem. Ono što još više pada u oči je
činjenica da sam Pavle, autoritetom apostola koji mu je Duh
dao, utvrđuje koliko proroka može da govori istovremeno u
tom istom Duhu! Drugim rečima, apostolsko otkrivenje ko-
je je Pavlu dato od Duha određuje kako će se harizmatski da-
rovi, koji su podjednako nadahnuti Duhom, pokazati u oku-
pljenoj skupštini. Zajedničko proslavljanje – pa i harizmatično
proslavljanje – regulisano je otkrivenjem.

ZAŠTO JE BOGU VAŽNO
KAKO GA PROSLAVLJAMO?

Bog nam daje dva glavna razloga zbog kojih mu je važno ka-
ko ga proslavljamo. Prvo, želi da ga vidimo onakvog kakav je-
ste, ne kakvim ga zamišljamo. Način na koji proslavljamo Bo-
ga zauzvrat utiče i na oblikovanje naše predstave o njemu.
Način na koji proslavljamo oblikuje i naš pogled na onoga ko-
ga mislimo da proslavljamo. Vratimo se načas zlatnom teletu.
Aron i Izrailj su pokušavali da proslave istinitog Boga – jedi-

no što su u tu svrhu upotrebili zlatno tele. Zašto se onda Bog toliko razgnevio? Zato što zlatno tele, koliko god dragocen i snažan simbol bilo, ne može adekvatno da predstavi transcendentnost, samodovoljnost, mudrost i milost živoga Boga. Bog nije želeo da Izrailj o njemu razmišlja kao o nečemu ne mnogo većem od zlatom okovanog govečeta! Sve što upotrebimo da predstavimo Boga oblikovaće naš stav o njemu. Ali njega ništa ne može adekvatno da prikaže osim njegove pisane Reči date u Bibliji i njegove žive Reči, Hrista Isusa. Isto obrazloženje važi i za bilo koji metod proslavljanja za koji bismo danas mogli da se odlučimo. Ako se odlučimo za zabavno okruženje i atmosferu da bismo upoznali i predstavili Boga ili uspostavili odnos s njim, onda će upravo takvo okruženje i atmosfera govoriti ljudima nešto o tome kakav je Bog po sebi i kakav je njegov odnos s nama. Takav vid proslavljanja sugeriše da on postoji radi nas, dok zapravo mi postojimo radi njega. Drugo, Bogu je važno kako ga proslavljamo jer mi postajemo ono što posmatramo. Kad je reč o idolopoklonstvu, bilo da se njime krši prva ili druga zapovest, jedna od glavnih Božjih zamerki je to što su idoli beživotni – imaju oči i uši, ali ne mogu da vide niti čuju (Ps. 115,4-7). Međutim, i ta statična priroda idola ima dinamičan efekat na one koji im se klanjaju: „Takvi su i oni koji ih grade, i svi koji se uzdaju u njih" (Ps. 115,8; up. sa Ps. 135,15-18; Is. 41,24; 44,9, 18). Ono čemu se klanjamo i način na koji se klanjamo oblikovaće i nas. Zadobijamo izgled onoga što gledamo.

Ipak, upravo tako i treba da bude; potrebno je da postanemo ono što proslavljamo – onda kad proslavljamo pravog Boga na pravi način. „A mi svi otkrivena lica odražavamo slavu Gospodnju i preobražavamo se u istu sliku iz slave u sla-

vu – kako to čini Duh Gospodnji" (2. Kor. 3,18). Gde može-
mo videti Božju slavu? U Pismu i u Hristu Isusu. Hrišćani i
zajednice se saobražavaju s Hristovim likom tako što posma-
traju njegovu slavu otkrivenu u Pismu. To znači da će na služ-
bama zajedničkog proslavljanja svaki element i oblik tog pro-
slavljanja pokazivati ljudima Božju slavu u Hristu prikazanu u
Pismu, a time ćemo se svi zajedno preobražavati i postajati još
verniji odraz te slave. A kako taj princip izgleda kad ga prak-
tično primenimo?

7
PRIMENA REGULATIVNOG PRINCIPA

Isus gradi svoju crkvu, a to čini silom svoje Reči (Mt. 16,18; Rim. 1,16; 10,17). On istom Rečju takođe upravlja proslavljanjem crkve, milostivo nam goveći kako treba da mu pristupimo. Kako ćemo, dakle, strukturirati nedeljno proslavljanje i službu tako da odražavaju Božju rešenost da crkvu oblikuje svojom Rečju?[1] Crkvene vođe koje su vekovima bile posvećene reformi crkve u skladu s Božjom Rečju imale su zajednički metod: čitanje Reči, propovedanje Reči, moljenje u skladu s Rečju, pevanje Reči, gledanje Reči (u obredima).[2] Ovih pet osnovnih aktivnosti, koje teolozi često nazivaju *elementima* zajedničkog proslavljanja, ključno je za zajednički život, zdravlje i svetost u okviru *svake* lokalne crkve.[3]

---

[1] Pod pretpostavkom da je cilj jutarnjeg nedeljnog okupljanja pre svega izgradnja, pa tek onda evangelizacija. U 10. glavi ćete naći kraće obrazloženje zašto je bolje da jutarnja služba nedeljom bude posvećena pre svega izgradnji članova.

[2] J. Ligon Duncan III, „Foundations for Biblically Directed Worship", u Philip Graham Ryken, Derek W. H. Thomas i J. Ligon Duncan III, urednici, *Give Praise to God: A Vision for Reforming Worship* (Phillipsburg, NJ: Presbyterian & Reformed, 2003), 65.

[3] Pre nego što probate da otkrijete šta razlikuje vašu crkvu od ostalih lokalnih crkava, morate utvrditi šta je razlikuje od sveta. Jedini prihvatljiv odgovor bi bio da nju stvara i preobražava Božja Reč, i to zato što su prihvatanje i primena Božje Reči, naročito onakve kako je sažeta u evanđelju, oduvek bili ono što Božji na-

ČITAJTE BIBLIJU

„Dok ne dođem pazi na čitanje" (1. Tim. 4,13). Bog zapoveda pastorima da se postaraju da se Pismo redovno javno čita pred okupljenom zajednicom. Pismo je moćno – čak i kad se osoba koja ga čita ne trudi da ga razjasni (Jer. 23,29; 2. Tim. 3,16; Jev. 4,12)! Ako na jutarnjoj nedeljnoj službi svaki put odvojimo redovno vreme za glasno čitanje Pisma, bez ikakvog komentarisanja, to će pokazati koliki značaj pridajemo Božjoj Reči. To potvrđuje da jedva čekamo da čujemo Gospodnju Reč – da smo je željni. Time pokazujemo da život i rast naše lokalne crkve zavisi od sile Božje Reči i da stvarno verujemo da „neće čovek živeti o samom hlebu, nego od svake reči koja izlazi iz usta Božijih" (Mt. 4,4). Tako potvrđujemo i sopstvenu slabost, jer neprekidno moramo da se podsećamo šta je Bog rekao. Takođe kažemo i da smo spremni da slušamo Božju Reč, da joj se podredimo kako bi nas poučila, ocenila i vrednovala; spremni smo da se složimo sa stvarnošću koju ona predstavlja i njenom procenom i sudom o nama; spremni smo da se pokorimo njenoj presudi i zapovestima bez daljih uslova. Ako sve to potvrđujemo redovnim javnim čitanjem Pisma, šta poručujemo ako ga zanemarimo?

Ako je čitanje Biblije na javnim službama toliko važno, kako ćemo odlučiti koji njen deo da čitamo? Jedan od najboljih načina jeste da službu započnemo odlomkom na osnovu koga ćemo propovedati – svakako moramo da ga pročitamo naglas pre propovedi! Ali možemo odvojiti i više vremena da ga provedemo s Božjom Rečju tako što ćemo tokom službe redovno, u određeno vreme, jednostavno pročitati još neki odlomak, bez ikakvog

---

rod izdvaja od sveta (1. Moj. 12,1-3; 2. Moj. 19,5-6; 5. Moj. 12,29-32; naročito Jn. 17,14; Ef. 4,17-24).

komentara. Ako planirate da propovedate na osnovu odlomka iz Starog zaveta, onda neki drugi član crkve može javno da pročita neki novozavetni odlomak koji citira taj starozavetni ili govori o istoj temi – ili još bolje, razjašnjava kako ga je Isus ispunio. Važi i obratno: ako planirate da propovedate na osnovu nekog novozavetnog odlomka, onda pogledajte da li je možda povezan s nekim starozavetnim tekstom ili da li u Starom zavetu postoji neka priča koja ilustruje zaključak novozavetnog odlomka po kome propovedate. Recimo, na primer, da propovedamo iz 1. glave Evanđelja po Jovanu, gde nam je rečeno da je Božja Reč postala telo i stanovala među nama, puna blagodati i istine. Zašto tom prilikom ne bismo pročitali i Drugu Mojsijevu 40, gde Božja slava ispunjava šator sastanka? Tako ćemo povezati dva odlomka, jer Isus utelovljuje puninu Božjeg prisustva i slave. Mogli bismo da uradimo i obrnuto – da propovedamo na osnovu Druge Mojsijeve 40, a da čitamo 1. glavu Evanđelja po Jovanu da bismo pripremili zajednicu da čuje ekspozicijsko propovedanje o starozavetnom tekstu koje je usmereno na Hrista.

PROPOVEDAJTE BIBLIJU

„Propovedaj reč, prioni u vreme i nevreme, pokaraj, zapreti, opomeni sa svakom strpljivošću i poukom" (2. Tim. 4,2). Bog je naložio pastorima da redovno propovedaju iz Pisma. Propovedanje Božje Reči je od Boga dat metod saopštavanja evanđelja grešnicima (Rim. 10,14-17; up. sa Dela 8,4). Pastirska služba ima zadatak da omogući spasenje nama samima i drugima (1. Tim. 4,13-16). Taj posao ne možemo da obavimo ako se ne posvetimo propovedanju i učenju. To je tačno, jer spasenje nam pruža upravo evanđelje (Rim. 1,16). Ako prestanemo da propovedamo *to* evanđelje, kompromitovaćemo svoju odgovornost i ulogu u spasavanju duša koje nam je Bog poverio.

Zato je veoma važno da imamo redovnu ishranu koja se sastoji od specifičnog ekspozicijskog propovedanja usmerenog na evangelizaciju. To ne znači da svake nedelje treba da propovedamo *samo* poruku spasenja – ljudima ne treba samo mleko, već i meso (Jev. 5,11-14). To takođe ne znači da naše izlaganje svake nedelje treba da bude *samo* o zaključku nekog odlomka koji je odvojen od svog korena u evanđelju (1. Kor. 2,1-5). Našim crkvama je potreban dosledan plan ishrane koju sačinjavaju propovedi o evanđelju i njegovoj primeni, što je prirodan ishod kad nam je poenta biblijskog teksta koji čitamo ujedno i poenta propovedi. Isus je rekao da sve Pismo govori o njemu (Lk. 24,27, 45-47). Dao nam je i dozvolu i zapovest da celu Bibliju čitamo pomoću sočiva evanđelja – i da zatim, dok propovedamo o poenti odlomka, propovedamo evanđelje tako da i verni i neverni slušaju o njegovoj istini, sili i posledicama. U ekspozicijskoj i evangelizatorskoj propovedi koja je usmerena na Hrista postižemo više ciljeva koji se međusobno nadopunjuju. Prvo i najvažnije je to što uzdižemo Isusa kao Spasitelja i Gospoda. Želimo da neverni čuju naše propovedi i budu spaseni. To znači da propovedamo radi *obraćenja*. Zato bi svaka propoved trebalo da sadrži kratak sažetak evanđelja, a idealno bi bilo da on prirodno proistekne iz sadržaja, teme i zaključka teksta. Takođe propovedamo radi *zrelosti* vernika, kako bismo produbili njihovo znanje o Bogu i opremili ih da mu delotvornije služe.

MOLITE SE U SKLADU S BIBLIJOM

„Molim, dakle, pre svega da se vrše moljenja, molitve, molbe, zahvaljivanja za sve ljude" (1. Tim. 2,1). Ova zapovest nam je data na samom početku glave koja daje uputstva o zajedničkom proslavljanju i organizaciji. Pavle je želeo da kod Timoteja kao vođe ovakve molitve budu ono što drži na okupu redovno zajedničko proslavljanje. Isus je citirao Isaiju govoreći: „Moj dom zvaće se dom molitve" (Mt. 21,13). Bog zapoveda pastorima da predvode svoje zajednice u javnoj molitvi. Sve što se dešava napred u crkvi jeste deo crkvene službe poučavanja. Članove svoje zajednice učićete ili kako da se biblijski mole, ili kako da se loše mole, ili da se uopšte i ne mole – sve u zavisnosti od toga koliko vremena od službe odvajate za molitvu i kako to vreme koristite.

Pismo nas uči kako da se molimo. Kad mu se kao skupština molimo u Reči, to pokazuje da Bogu želimo da priđemo pod njegovim uslovima, ne pod našim; u skladu s njegovim otkrivenjem sebe, a ne s time kakav bismo mi želeli da bude. Na zajedničkim službama proslavljanja bilo bi pametno da usvojimo jedan obrazac molitve. Između pesama, čitanja odlomaka iz Pisma, pa čak i čitanja istorijskih hrišćanskih ispovesti,[4] možemo da ubacimo svečane, ponizne i na Pismu utemeljene molitve, i to molitve *obožavanja, ispovedanja, zahvalnosti* i *molbi*. Molitva obožavanja usredsređena je na hvaljenje Boga zbog svih njegovih osobina i savršenosti. Molitva ispovedanja je zajednička ispovest o tome kako smo sve zgrešili Bogu otkako smo se poslednji put okupili, naročito o neposlušnosti javno pročitanom odlomku iz Pisma, nekoj od Deset zapovesti ili odlomku o kome će se tog jutra propove-

---

4 Na primer, Nikejsko ispovedanje iz 325. godine, zatim njegova šire prihvaćena verzija iz 381, ili pak Belgijsko ispovedanje iz 1561. Zajedničko, javno čitanje istorijskih hrišćanskih ispovedanja nas podseća da ne ispovedamo Hrista u nekom istorijskom vakuumu i sprečava da zapadnemo u hronološki snobizam ili počnemo da mislimo kako smo bolji samo zato što živimo u kasnijem istorijskom periodu.

dati.[5] Molitva zahvalnosti podrazumeva zahvaljivanje za duhovne i fizičke darove koje nam je Bog dao. Molitvu sa molbama trebalo bi da predvodi pastor; tu će pred Boga izneti potrebe zajednice, moliće se za vlasti, za lokalnu crkvu na osnovu prioriteta istaknutih u Pavlovim molitvama za crkve i možda za glavne tačke propovedi namenjene zajednici.[6]

Takve molitve pokazuju koliko smo kao zajednica zavisni od Boga. Takođe su od velike koristi ljudima, ne samo zato što ih lepo uvode u zaokruženo zajedničko proslavljanje, već i zato što predstavljaju model zrelosti i strahopoštovanja u molitvenom pristupu Bogu. Ako ste pastor i brinete se da se crkva možda ne moli dobro ili dovoljno, zapitajte se: imaju li uopšte model ispravne molitve?[7]

PEVAJTE BIBLIJU

„Govorite jedan drugom u psalmima, i himnama, i duhovnim pesmama, pevajte i pojte Gospodu u srcu svome" (Ef. 5,19).

---

5   Posle molitve ispovedanja najbolje je direktno iz Pisma čitati o sigurnosti oproštaja da ljudi ne bi nastavili da žale zbog svojih greha, već da bi se radovali Božjem milostivom oproštaju.

6   Za molitve utemeljene na Pavlovim molitvama, pogledajte Carson, *A Call to Spiritual Reformation.*

7   Razmislite o tome da starešine ili druge crkvene vođe mole bilo koju od ovih molitava, osim pastirske. Javna molitva će pomoći ostalim starešinama da se obuče za javno duhovno vođstvo, učvrste svoj autoritet u očima zajednice i pruže crkvi osećaj sigurnosti, jer je tada očito da je predvodi više pobožnih vođa koji će kompenzovati pastorove slabije strane.

   Razmislite i o tome da neke od ovih molitava pripremite unapred. Takve molitve nikako nisu „konzervirane"; pripremljene molitve, naprotiv, mogu da budu promišljeniji i bogatiji odraz vernosti Bibliji, ali nam i pomažu da izbegnemo nenamerne duge pauze, ponavljanja ili lapsuse. Pripremom za javnu molitvu nećemo ugasiti Duha, naročito ako smo je pripremali na osnovu Reči, jer Sveti Duh blagosilja i artikuliše upravo Reč, ne samo našu spontanost.

Svim vernima u Efesu je bilo zapoveđeno da izgrađuju jedni druge i pesmom hvale Boga. Stoga pastor kao vođa ima zadatak da omogući ovakav vid proslavljanja koje izgrađuje. A opet, Isus za izgradnju crkve koristi svoju Reč. Zato bi trebalo da pevamo samo one pesme koje izdašno i tačno prenose njegovu Reč. Što su preciznije upotrebljene biblijska teologija, fraze i aluzije, to bolje – jer Reč gradi crkvu, a muzika nam pomaže da tu Reč upamtimo, jer je, izgleda, brzo zaboravljamo.

To svakako ne znači da treba da koristimo isključivo himne i starije pesme. Dosta mudrosti i pouka možemo naći u različitim muzičkim stilovima, tako da se, tokom vremena i uz izloženost različitim muzičkim žanrovima, čovekov muzički ukus proširuje. Taj širi izbor može nam pomoći da umanjimo naklonjenost ljudi određenom tipu muzike koja je utemeljena u ličnoj tradiciji i iskustvu; to će, opet, umanjiti podele i sukobe u vezi s muzičkim stilom. Pažljivim planiranjem ćemo deaktivirati većinu tih ozloglašenih bombi u „ratovima slavljenja“.

Ipak, to znači da kao pastor morate biti u stanju da u teološkom smislu prepoznajete u kom smeru podstičete i vodite zajednicu da peva. To znači i da morate biti hrabri i ne dopustite da vama u tome upravljaju naklonosti kulture zastupljene u zajednici, pa čak ni strastvenost vođe slavljenja, već teološki sadržaj pesama i njihov potencijal u izgradnji. Do uzdizanja – izgradnje ljudi – dolazi kad ih podstaknemo da razumeju i primene evanđelje na biblijski način, ne nužno kad ih sve uvedemo u emocionalno iskustvo ili podržimo u poistovećivanju privremene navale osećanja sa proslavljanjem.

Stihovi koji idu uz muziku imaju moć da nas oblikuju jer se lako pamte. Treba da koristimo pesme koje nas navode da razmišljamo o Božjem karakteru, koje pomoću Božje istine obli-

kuju naš pogled na svet i koje nas uče biblijskom značenju nje-
govog evanđelja i tome kako ono utiče na naš život. I ovde,
kao u molitvi, sve što se prilikom zajedničkog okupljanja de-
šava pred nama jeste funkcija službe poučavanja u crkvi. Za-
to ste kao glavni pastor koji poučava dužni da svoje stado na-
pasate na zelenim livadama pesama koje su usmerene na Boga
i evanđelje, daleko od sušnih ravnica teološke ispraznosti, raz-
mišljanja o ljudskom postojanju i uzavrelih emocija. Najbolje
himne i najbolje savremene pesme slavljenja su one koje nam
pažnju od nas samih usmeravaju na Božji karakter i evanđelje.[8]
Učite se da ih prepoznate i pazite čemu učite ljude putem mu-
zike koju im predlažete. Ako je ikako moguće, ne prepuštajte
tu mogućnost nekom drugom. Bog će nas smatrati odgovor-
nima i za ovaj aspekt službe poučavanja – čak i ako za to odre-
dimo nekog drugog (Jev. 13,17).

TEME ZA RAZMIŠLJANJE

① Zašto je pastor odgovoran za pesme koje se pevaju u
crkvi?

② Da li u repertoaru vaše crkve postoje pesme koje ne po-
učavaju zajednicu valjano?

---

8   Materijal koji je meni najviše pomogao je *The Baptist Hymnal* (Nashville: Con-
vention Press, 1991); *Songs of Fellowship* (Eastbourne, E. Sussex, UK: Kingsway
Music, 1995); *Maranatha Praise* (Maranatha! Music, 1993); *Grace Hymns* (Lon-
don: Grace Publications Trust, 1984) i *Hymns II* (Downers Grove, I: InterVarsi-
ty Press, 1976). Takođe redovno koristim *Psalms, Hymns, and Spiritual Songs* (Cape
Coral, FL: Founders Press, 1994).

POSMATRAJTE BIBLIJU

„Ovo činite za moj spomen" (Lk. 22,19). Obredi su dramski prikazi evanđelja. To su pokretne slike koje kazuju duhovne istine evanđelja, a napisao ih je i režirao sam Isus. Hleb i vino na pričesti predstavljaju slomljeno Hristovo telo i krv prolivenu da bi nama gresi bili oprošteni; to je vidljivi podsetnik na ono što je Hristov krst učinio za nas (Lk. 22,19-20). Krštenje na isti način oslikava naše duhovno umiranje grehu, simboličnu sahranu sa Hristom i vaskrsenje u novi život s njim (Rim. 6,3-4). U obredima, dakle, vidimo prikaz evanđelja i naše dramsko učešće u njemu. U njima nam je obećanje Božje Reči dato u opipljivom obliku – hleb i vino možemo da dodirnemo i okusimo; takođe osećamo vodu krštenja. Sve je to oruđe blagodati koje nam je dao Isus, a Bog ga koristi da uveri svoj narod u pouzdanost evanđelja i stvarnost našeg učešća u njemu.[9]

Obredi su vidljivi znaci i pečati učešća u novom savezu.

Posle valjanog propovedanja Reči, ispravno obavljanje svetih rituala je najvidljivije obeležje koje izdvaja crkvu od sveta. Zato je veoma važno da pastori u tome budu verni. Verno obavljanje obreda od članova zahteva da budu kršteni. Krštenje je fizička slika duhovnog obraćenja. To je prvi spoljašnji znak članstva u novom savezu i on nas označava kao pripadnike Božjeg naroda. Kao takvo, krštenje bi trebalo da bude prvi spoljašnji uslov za članstvo u crkvi.

Vernost ovde takođe podrazumeva da primenjujemo i cr-

---

9   Zato je ideja da i drama bude deo službe proslavljanja zapravo nepotrebna, gotovo nebiblijska. Isus nam je i sam dao dramske prikaze evanđelja (Mt. 28,19-20; Lk. 22,14-20; Dela 2,38-39; 1. Kor. 11,23-26; Kol. 2,11-12). Kad je to uradio, da li nas je podstakao da sami izmišljamo nove prikaze ili da se ograničimo na one koje je on milostivo već dao?

kvenu disciplinu kad je to neophodno – na primer, da zaštitimo ljude da ne uzmu pričest ako su trenutno umešani u skandalozni greh za koji se nisu pokajali ili ako postoje osnovane sumnje da su zgrešili tako što već duže vreme nisu dolazili u crkvu, a nisu se za to pokajali. Takvi gresi kod člana dovode u pitanje iskrenost njegovog ispovedanja. Savesni pastor će zaštititi takvog člana: zabraniće mu da pristupi trpezi i opomenuće ga da onaj „ko jede i pije, a ne pravi razliku između tela Gospodnjeg i drugog jela, sebi na sud jede i pije" (1. Kor. 11,29).

Ako budemo ovako pažljivi u vođenju obreda, sprečićemo lažna obraćenja, zaštitićemo regenerativnu prirodu članstva u crkvi, onemogućićemo neobuzdani nemoral, a time i optužbe za licemerje, usled čega će naša evangelizacija biti efikasnija i doslednija našem svedočanstvu.

TEME ZA RAZMIŠLJANJE

① Da li nedeljne službe u vašoj crkvi sadrže svih pet elemenata proslavljanja (čitanje, propovedanje, molitvu, pesmu i Reč na delu)? Ako ne sadrži, zašto je tako?

② Kako biste mogli da počnete da uključujete elemente koji trenutno nisu zastupljeni?

③ Da li u vašoj crkvi obredi igraju ulogu koja im je dodeljena? Da li ih je možda zamenilo nešto drugo?

VEĆI BROJ SLUŽBI TOKOM DANA

Bibliju možemo da „posmatramo" i u zajedničkom životu crkve. Mnogi danas smatraju da crkva sve što smo dosad naveli može da delotvornije koristi ako ima veći broj službi nedeljom ujutru. Neki organizuju veći broj službi s različitim vidovima muzike za slavljenje kako bi privukli više ljudi. Kod nekih je pak broj članova toliko narastao da je format sa više službi preko dana jedini mogući odgovor na takvu iznenadnu žetvu. Baš dok ovo pišem, vašingtonska crkva Kapitol Hil u kojoj služim suočava se s tim slatkim mukama.

Jasno nam je da ovde postoji mnogo razloga za neslaganje. Iako negujemo bliske odnose s crkvama koje drže više službi nedeljom, iako smo imali logističkih teškoća zbog kojih nam tako nešto deluje neizbežno, i dalje nismo spremni da držimo više službi istovremeno.

Glavni razlog je to što je crkva upravo to – skupština. Grčka reč za „crkvu" je *ekklēsia* i ona se u Novom zavetu odnosi i na skupštinu ljudi koji ne pripadaju Božjem narodu.[10] Po definiciji i upotrebi, reč *ekklēsia* označava zbirnu imenicu u jednini – jednu grupu ljudi koja je u isto vreme na istom mestu. Zato nam je već zbog same definicije reči „crkva" teško da veći broj službi prihvatimo kao format glavne nedeljne „skupštine" crkvenih članova. Da li veći broj službi zaista na najbolji način odražava zajedništvo crkve, odnosno, njenu jedinstvenost? Da li su one najbolji način da se Božji narod okupi u isto vreme na istom mestu? Da li se na takvim višestrukim službama zapravo okuplja više crkava?

Na osnovu Lukinog i Pavlovog opisa zajedničkog okupljanja crkve, zaključujemo da su svi u crkvi prisutni. Čak i ako crkva ima tri hiljade članova, „svi [*pantes*] koji su poverovali behu zajedno" i „svakodnevno su [svi koji su poverovali] bili stalno i

---

10   Pogledajte Dela 19,39, 41, gde je ekklēsia takođe prevedeno kao „skupština" ili „skup".

jednodušno [*homothumadon*] u hramu" (Dela 2,44, 46).[11] Luka je upamtio kako su „svi bili jednodušno [*homothumadon hapantes*] u Solomonovom hramu" (5,12). U Delima 15,22 „apostoli i starešine sa svom Crkvom" [*sun holē tē ekklēsia*] odlučili su da pošalju Pavla i Varnavu u Antiohiju. A u Prvoj Korinćanima 14 Pavle želi da pruži autoritativno učenje o redu u zajedničkoj skupštini i započinje rečima: „Ako se, dakle, sva Crkva okupi na jedno mesto [*ean oun sunelthē hē ekklēsia holē*]..." (23. stih).[12]

Zanimljivo je da su i mnoge biblijske metafore vezane za crkvu takođe slike jedinstva i zajedništva. Lokalna crkva se na različitim mestima opisuje kao stado koje čini mnogo ovaca (Dela 20,28), kao jedno telo sastavljeno od mnogih udova (1. Kor. 12,14-27), jedan hram sačinjen od velikog broja kamenova (Ef. 2,19-22) i domaćinstvo sa mnogo članova (Ef. 2,19).

Ponavljamo, iako smo svesni teškoća koje nosi stalni porast članstva na tehnički ograničenoj gradskoj lokaciji (jer smo ih i sami doživeli), i dalje nam se čini da je jedna služba tokom glavnog nedeljnog jutarnjeg okupljanja dobar i nužan način primene biblijskih saznanja o toj temi.

Sa svime ovim na umu, ako crkva u kojoj služite nedeljom

---

11 Čak i ako se u Delima 2,46 i 5,12 homothumadon prevodi kao „jednodušno", težina argumenta počiva na prisustvu „svih" vernika na svakom okupljanju. Takođe bi bilo teško zamisliti da su svi vernici „jednodušni" ukoliko odbijaju ili zanemaruju sastajanje s ostatkom grupe u dogovoreno vreme.

12 Ovde se javljaju sledeća pitanja: da li crkva prestaje da bude crkva ako samo jedan član nije prisutan na okupljanju? Da li su podele među denominacijama prepreka za istinsko okupljanje crkve? Da li je pogrešno imati više crkvenih okupljanja u jednom gradu? Možemo postaviti i brojna druga pitanja. Poenta je, međutim, u sledećem: ako je zavet nas kao crkvenih članova da zajedno živimo hrišćanskim životom, ali da se „okupljamo" svako za sebe (!) ili tako da nikad ne vidimo ostale dve trećine „zajednice", kako mi to onda „zajedno" živimo hrišćanskim životom? Kako veći broj okupljanja može da bude odraz jedinstva lokalne crkve?

drži više službi istovremeno, bilo bi dobro da *polako* pređete na jednu službu. Poučavajte. Negujte široko jedinstvo uma, najpre među vođama, a onda, preko njih, i unutar cele zajednice. To nije pitanje zbog koga treba podeliti crkvu! Ovde je reč o veri na nivou ubeđenja, a ne o veri po ključnim pitanjima kao što su Hristovo božanstvo – kad se po tome ne bismo slagali, tu bi već trebalo raskinuti zajedništvo. Takođe nije reč ni samo o mišljenju, na primer o tome koje bi boje tepih trebalo da bude. Ovo je ubeđenje – proučili smo biblijske podatke i ubeđeni smo da iz njih sledi određeni zaključak. Iako se ne dotiče doktrine spasenja, reč je o nečemu što je u Pismu, iako se ređe spominje, ipak donekle važno – u šta mi svakako dosledno verujemo. Možemo da se potrudimo, kao što sad ovde činimo, da uverimo i druge u to, radi izgradnje crkve. Međutim, podeliti crkvu zbog ovakve stvari bilo bi sasvim neopravdano.

8
ULOGA
PASTORA

Sad kad smo obradili i specifično shvatanje crkve[1] i specifični model zajedničkog proslavljanja (pogledajte glave 6 – 7), vreme je da pažnju usmerimo na ulogu pastora – i u vođenju crkve uopšte i u okupljanju lokalne crkve radi proslavljanja Boga.

ODLIKE ZDRAVE CRKVE U PRAKSI

Kao što smo videli u Uvodu, crkvu jedinstvenom čini njena poruka evanđelja, čiji vidljivi prikaz imamo u obredima krštenja i pričesti. Zato nas ne iznenađuje što su se reformatori 16. veka trudili da po tim osnovama istinsku crkvu definišu kao onu koja ispravno propoveda Reč i vrši obrede. Samim tim, priroda prave crkve, zauzvrat, snažno utiče i na to kakva treba da bude priroda pravog pastora. Ako se prava crkva razlikuje od sveta i od lažnih crkava time što propoveda reč i vrši obrede, onda je logično zaključiti da se i kod najvidljivijeg vođe crkve te odlike mogu videti u praksi. Drugim rečima, pastor tre-

---

1   Pogledajte Uvod.

ba da vodi crkvu tako da bude crkva.[2]

Najznačajnija i osnovna uloga pastora je da jasno propoveda evanđelje. Propovedanje će uvek imati glavnu ulogu, bez obzira na to u kojoj je crkva životnoj fazi. Imala crkva šest meseci ili šezdeset godina, imao pastor pet ili pedeset godina iskustva, imala crkva pet ili pet hiljada članova – propovedanje je uvek najvažnije, jer se crkva od sveta razlikuje po tome što živi od svake reči koja izlazi iz Božjih usta (Mt. 4,4). Nikako ne želimo da bilo kako razdvajamo propovedanje od obreda, ali je i dalje prikladno reći da propovedanje evanđelja čak ima primat nad obredima, jer nam upravo ono pomaže da shvatimo šta krštenje i pričest simbolizuju.

To, međutim, nikako ne omalovažava značaj ispravno izvršenih obreda. Za iskrenog i vernog pastora, ključno je da obrede krštenja i pričesti obavlja valjano. To je zato što, u širem smislu, krštenje čuva ulaz u crkvu, a pričest njen izlaz. Pravilno obavljeno krštenje (tj. krštenje isključivo vernika čije je ispovedanje verodostojno) nam pomaže da u članstvo crkve primimo samo iskrene vernike. Ispravno pričešćivanje (tj. davanje pričesti samo članovima koji ispunjavaju sve uslove članstva u nekoj evanđeoskoj crkvi) pomaže nam da se pobrinemo da oni nad kojima je zbog nekog greha izrečena crkvena disciplinska mera ne sablažnjavaju crkvu niti da uzimanjem pričesti sud sebi jedu i piju (1. Kor. 11,29).

POUČAVANJE JE SVE

Poučavanje je sve. Ne mislim da je poučavanje jedino što pastor treba da radi niti zagovaram nekakvu beživotnu pravovernost.

---

2 Više o radu pastora na tome da crkva zadobije odlike istinite crkve naći ćete u Mark Dever, „The Noble Task", *Polity: Biblical Arguments on How to Conduct Church Life* (Washington, DC: 9Marks Ministries, 2001).

Ovime hoću da kažem da sve što se prilikom okupljanja i zajedničkog proslavljanja dešava pred crkvom jeste deo službe poučavanja crkve. Sve nas poučava, bila to namera ili ne. Pesme uče ljude doktrini i ispravnim osećanjima prema Bogu. Vaše molitve (ili njihov izostanak) uče ljude kako da se i sami mole. Molitve koje vi molite (ili ne molite) poučavaju ljude o važnim razlikama koje postoje između molitava obožavanja, ispovedanja, zahvalnosti i molbe. Način vršenja obreda uči ljude o njihovom značenju, pa i o značenju samog evanđelja. Vaše propovedanje uči ljude kako da pravilno proučavaju i koriste Bibliju. Od poziva na proslavljanje do završnog blagoslova, sve se računa kao poučavanje. Poučavanje je sve.

Ako ste u crkvi vi glavni pastor za propovedanje, onda će vas Bog smatrati odgovornima i za sve što se dešava napred kad se cela crkva okupi radi proslavljanja. Deo vaše uloge je, stoga, da što promišljenije isplanirate te službe tako da omoguće crkvi da bude usmerena najviše na Boga i na evanđelje. Budite praktični u planiranju zajedničkih okupljanja radi proslavljanja. Odaberite himne i pesme koje obiluju opisima slavnog Božjeg karaktera i njegovih dela, koje će nam pažnju s nas i naših briga skrenuti na Hrista i njegov krst. Izaberite muziku koja će poneti te stihove usmerene na Boga i privući pažnju na delovanje Duha u životu crkve.[3]

Dok predvodite nedeljnu jutarnju službu, molite molitve bogate pravilno upotrebljenim stihovima iz Pisma – to može da bude vezano čak i za odlomak koji će se čitati naglas ili o kome ćete propovedati tog dana. Neka te molitve budu moli-

---

3   O kriterijumima za izbor odgovarajuće muzike za zajedničko proslavljanje govorićemo u 13. glavi.

tve zajedničkog obožavanja, ispovedanja, zahvalnosti i molbi, jer ćete tako zajednici dati primer i zdrave individualne molitve. Neka vaše propovedi budu podređene glavnom zaključku odlomka o kome govorite – tako će biti model odgovornog proučavanja i primene Biblije. Neka glavna teološka tema odlomka o kome se propoveda bude prisutna i u pesmama, pa čak i u nekim od molitava.

Sve ovo znači da ćete u službi povremeno morati da izvesno vreme (dva ili tri dana) posvetite planiranju službi – možda tri ili četiri meseca unapred. To će vam u početku biti teško, ali zato ćete moći da osmislite službe koje će se tematski nastavljati jedna na drugu, a takođe ćete se rešiti pritiska koji nosi planiranje službe iz nedelje u nedelju.

TEME ZA RAZMIŠLJANJE

① Koje su dve glavne dužnosti pastora? Koji su biblijski razlozi za to?

② Koji još zahtevi zadiru u glavne dužnosti pastora? Zašto se to dešava?

③ Šta možemo da učinimo da nas ti zahtevi ne bi sprečavali u vršenju osnovnih obaveza?

④ Zašto svoje službe proslavljanja planirate na određeni način? Postoji li potreba da se to promeni?

IZ DANA U DAN

„A šta radite tokom ostatka nedelje?“ Ah, kad biste samo znali. Ako ste glavni pastor, onda bi veći deo vremena trebalo da utrošite na pripremu javne pouke za crkvu. „Propovedaj reč“ je vaš

osnovni biblijski zadatak (2. Tim. 4,2). Nije neuobičajeno, naro-
čito kod mladih ili novih pastora, da nedeljno potroše dvadeset
pet sati za pripremu propovedi i eventualnih dodatnih pouka.
Ekspozicija je težak i slavan posao. Stariji pastor se takođe pri-
prema za vođenje sastanaka osoblja, prisustvuje sastancima sta-
rešina i posećuje članove zajednice s kojima razvija odnos uče-
ništva – a da i ne spominjemo bezbroj razgovora (prijatnih i ne
tako prijatnih) koje jedan pastor mora da obavi preko nedelje.
Pošto su ostale dužnosti obrađene na drugim mestima u knjizi,
ovde ćemo se usredsrediti na to kako pastor može da pobožno
i na opštu korist predvodi sastanak starešina.

Kako crkva raste i kako se javlja sve snažnija potreba za
osobljem koje će ga podržati, glavni pastor će morati da bu-
de taj koji se stara da svi budu posvećeni istom cilju i nadgleda
službu ostalih članova osoblja. Kad vodimo sastanak osoblja,
bilo bi dobro da započnemo čitanjem i molitvom na osnovu
nekog stiha – obično je reč o odlomku iz koga će se propove-
dati sledeće nedelje. Takođe bi bilo pametno da odvojimo kraće
vreme i za *molitvu za zajednicu* – možda za po jednu stranicu spi-
ska članova svake nedelje, s nadom da se osoblje u svakodnev-
nom ličnom vremenu sa Gospodom takođe moli za po jednu
stranicu s tog spiska. Možete da pronađete neke kratke, ohra-
brujuće članke koje ćete redovno deliti ljudima u sklopu *razvo-
ja i povezivanja tima*. Ponekad možete čak i da odvojite vreme i
zatražite mišljenje o nekom tekućem problemu ili članku koji
dotiče crkvu, čime ćete osoblju dati priliku da nekoliko minu-
ta zajedno razmisle o nekom praktičnom ili teološkom pitanju.
Takođe biste mogli da povremeno blagoslovite osoblje nekom
izuzetno ohrabrujućom biografijom ili teološkom knjigom, ra-
di duhovnog ohrabrenja i uživanja.

I vama lično će biti korisno da imate sistem koji vam pomaže da budete u toku sa svime što ljudi rade, a da se oni pritom ne osećaju kao da su pod lupom. Nedeljni *izveštaji osoblja* mogu da nam divno pomognu u tome – ja ih od svojih članova osoblja primam svake nedelje. Ali ako se odlučite za tako nešto, pobrinite se da ljudi ne pomisle da imate nerealna očekivanja. Uputite ih i stavite do znanja da očekujete marljivi rad, ali uz to im iskažite i mnogo saosećanja i strpljenja. Stvorite blagodatnu i zahvalnu atmosferu unutar osoblja. Budite im primer u iskazivanju zahvalnosti. Budite im uzor uzdanja u Božju svemoć tako što se u razgovoru s njima nećete nervirati niti pokazivati nestrpljenje. Grešnicima kao što smo mi nijedna od ovih duhovnih karakteristika nije u prirodi. Molite se da vam Gospod svojim Duhom pomogne da sazrite i da tako predvodite ljude.

Sastanak osoblja je takođe najbolje vreme da se precizno utvrde *stavke na kalendaru*. One se odnose na zajednički život crkve – na primer, predstojeće sastanke članova, predavanja za nove članove, krštenja, službe s pričesti, konferencije i slično. Takođe uključuju i pitanja vezana za koordinaciju članova osoblja – na primer, ko će kad propovedati ili predavati na časovima za nove članove, ko će služiti na predstojećem venčanju ili sahrani, ko će sprovesti određene odluke nakon razgovora s određenim članovima, ko će istražiti ili napisati neki obrazovni kurs za odrasle, ko kada ide na odmor, za koje službe su potrebne zamenske vođe, kada pastor treba da gostuje negde drugde i tako dalje.

Treba se pobrinuti za dosta toga. Istovremeno, dobro je da ti sastanci osoblja budu kratki i ohrabrujući koliko god je to moguće. Zato se trudite da sve ide brzo, ali i radosno. Kad se sastanci osoblja oduže, ponekad se neprimetno javlja ozlojeđenost, koliko god vam sve delovalo ohrabrujuće. Dva sata bi trebalo da bude apsolutni maksimum, naročito ako se sastajate svake nedelje.

Kad je reč o nedeljnom rasporedu pastora uopšte, podstakao bih vas da budete disciplinovani. „Vežbaj [se] u pobožnosti“ (1. Tim. 4,7). Utvrdite raspored i držite ga se. Uđite u zdravu rutinu. Uspostavite neki termin tokom nedelje, meseca ili čak tromesečja za pripremu propovedi, proučavanje i čitanje radi nekog dodatnog biblijskog poučavanja, molitvu za sebe i za zajednicu, za organizaciju, razgovore (bilo da je reč o učeništvu, dušobrižništvu ili telefonskim razgovorima), posete (bolničke, kućne itd.), čitanje radi sopstvenog razvoja, planiranje službi i za kakve god vas je ostale pastirske dužnosti Gospod pozvao. Ko ne uspe da isplanira, planira neuspeh. Odvojite vreme da utvrdite kad ćete raditi sve to tokom jedne nedelje, meseca ili godine. Zabeležite sve u kalendaru i ispunjavajte zadatke kako vam Gospod daje. Ako to ne činite, vaša služba može da se sasvim raspline i tako postane problem i porodici i ostalim službama — problem koji bi inače lako mogao da se ukroti, samo da je malo više promišljanja i samodiscipline.

Bog vam je poverio konačan broj sati i dana. Upravljajte njima dobro, na njegovu slavu, na zdravlje vaše porodice i izgradnju crkve.

TRI OBAVEZE PASTIRSKE SLUŽBE

Pastirska služba mogla bi sažeto da se opiše pomoću ove tri opšte obaveze: napasanje, predvođenje i čuvanje.

Napasanje. Prva obaveza pastora je da hrani stado Božjom Rečju (Jn. 21,15-17; 2. Tim. 4,2). Pastir jednostavno ne može da bude veran svom zadatku ako ne hrani stado dobro (Jez. 34,2-3, 13-14; 1. Tim. 3,2; Titu 1,9). On mora da ih odvede do zelene paše, gde će se odmoriti i nahraniti (Ps. 23,1-2). Pobrinite se da novorođeni imaju mleka (1. Pet. 2,2), a zreliji mesa (Jev. 5,11-14). Razjasnite evanđelje nevernima i onima koji samo ispovedaju da su hrišćani, a iskrenim vernicima objasnite kako evanđelje neprekidno treba da utiče na njihov život.[4] Čovek može da ima harizmatičnu ličnost, može da bude talentovan upravnik i vešt govornik, može da bude naoružan impresivnim programom, može čak da kao političar ume s ljudima ili da kao psiholog saosećajno sasluša, ali ako ne ume da nahrani ljude Božjom Rečju, izgladniće stado. Programi i ličnosti su zamenljivi, ali bez hrane stado će umreti.[5] Zato je napasanje stada prva obaveza pastora. „Napasaj moje jaganjce" (Jn. 21,15).

Predvođenje. Ovce ne treba samo hraniti, nego i voditi (Ps. 23,3-4). To znači da moramo biti ispred njih kako bi nas sledile do zelene paše. To takođe znači da moramo da započinjemo razgovore o Bogu i planiramo širenje evanđelja, kao i da sopstvenim načinom života i vođstva budemo uzor drugima (1. Tim. 4,12; 1. Pet. 5,1-5). Vođstvo u crkvi takođe podrazu-

---

4   Oba cilja u istoj propovedi najlakše ćemo postići ako propovedamo evangelizacijske, ekspozicijske poruke – propovedi čiji je zaključak ujedno i zaključak teksta na osnovu kog se propoveda, odnosno propovedi koje očigledno i jasno predstavljaju evanđelje kao prirodni zaključak svakog pročitanog odlomka (Lk. 24,25-27, 45-47).

5   Zato crkva koja traži pastora ne treba da se vezuje za njegovu harizmatičnu ličnost ili neki inovativni program koji donosi, već bi trebalo da ispita koliko je u stanju da nahrani zajednicu mlekom i mesom Reči. Uvek se treba posavetovati i sa crkvama u kojima je ranije služio. Njegovo propovedanje (i, naravno, karakter) jeste ono zbog čega će crkva ili ići napred ili tapkati u mestu. Crkve koje imaju problema neće se iz njih izvući prihvatanjem tek jednog u nizu najnovijih programa, već vernim propovedanjem evanđelja.

meva opremanje ljudi onime što im je potrebno za duhovni rast i službu (Ef. 4,11-13) i služenje ljudima, uz negovanje kulture vođstva koje služi i zrači Spasiteljevim karakterom (Mk. 10,45; Jn. 13,1-17). Još jedna bitna funkcija predvođenja je i dovođenje zalutalih natrag (Jez. 34,4-12, 16). Ta funkcija, međutim, može se obavljati pobožno jedino ako pastor pažljivo čuva sopstveni život i doktrinu (1. Tim. 4,16). Ako to zanemari, izgubiće celo stado.

Čuvanje. Verni pastir uvek čuva stado od grabljivaca i sam će se postaviti između njih i ovaca ako to bude potrebno (Jn. 10,12-15). Većina tih grabljivaca pojavljuje se u vidu učitelja koji izvrću istinu (Dela 20,28-31), a zato je pastor ili starešina pozvan „da bude kadar i savetovati sa zdravom naukom, i pokarati one koji se protive" (Titu 1,9). Ponekad upravo mi moramo znati kako da umirimo situaciju koja bi mogla da donese razdor. Ponekad smo pozvani da se uključimo u doktrinarnu bitku u vezi sa vrlo bitnim pitanjima – onima koja utiču na evanđelje i bezbednost crkve u njemu. Kad se to desi, mi kao čuvari imamo obavezu da se u lokalnoj crkvi kojoj služimo uključimo u rasprave o doktrini radi jasnoće evanđelja i zdravlja crkve. Tako ne čuvamo samo stado, već i „dobri amanet" koji nam je poveren (2. Tim. 1,14).

9
EVANGELIZACIJSKA
EKSPOZICIJA

Mi obično smatramo da su ekspozicijsko propovedanje i evangelizacijsko propovedanje dve suprotne ili, bar, nekompatibilne stvari. Ipak, zar ne bi svaki hrišćanin kad propoveda trebalo da istovremeno izlaže Božju Reč i javlja njegovo evanđelje? Isus je svakako tako razmišljao. Već u 2. glavi Evanđelja po Marku on propoveda o sebi kao o Mladoženji, Sinu čovečjem i Gospodaru subote. Drugim rečima, on izlaže starozavetne tekstove i teme govoreći kako su se u njemu i njegovom delu ispunili – reč je, dakle, o istovremenoj ekspoziciji i evangelizaciji. Isus je, štaviše, tako razumevao celokupni Stari zavet. ,,Tada im otvori um da razumeju Pisma. Reče im još: tako je napisano da Hristos treba da postrada i da vaskrsne iz mrtvih treći dan, te da se u njegovo ime propoveda pokajanje i oproštaj grehova svima narodima – počevši od Jerusalima" (Lk. 24,45-47). To nije citat nekog teksta, već Isusov sažetak svega, od Prve Mojsijeve do Knjige proroka Malahije.

Propovedi apostola su u Delima apostolskim iznova sledile isti obrazac. Dela apostolska 2, tumačeći Joila 2, kažu da se tekst ispunio u događajima evanđelja. Dela 3 izjavljuju da je Isus prorok obećan u 18. glavi Pete Mojsijeve. Dela 13 tumače evanđeoske tvrdnje Psalama 2 i 16, kao i Isaije 49. ,,I mi

139

vam propovedamo evanđelje o obećanju danom očevima – da je Bog to obećanje ispunio nama, njihovoj deci, kad je vaskrsao Isusa, kao što je i napisano u drugom psalmu: »Ti si moj sin, ja sam te danas rodio«" (Dela 13,32-33). Pavle svuda, od sinagoge do tržnice, izlaže tekstove Pisma objašnjavajući da je Isus obećani Hristos – što je ekspozicijska evangelizacija ili evangelizatorska ekspozicija. Petar poruku proroka sažima kao „stradanja koja očekuju Hrista i… slave posle toga" (1. Pet. 1,10-12). Pavle pak i u Galatima 3 i u Rimljanima 4 izlaže Prvu Mojsijevu 15,6 govoreći kako se ta reč ispunila u Hristu. Božanski i apostolski obrazac jeste objavljivanje cele Božje Reči svem Božjem narodu, a ona ističe da su se Božja obećanja ispunila u Hristu (2. Kor. 1,20).

ŠTA RADI EKSPOZICIJSKO PROPOVEDANJE

Ekspozicijsko propovedanje uzima zaključak nekog biblijskog odlomka i čini ga zaključkom cele propovedi. Ono tumači sadržaj Božje Reči – strpljivo, metodično i iskreno – i objašnjava kako se dotiče onih koji je slušaju. Hrišćani, naravno, moraju redovno da se hrane takvom biblijskom ekspozicijom (5. Moj. 8,3). Međutim, zaključak Božje Reči treba da se obraća i nehrišćanima – strpljivo, metodično i iskreno. Jedna od velikih koristi ekspozicijskog propovedanja na osnovu svih biblijskih knjiga je to što nehrišćanima pruža dosta vremena da shvate šta unutar određenog konteksta Biblija govori.

U doba biblijske nepismenosti i opšte zbrke, jasna evangelizacija mora da bude strpljiv i naporan posao, baš koliko i izgradnja onih koji su već vernici. Neverni su obično već natopljeni sopstvenim grehom i Sataninim lažima. S druge strane, Bog je neko ko radi polako. Onda ne bi trebalo da nas iznenadi što mu često treba više nedelja i meseci (a ponekad i godina!) da uveri nehrišćane u svoju istinu, ubedi ih da su grešni, upozna ih sa svojim autoritetom nad celom tvorevinom, otkrije im svoj plan za brak i seks, rad i služenje njemu – i da ih dovede večnom pokajanju od greha i veri u Isusa.

Ekspozicijsko propovedanje je savršeno spremno da suoči neverne s Božjom logikom i zakonom, Božjom voljom i gnevom i Božjom milosti koja pokriva njihovu krivicu. Tumačeći biblijski tekst, ekspozicija izvlači iz korica jedini mač dovoljno oštar da probode misli i naume srca koje je samo sebe zavaralo (Jev. 4,12).

Naravno, biblijska ekspozicija bez biblijskog evanđelja nikoga neće ni spasti ni izgraditi. Vera dolazi od propovedi, a propoved od *Reči Hristove* (Rim. 10,17). Propovedanje bez Hrista neće ljudima predstaviti jedinu osobu koja je dovoljno moćna da spase. Zato naše propovedanje jednostavno mora da predstavi evanđelje! Ali šta se računa kao evangelizacijska propoved?

ŠTA EVANGELIZACIJSKE PROPOVEDI JESU

Neki kažu da evangelizacijske propovedi moraju da budu dramatične i emotivne. Neki su uvereni da se moraju prilagoditi onima koji tragaju za Bogom – da budu bogate idiomima, usmerene na potrebe, ublažene humorom i stvarima koje zanimaju ljude. Neki pak evangelizacijsko propovedanje mešaju s apologetikom ili im je neraskidivo vezano isključivo za planirane službe probuđenja. Za neke je svako propovedanje koje očito uspeva da obrati ljude evangelizacijsko – a ono koje to ne uspeva nije. Ipak, ni stil ni okruženje niti uspeh ne čine jednu propoved evangelizacijskom. Ta čast pripada samo evanđelju.

Sadržaj propovedi je ono što određuje njen karakter. Da li je evanđelje jasno i da li zauzima centralno mesto? Tada i samo tada je propoved zaista evangelizacijska. Još bolje, da li je evanđelje predstavljeno tako da se vidno izdiže iz reči, tema, karaktera i slika teksta o kome se propoveda? Onda je to evangelizacijska *ekspozicija*. I još bolje, da li se evanđelje uporno, milosrdno, jasno i iskreno propoveda srcu, na spasenje grešnika i jačanje svetih? Onda je to evangelizacijsko ekspozicijsko *propovedanje*.

Ali ako u našim crkvama propovedamo evangelizacijski, zar to ne „pada na gluve uši"? Možda, ali i gluvi greše. Puritanski propovednik Vilijam Perkins je davno zapazio da u crkvama sede „i verni i neverni. To je tipično stanje u našim zajednicama."[1] Trebalo bi da ponovo posvetimo pažnju kategoriji „neobraćenog člana crkve". Koliko god smo pažljivi u procesu primanja članova, moramo priznati da samo Isus može da vidi šta je u čovekovom srcu (Jer. 17,9-10). Neki od naših članova mogu godinama da žive u najzdravijim mogućim crkvama, a da i dalje u duši nisu obraćeni niti osećaju da bi trebalo da se pokaju. Ta činjenica bi trebalo da bude dovoljan razlog za evangelizacijsku ekspoziciju.

Međutim, zdravo evangelizacijsko propovedanje je zdravo i za iskrene hrišćane. Setite se kako je Pavle učio Galate da nastave u evanđelju kako su i počeli (Gal. 3,1-6). Pored toga, ima li među nama hrišćanima nekoga ko ne mora više ništa više da nauči o Božjoj ljubavi, ko ne mora da bude poslušniji njegovim zapovestima, ko ne mora još više da se uzda u Hristovu krv i pravednost ili da istraje u teškoćama i nadi u nebo? Evanđelje

---

1   William Perkins, *The Art of Prophesying* (Edinburgh: Banner of Truth, 1996), 62.

o Hristovoj patnji i slavi nas hrabri dok hodamo ka Nebeskom gradu i kao njegovi učenici nosimo sopstveni krst. Evangelistička ekspozicija, dakle, ne treba da informiše samo nevernog niti da se suoči samo s njim, već i da utvrdi vernog. Takva propoved našu patnju stavlja u kontekst Hristove patnje i čini da Hristova patnja našem srcu bude još dragocenija. Upozorava nas na opasnosti koje nas čekaju duž puta. Uzvisuje Isusa kao Spasitelja i Gospoda koji zadovoljava sve naše potrebe. Svime nabrojanim ona u nama budi hvalu Hristu, dok sve bolje razumemo i sve više cenimo Isusa i sve što je svojim životom, smrću, vaskrsenjem i vaznesenjem učinio za nas.

Evangelizacijska ekspozicija je dobra i za hrišćane zato što im pomaže da biblijsku istinu utkaju u svoj svakodnevni život. Evanđelje postaje merilo istine, filter ponašanja i ograda protiv greha. Dok sve bolje upoznajemo Božju svetost, sve više imamo strahopoštovanja prema njegovom očinskom nezadovoljstvu – grešimo manje zato što ga više volimo. Njegova veličina postaje temelj naše vere, a njegova istina sidro uzdanja u njegovu Reč. Kad znamo da je stvorio svet i nas po svom liku, to nas uči da svoj poziv obavljamo na način koji mu je ugodan i koji mu odaje čast. Zato evangelizacijska ekspozicija podstiče izvesnu organsku vernost u ličnim evangelizacijama. Kad evanđelje u našim propovedima dobije centralno mesto, i sama evangelizacija postaje prirodnija onima koji nas čuju – a i nama kao propovednicima! Kad propovedamo tako neiskvareno evanđelje na osnovu celokupnog Pisma i govorimo o tome kako se može primeniti u svakom segmentu života, hrišćani polako uče da prirodno i lako vide kakve veze evanđelje ima s nekim popularnim filmom ili kolumnom u novinama, s osetljivom moralnom dilemom ili nekim podrugljivim tvitom.

Štampani traktati za evangelizaciju su odlično oruđe, ali kad smo u društvu nevernih prijatelja ili članova porodice, takav prirodni prelaz na evanđelje nema cenu. Evangelizacijska ekspozicija tokom vremena obučava hrišćane da uoče načine na koje evanđelje govori o našem svetu i dovedu druge do obraćenja koja su iskrena, a ne iznuđena.

KAKO DA NAŠA EKSPOZICIJSKA PROPOVED BUDE I EVANGELIZACIJSKA?

Kako ćemo onda da propovedamo ekspozicijski, a da istovremeno i evangeliziramo? Odgovor možemo potražiti u propovedima o Prvoj Mojsijevoj Džejmsa Montgomerija Bojsa ili, pak, o Efescima Martina Lojd-Džounsa. Ponekad je i lični primer najbolji.

Međutim, moramo da uvidimo i kako evanđelje oblikuje celu Bibliju. Svuda vidimo hristocentrične teme stvaranja, uništenja i nove tvorevine; izgnanstva i novog izgnanstva; greha, žrtve i zamene za žrtvu; proroka, sveštenika i kralja; spasenja nakon suda; života u smrti i vaskrsenju; progonstva i povratka; kao i mnoge druge. Bog u Bibliji neprekidno otkriva sopstveni karakter i očekivanja, zašto nas je stvorio, kako smo se pobunili protiv njegovog zakona i odbacili njegovu ljubav, šta je učinio da nas u Hristu pomiri sa sobom, šta je sve Isus ispunio radi nas, kao i poziv da se pokajemo od greha i uzdamo u njega za oproštaj i novi život u sili njegovog Duha. Kad ovako razumemo Bibliju, to nas sprečava da naprazno morališemo i omogućava nam da ne propovedamo jednostavno šta čovek treba da radi, već da je Hristos učinio ono što mi nikad ne bismo mogli.

Kad sve ovo znamo, spomenućemo nekoliko načina da naše ekspozicijske propovedi budu više evangelizacijske.

1. Dok propovedate, imajte neverne na umu: Kao prvo, možemo da se *prilagodimo* posetiocima koji nisu hrišćani. Naravno, cilj glavnog nedeljnog okupljanja je izgradnja svetih, a ne evangelizacija (1. Kor. 14). Isus nam je dao zadatak da napasamo njegovo stado. Dok to činimo, po Božjoj milosti, hrišćani postaju evangelizatori koji svoje neverne prijatelje dovode u crkvu da čuju evanđelje.

Zato bi bilo pametno da povremeno objasnimo zašto na službama radimo to što radimo, kako bi i verni i neverni mogli lepo da ih prate. Takođe možemo da koristimo necrkvene termine kako bi ih i neverni razumeli. Možemo da usmerimo ljude ka Bibliji, možda tako što ćemo objasniti šta označavaju brojevi poglavlja i stihova ili ih uputiti na stranicu u Bibliji koju imaju u klupi pred sobom. Takođe možemo da koristimo savremeni prevod koji bi im bio jasniji.

2. Neka vaše propovedi imaju naslov: Našoj propovedi možemo da damo i *naslov* kako bismo pobudili interesovanje i privukli pažnju. Takvo izmamljivanje interesovanja ne bi trebalo da kompromituje sadržaj propovedi. Razmislite zašto vam je Bog dao tekst za propovedanje. O kom problemu želi da govori? Kakvu grešku hoće da ispravi? Kakvoj nas istini uči? Zašto je potrebno da čujemo to što ima da kaže? Kakvo nam obećanje ili nadu nudi? Serija propovedi sa naslovima može da zainteresuje ljude za sadržaj i nagovesti kako se one ukrštaju s njihovim mislima, osećanjima, pretpostavkama, pogledima i odnosima. Serija propovedi s naslovima zaista može da posluži kao prava reklama.

3. Neka vaše propovedi imaju uvod: Uvod u propoved takođe može lepo da pokaže zašto ljudi, bili hrišćani ili ne, treba da saslušaju propoved. Nama bi odgovaralo kad bi za naše propovedi svi bili zainteresovani koliko i mi, ali znamo da u crkvu dolaze i rastrojeni i očajni, tužni, besni, umorni, apatični, pa ponekad čak i cinični ljudi. Vaš uvod može da bude neko zanimljivo pitanje, provokativna izjava, oštra ilustracija ili pogodan citat nekog skorašnjeg novinskog članka – u svakom slučaju, ako dobro oblikujete početak propovedi, često ćete moći da odmah privučete pažnju slušalaca i zadržite je sve do kraja.

4. *Propovedajte doktrinu:* Ipak ćete najpre morati da obratite pažnju na koncepte koje predstavljate. Kojoj biblijskoj *doktrini* uči odlomak na osnovu koga propovedate? Kakav pogled na svet obrađuje? Kako sam tekst propoveda jednostavne evanđeoske istine o Božjoj svetosti, našem grehu i njegovim posledicama, Hristovom vaskrsenju i pozivu da se pokajemo i poverujemo? Ako svaki put u ekspozicijskoj propovedi jasno iznesemo sažetak evanđelja, onda kad ga tekst na osnovu koga govorimo nagovesti, tad ćemo svakako moći da kažemo da je naša propoved evangelizacijska. Uzmimo u obzir nešto nalik ovome:

> Taj sveti Tvorac nas je stvorio da ga zauvek volimo i zauvek mu služimo. Nažalost, pobunili smo se protiv njegovog zakona i odbacili njegovu ljubav – zgrešili smo mu. Možda zasad možemo da ga ignorišemo, ali ne možemo zauvek da bežimo od njega. Jednog dana će doći kraj Božjem strpljenju s grešnicima. Tada ćemo mu položiti račune i s pravom će nas osuditi zbog greha. Jedina odbrana će nam biti Hristova pravednost i žrtva. Sam Bog je poslao svog večnog Sina da postane čovek, kako bi živeo bezgrešnim životom kojim je trebalo mi da živimo, a zatim na krstu umro smrću koju smo mi zaslu-

žili, umesto nas, za naše grehe. Na krstu je on podneo Božji sud za sve grehe svih ljudi. Isus je po Božjoj zapovesti dobio kaznu namenjenu nama. Ali Bog ga je podigao iz mrtvih da bi dokazao da Isus nije umro zbog nekog svog greha, već zbog naših. I Bog je primio Isusa nazad na nebeski presto kako bi pokazao da je prihvatio njegovu žrtvu radi našeg oproštaja. Pravedni Božji gnev se prema onima koji su u Hristu iskalio na Hristu. Na osnovu te milosti i obećanja nade, Bog svima nama zapoveda da mu ispovedimo svoje grehe, da se pokajemo zbog odmetanja i uzdamo u Hrista kako bismo se izmirili s Bogom i našli novi život u Isusu.

Neke aspekte ovog objašnjenja možete da skratite, neke da proširite – to već zavisi od najistaknutijih tema u tekstu o kome propovedate. U svakom slučaju, neki sažetak evanđelja nalik ovome trebalo bi da bude očigledan u svakoj ekspozicijskoj propovedi. Međutim, taj sažetak ne bi trebalo izneti kao opciju o kojoj treba razmisliti niti kao rešenje za neku potrebu koja se ukazala. Na kraju krajeva, nismo uvek svesni svojih najvećih potreba niti se uvek opredeljujemo za najbolje opcije. Umesto toga, evanđelje treba da objavimo kao poziv svemoćnog Sudije. Sa sigurnošću znamo da niko od naših slušalaca neće moći da se opravda pred Bogom na osnovu svojih dela. Kao takvi, naši neverni slušaoci su u opasnosti da odu u večni pakao ako odbiju da se pokaju. Zato smo mi pred Bogom odgovorni da svojim propovedima obavestimo druge da su pred njim odgovorni. I zato je za sve nas bolje da ne budemo stidljivi nego jasni (pogledajte Mk. 8,38; Dela 17,31; Rim. 3,19-20; Jev. 9,27).

5. *Koristite ilustracije:* Kad je u Delima 17 Pavle Atinjanima citirao grčke natpise i pesnike, pokazao je vrednost *ilustracije.* Naravno, ona nikad ne može da zameni jasno kazivanje evanđelja, ali popularne knjige, filmovi, članci i političke situacije mogu da pomognu našim nevernim prijateljima da uvide kako se brojne teme evanđelja ukrštaju s njihovim životom, suprotstavljaju njihovim gresima i stavovima o svetu. Direktno lično svedočanstvo, savremeno ili iz istorije, takođe može pomoći da evanđelje dopre ljudima do srca. Ilustracija ne bi trebalo da zaseni ekspoziciju, a ilustracije iz vašeg života ne bi trebalo da uzdižu vas; Bogu odajemo čast kad se njegovo evanđelje pokaže kao istinito. Zato u svojim propovedima ilustrujte moć evanđelja.

6. *Naznačite kako se tekst može primeniti u životu: Objašnjenje o primeni teksta* trebalo bi da bude evangelizacijsko baš kao i naše ilustracije. To znači da ćemo slušaocima jasno i hrabro govoriti o grehu. Dobar lekar mora da ispravno i iskreno saopšti dijagnozu pre nego što propiše odgovarajuću terapiju. Isto tako, Veliki lekar je kod čovečanstva dijagnostikovao greh i reč je o pravoj pandemiji. Pa ipak, zaraza i inkubacija prolaze neopaženo. Štaviše, većina naših pacijenata smatra da nema nikakvih simptoma.

Bog je evangelizacijsku ekspoziciju osmislio kao proces postavljanja dijagnoze koja grešnicima može otkriti srčanu bolest koju nisu ni znali da imaju (Jev. 4,12). Kad nas od postavljanja ispravne dijagnoze i terapije više zanima šta ljudi misle o našem lečenju, postajemo nadrilekari duše. Mi se ne trudimo da zadobijemo pohvalu nehrišćana. Nama je cilj da zadobijemo njihove duše. Vraćanje prelomljene kosti u pravilan položaj je bolno. Nijedan pacijent ne želi da dospe u tu situaciju. Ali doktor koji onda kad je takav zahvat neophodan tvrdi da za njime nema potrebe, ne postupa ni mudro ni saosećajno, već nezakonito. Radi lične odgovornosti, ovde ćemo navesti pet načina da se ekspozicija primeni u životu.[2] Možete da napravite tabelu s redovima za svaki zaključak propovedi (s leve strane) i kolonama za moguće načine primene svakog zaključka (na vrhu). Kolone vam pomažu da najpre razmotrite ono što je jedinstveno za istoriju spasenja, pa onda kako se taj tekst odnosi isključivo na Hrista, odnosno kako je ispunjen u njemu i njegovom delu. Zatim možemo da razmislimo o tome kako tekst poziva nehrišćane da se pokaju zbog svojih grešnih postupaka ili stavova, ili da poveruju u Hrista i evanđelje. Takođe treba da razmislimo kakvu primenu tekst može da ima u javnom životu hrišćanina, koji živi u svetu, ali nije od njega. Na kraju, možemo da razmislimo i kakve veze tekst ima sa hrišćanima kao pojedincima, ali i sa zajedničkim životom i zdravljem unutar lokalne crkve.

U našem proučavanju nećemo uvek ići po istom redosledu; nećemo u svakoj propovedi ni stići do svih ovih načina primene za svaku tačku. Međutim, ovo je dobra vežba koja će nas navesti da tokom redovnog propovedanja iz Božje Reči ne razmišljamo samo o tome kako ćemo izgraditi verne, već i kako ćemo evangelizirati neverne. Dok razmišljamo o načinu primene rečenog, bilo bi dobro da se zapitamo kako bi taj i taj stih ili zaključak zvučao nekom prijatelju nehrišćaninu, pa da zatim moguću primenu sročimo tako da se obrati direktno nevernom – njego-

---

2   Nacrt „Tabele primene" koju Mark koristi u pripremi propovedi možete naći na veb-adresi https://simeontrust.org/application-grid-9marks/.

vom grehu, zabludi, izbegavanju ili očaju.

Ipak, i ovde je važno da se prisetimo kako ne treba u svakoj propovedi da koristimo isti tekst i način prezentacije evanđelja. Idealno bi bilo da ga predstavimo na osnovu onoga što odlomak po kome propovedamo prirodno zaključuje i naglašava. Na primer, ako propovedamo na osnovu teksta iz 2. ili 6. glave Isusa Navina, svakako nećemo Ravinu vrpcu od skerleta povezati s crvenom Hristovom krvlju. Međutim, ona jeste čula za evanđelje – zna da je Bog oslobodio svoj narod iz Egipta, plaši se njegovog suda i kaje se zbog svog ranijeg stava i obožavanja idola, a zatim poverava svoju sudbinu Božjem narodu. Zahvaljujući tome, Bog je štiti od suda baš kao Izrailjce prilikom prve Pashe o kojoj čitamo u 12. glavi Druge Mojsijeve, i to iz istog razloga – čula je i poverovala u Božje upozorenje na sud i njegovo obećanje spasenja. To je evanđelje po Ravi.

Međutim, naši slušaoci moraju znati kako da reaguju na evanđelje koje propovedamo, i zato je *poziv* ključan. To je sastavni deo same propovedi u kome propovednik poziva grešnike da ispovede svoje grehe, pokaju se, poklone caru Hristu Isusu i uzdaju se u njegovu smrt i vaskrsenje da bi zadobili oproštaj i spasenje. „Grešniče, pokaj se i uzveruj.“ Takav poziv bi trebalo da bude uobičajen u našim propovedima. Pored toga, možemo pozvati nehrišćane da posle službe porazgovaraju s nama ili ih podstaknemo da razgovaraju sa prijateljem hrišćaninom koji ih je doveo. Najbolje je izbegavati bilo kakav poziv koji bi ih naveo da pomisle da su već samom reakcijom na naš poziv doživeli Hristovo spasenje. To je dobronamerna greška koja u crkvu unosi samo zabunu i telesnost. Pa ipak, uz sav mogući oprez, i dalje moramo pozivati ljude ne samo da saslušaju evanđelje, nego i da reaguju na njega.

TEME ZA RAZMIŠLJANJE

① Koji elementi mogu da nam pomognu da naše ekspozicijske propovedi budu i evangelizacijske?

② Kako bi vaša naredna ekspozicijska propoved koja istražuje povezanost teksta s temama evanđelja mogla bolje da uzvisi Hrista?

③ Kako bi vaša sledeća evangelizacijska propoved mogla da bude snažnija i jasnija tako što ćete ekspozicijski izneti neki tekst?

10
ULOGE RAZLIČITIH OKUPLJANJA

Nutricionisti se obično slažu da u održavanju tela učestvuje pet različitih grupa hrane, i to na jedinstvene, ali međusobno usklađene načine. Ako želimo da budemo zdravi, treba da jedemo kombinaciju koja će obuhvatiti svih pet grupa. Ne možemo da jedemo samo hleb i sladoled i očekujemo da budemo zdravi i u kondiciji! Slično važi i za razne svrhe radi kojih se crkva okuplja. U idealnom slučaju, svaka od njih će igrati različitu ulogu u negovanju opšteg zdravlja – svetosti, ljubavi i zdrave nauke.

Ono što ćemo navesti u ovoj glavi nije „sve i svja" u planiranju nedeljnih službi. Jednostavno ćemo vam pružiti primer kako da efikasno upotrebite različita nedeljna okupljanja u svrhu negovanja zdravlja u lokalnoj crkvi. To je model koji smo koristili u našoj crkvi u gradu Vašingtonu, a od njega smo, po Božjoj milosti, imali velike koristi.

ČAS OBRAZOVANJA ZA ODRASLE

Čas posvećen obrazovanju odraslih je glavno vreme izdvojeno za *opremanje*. Mnogi ga vide kao vreme izdvojeno za zajedništvo generacijski bliskih ljudi ili pouke vezane za određenu životnu fazu. Takav model jeste popularan, ali mislimo da čas obrazovanja za odrasle može da bude nešto mnogo jedinstvenije i korisnije od zajedništva bliskih generacija.

Zajedništvo zasnovano na afinitetima često vidimo i na nedeljnim proučavanjima Biblije. Ipak, ono što mnogim lokalnim crkvama nedostaje jeste integrisani sistem poučavanja koji bi članovima pružio, za početak, pregled osnova hrišćanstva, a zatim i hrišćanskog života, Starog i Novog zaveta, sistematske teologije, istorije crkve i hrišćanskog sazrevanja. Cilj je da ljudi steknu što više saznanja kako bi preciznije razumeli Bibliju i vernije živeli hrišćanskim životom. Kad osoba prođe kroz sve pouke (što može da potraje i četiri-pet godina, u zavisnosti od obima ponuđenog materijala), podstičemo je da krene na časove obrazovanja za odrasle s nekim mlađim prijateljem hrišćaninom, pa možda čak i sa sinom ili ćerkom tinejdžerskog uzrasta. Takvi časovi mogu da postanu oruđe za plodonosne razgovore u okviru učeničkog odnosa. Kad je reč o izboru časova, možete da stvorite nešto nalik nastavnom planu; oni koji bi hteli da dopune znanje ili ubuduće i sami poučavaju, trebalo bi da na raspolaganju imaju odgovarajuću „lektiru". Starijim članovima će se neprekidno pohađanje časova tokom godina možda činiti suvišno. Ipak, konstantno obnavljanje materijala za poučavanje, dodaci nastavnom planu, raznovrsnost naslova u lektiri i promena uloge unutar odnosa učeništva – od učenika ka aktivnom učitelju – razbiće taj osećaj monotonije.

JUTARNJA NEDELJNA SLUŽBA

Služba nedeljom ujutru je glavno *vreme za jelo*. Tu je najvažnija ekspozicija Biblije. Ova služba se obično smatra najpre službom za evangelizaciju. Zato mnoge crkve svoje službe kroje upravo po merama muzičkih i kulturoloških naklonosti ciljane publike. Ipak, po Prvoj Korinćanima 14, cilj glavnog nedeljnog okupljanja crkve nije evangelizacija, već izgradnja.[1] Zato bi bilo pametno da se takve službe ne upodobljavaju nevernima, već biblijskim parametrima koji su dati da bi verni prosvetljivali jedni druge.

Ovo je takođe glavno nedeljno okupljanje crkve radi proslavljanja. Pošto je proslavljanje reakcija na otkrivenje, tu se služi najhranljiviji ekspozicijski obrok. Kao glavno zajedničko vreme obroka za okupljenu zajednicu, ekspozicija Biblije je centralni deo ne samo ove službe, već celokupne javne službe Reči. Pošto sve Pismo govori o Hristu (Lk. 24,25-27, 45-47), ta ekspozicija bi uvek trebalo da na videlo iznese evanđelje. To znači da propoved sama po sebi treba da bude *evangelizacijska ekspozicija* – ona treba da i verne i neverne izloži sadržaju evanđelja i tome šta ono znači za njihov život, a to bi trebalo prirodno da proistekne iz izlaganja u kome je poenta odlomka istovremeno i poenta naše pouke. Takvo propovedanje će motivisati članove da dovedu svoje neverne prijatelje, jer znaju da će evanđelje biti jasno propovedano i da će neverni biti jasno pozvani da se pokaju i poveruju. Ovakvu evangelizacijsku ekspoziciju najbolje će dopuniti promišljeno odabrani odlomci iz Pisma, pažljivo sročene molitve i smislene pesme – sve to će dodatno naglasiti temu odlomka.

Ukratko, ovde svake nedelje zajedno čitamo, propovedamo, molimo, pevamo i gledamo Božju Reč.[2] Opet, sve to se ne dešava spontano. To moramo da planiramo. Vredno je truda da u zavisnosti od teme naše propovedi razmislimo i o pesmama koje će se pevati i o biblijskim odlomcima koji će se čitati. Takva

---

1   Posebno obratite pažnju na stihove 3, 4, 5, 6, 12, 17 i 26. Treba da imamo u vidu i da je naša publika u proslavljanju Bog, a ne ljudi.

2   Kratko objašnjenje šta svaka od ovih aktivnosti obuhvata naći ćete u 7. glavi.

promišljenost će pomoći da celokupna služba bude povezana, a tako će i javno okupljanje moći lakše da se prati – naročito ako ga pritom i mi napred dobro vodimo.

Kad sam na službi u mojoj crkvi, ali ne propovedam, volim da učestvujem u vođenju nedeljne jutarnje službe. To mi daje priliku da se povežem s celom okupljenom zajednicom ne kao propovednik, već više kao pastir koji uzima stado za ruku i vodi ga kroz službu, kako bi išlo za mnom i slobodno paslo, bez bojazni da će se izgubiti – kao pastir koji vodi stado na zelenu pašu. Takođe volim da obučavam i osposobljavam druge starešine i vođe da vode takve službe, kako bi više muškaraca u crkvi moglo da razvije glas autoriteta punog ljubavi, koji bi zajednici koja se okupila radi slavljenja mogao da služi kao pouzdan vodič.

Vođenje službe je sjajna prilika da objasnimo šta radimo na službi, zašto radimo to što radimo i zašto to radimo baš na taj način. Ono može da odgovori na svako „zašto" i „kako" i pomaže zajednici da nas prati tokom javnog izlaganja Reči.

Vođenje službe s utvrđenim planom, mudrošću i ljubavlju može pomoći i zajednici i posetiocima da, dok se zajedno krećemo kroz službu, otkrivaju njen smisao. Na praktičnom nivou, ono podrazumeva predstavljanje pesama koje ćemo pevati i tekstova koje ćemo čitati zajedno da bismo zajedno shvatili kako nas svaki od tih elemenata ili priprema da čujemo tekst propovedi ili nam olakšava da na njega reagujemo. Ako pomoću samo nekoliko kratkih rečenica objasnimo pesmu koju ćemo pevati ili tekst koji ćemo čuti i naznačimo kakve oni veze imaju sa propovedi (ili s nekim drugim elementom službe), to će zajednici pomoći da se celim umom unese u njih. Još jedna velika korist od promišljenog vođenja službe je što ono sprečava da se u zajednici razvije pogrešna vrsta tradicionalizma, koja kaže: „Oduvek smo ovo ovako radili, mada ne znamo zašto." Zdravo je kad zajednice znaju zašto nešto radimo baš na određeni način. Promišljeno vođenje službe čak i posetiocima koji ne veruju pruža prihvatljivo obrazloženje načina na koji proslavljamo Boga, čime im pomaže da se bolje snađu u nepoznatim vodama.

VEČERNJA NEDELJNA SLUŽBA

Večernja nedeljna služba je glavno vreme crkve za *porodicu*. Lako bi bilo isplanirati je kao neku vrstu „lagane verzije jutarnje službe", tako da sadrži iste elemente, isti odnos muzike i molitve i molitve i propovedanja – ali u malo sabijenijem vremenu i opuštenijoj atmosferi. Međutim, ova služba može i bolje da se iskoristi, radi boljeg međusobnog upoznavanja i razvijanja porodične bliskosti, koja hrani nesebičnu hrišćansku zajednicu.

Za nedeljna večernja okupljanja su, u neku ruku, došla teška vremena. Na kraju krajeva, Pismo nam nigde ne nalaže da se na Gospodnji dan okupimo više od jednog puta. Ipak, trebalo bi da se setimo da nas je Isus poučio da Očenaš molimo u prvom licu množine – naš, nam, nas, mi, a ne moj, meni, mene, ja. Kao da je želeo da imamo na umu da smo, čak i kao pojedinci, deo jednog istog tela.

Možda je zato rana crkva bila tako veran model zajedničke molitve (Dela 1,14; 2,42; 4,24, 31; 6,12; 12,5). Pavle čak zapoveda crkvama da se, kao crkve, zajedno mole (Rim. 12,12; 15,30; 1. Kor. 11; Kol. 4,2; 1. Tim. 2,8). Kako ćemo, dakle, voditi službu koja će objediniti zajedničku molitvu i porodičnu bliskost i u našem zajedničkom molitvenom životu naglasiti interesovanja usmerena na evanđelje? Evo kako bi to moglo da se uradi (nije savršeno, ali je dobro za početak). Moglo bi da se počne pesmama zajedništva koje proslavljaju Boga, nastavi kratkom molitvom i zatim kraćim najavama vezanim za život tela. Zatim možete da pokušate da glatko pređete na deo gde će članovi zajednice sažeto izneti svoje molitvene zahteve. O njima će obično prethodno razgovarati sa pastorom, koji će se uveriti da su prikladni. Drugim rečima, zajednicu treba da promišljeno postepeno vodimo od molitve za fizičke potrebe članova i onih koji to nisu ka molitvama za duhovne potrebe članova, prilike za širenje evanđelja i izglede za osnivanje lokalnih crkava i misije van zemlje. Podstičemo članove da otvoreno iskažu sopstvene duhovne potrebe i prilike za službu, kao i da pokažu spremnost da se mole za potrebe i prilike ostalih članova zajednice. Za svaki zahtev kratko se pomoli član koji se sam javi (ili je zamoljen da to učini). Zatim starešina ili mladić koji se priprema za pastirsku službu drži kraću propoved u svrhu proslavljanja (deset do petnaest minuta). Odlomak o kome se propoveda ima istu temu kao i odlomak sa jutarnje službe, samo što je uzet iz drugog Zaveta. Zatim pevamo poslednju pesmu ili himnu i završavamo u kratkoj tišini tokom koje ćemo razmišljati o zaključku propovedi i molitve. Sve ukupno obično traje sat i po. Novim članovima obično jasno kažemo da se od njih očekuje da dolaze na ove sastanke.

Nedeljnu večernju službu ćemo učiniti korisnijom i ako odvojimo vreme za razgovor i molitvu unutar zajednice vezane za praktičnu primenu teksta jutarnje propovedi. Tokom vremena ta navika može da omogući svetima da lakše razgovaraju i zajedno se mole u vezi s Pismom i njegovim značajem u životu. Takođe može pomoći pastoru da utvrdi koliko su dobro ljudi shvatili propoved i primenili je u životu.

Uz pretpostavku da imate dobar odnos sa zajednicom, povremeno biste mogli da odvojite vremena i za pitanja u vezi sa tekstom pročitanim na jutarnjoj službi. To vam pruža priliku da date primer poniznosti, strpljenja, pristupačnosti i lekovite brige. Ova služba je jedan od najboljih načina da putem planiranja pomognemo telu da raste u međusobnoj ljubavi i da se članovi zainteresuju jedni za druge. Tako ćemo večernju nedeljnu službu upotrebiti za negovanje zajedničkog zdravlja i svedočanstvo lokalne crkve. Kad sam uveo večernju nedeljnu službu, prvih godinu-dve bila je veoma slabo posećena. Međutim, tokom vremena je dolazilo sve više ljudi i sada je to jedan od najznačajnijih delova našeg zajedničkog života kao crkve. Upornost se isplati! U proteklih dvadeset godina, ta služba postala je posebno topla i draga, jer razgovaramo jedni s drugima o prilikama za evangelizaciju, najavljujemo venčanja i rođenja, molimo se za plodove u službi, članove koji ne žive u blizini, kao i za misionare i mlade parove koje šaljemo u misiju. Štaviše, od novih članova često čujemo da su počeli da dolaze da bi slušali propovedi, ali da su rešili da postanu članovi nakon što su nedeljom uveče iskusili porodični život i ljubav.

Ako tek pokušavate da uspostavite okupljanje nedeljom uveče ili da ga ponovo aktualizujete nakon dužeg vremena, budite odlučni u tome. Držite se plana, iako u početku broj ljudi možda neće ispuniti vaša očekivanja. Ne očekujte rezultate posle samo nekoliko nedelja ili meseci – radije razmišljajte o godinama. Pre svega se molite da Gospod pomogne zajednici da se vernije okuplja radi molitve. Gospod voli da usliši takvu molitvu.

TEME ZA RAZMIŠLJANJE

① Zašto za poučavanje i zajedništvo ljudi koji pripadaju sličnom dobu nije baš najbolje koristiti čas namenjen obrazovanju odraslih?

② Zašto u biblijskom smislu ne bi trebalo da jutarnju nedeljnu službu koristimo prvenstveno za evangelizaciju?

③ Zašto bi večernja nedeljna služba morala da bude drugačija od jutarnje službe?

VEČERNJA SLUŽBA SREDOM

Večernja služba sredom je glavno vreme za *učenje*. Postoje raznorazne filozofije kad je reč o ovoj službi, pa čak i o tome da li je uopšte treba držati. Kad smo počeli da držimo službu sredom uveče, nije dolazilo baš mnogo ljudi. Ipak, tokom godina ljudi koji su dolazili imali su dosta koristi od proučavanja Pisma. Za to se malo-pomalo pročulo i sve više ljudi je počelo da dolazi. Mnogo nam je pomoglo to što smo ovu službu koristili za okupljanje cele crkve u induktivnom proučavanju Biblije. Ali kako se to uopšte radi?

Sredom uveče uvek proučavamo neku poslanicu, pošto su novozavetne poslanice posebno pogodne za induktivni metod proučavanja (zapažanje, tumačenje i primena). To radimo polako – obrađujemo stih ili dva nedeljno, a za jednu knjigu obično odvojimo nekoliko godina. To možda izgleda naporno, ali celoj zajednici daje priliku da se zajedno uhvati ukoštac s važnim doktrinama, da kao crkva otkrije kako one važe za nas kao pojedince i kao telo i da procenimo sami sebe i vidimo da li smo kao crkva zaista poslušni ovom delu Pisma.

Obično bih započeo čitanjem odlomka iz neke dobre hrišćanske knjige čiji je autor čvrsto utemeljen u evanđelju. Dao bih nekoliko kratkih najava, pomolio bih se i zatim pročitao ceo pasus odakle je uzet stih koji planiramo da proučavamo te večeri. Naš odlomak za proučavanje je obično napisan na tabli; onda jednostavno počnem da postavljam pitanja: najpre šta tekst kaže (zapažanje), zatim šta znači (tumačenje) i na kraju šta on znači za nas (primena). Pitanja u vezi sa zapažanjem mogla bi da budu ovakva: Šta Pavle ovde kaže da treba da se radi? Kako to kaže? Šta kaže da će se desiti? Kad će se to desiti? O kome ovde Pavle govori? Zašto to kaže, kad uzmemo kontekst u obzir? Ponekad su ta početna pitanja očigledna, ali je bitno da ih postavimo jer ćemo tako u zajednici postaviti model odgovornog proučavanja Biblije i postaraćemo se da se tekst valjano primeni u praksi. Pitanja u vezi s tumačenjem mogla bi da glase: Šta to znači „molite se uvek"? Šta to ne znači? Da li rečenica možda namerno ima dvostruko značenje koje bi u datom kontekstu imalo smisla? Pitanja bi zatim mogla da krenu u ovakvom smeru: Da li vi to radite? Kako? Kad ne primenjujete ono što je u odlomku rečeno, šta vas u tome sprečava? Da li kao zajednica verno činimo ovo? Kako bismo to mogli da poboljšamo? Da li bi neke načine primene ovog teksta trebalo da stopiramo, jer smo ga pogrešno shvatili?

Kad sam počeo da radim ovo, ponekad sam morao da čekam i trideset (pa čak i šezdeset!) sekundi da neko podigne ruku i odgovori. Ali zajednica se sada navikla na celokupnu ideju i kako je već nekoliko godina praktikujemo, ti periodi tišine su mnogo kraći i ređi. Ovo kažem da bih vas ohrabrio! Ne dajte da vas strah od tišine spreči da iskoračite u veri i počnete da vodite jedno ovako veliko proučavanje Biblije! Tišina neće večno trajati! Neko će na kraju progovoriti. Ako svi i dalje ćute, smireno preformulišite pitanje ili povremeno pozovite zrelijeg i govorljivijeg člana zajednice da kaže šta misli. Ljudi će se privikavati da na taj način zajedno promišljaju o stvarima, tako da im više neće biti nelagodno da se jave za reč, a razgovor će postati življi i produktivniji. Možda ćete samo morati da budete strpljivi s ljudima dok se ne prilagode. U svakom slučaju, potrudite se da sami dobro proučite odlomak, tako da budete u stanju da odgovorite na svako razumno pitanje. Ponekad ćete verovatno morati da kažete „ne znam" – meni se to svakako dešava. Ali to je u redu. Niko ne očekuje od vas da budete sveznajući (ako neko i očekuje, onda nije razuman).

Pored toga, za vašu poniznost je bitno da tu i tamo javno, pred svima, kažete da nešto i ne znate.

TEME ZA RAZMIŠLJANJE

① Navedite tri načina na koje induktivno proučavanje Biblije u velikoj grupi jednom nedeljno može da koristi vašoj crkvi.

SASTANCI ČLANOVA

Sastanci članova su glavno vreme za *vođenje administracije.* Poznatiji su kao poslovni sastanci i predstavljaju veću privilegiju nego što bismo ikad pomislili! Dok crkva raste i širi se, sastajemo se da bismo upravljali poslovima carstva – teško da postoji nešto važnije što bismo mogli da radimo! Kako voditi sastanke članova tako da na njima ne dođe do neslaganja karakterističnih za telesnost?

Prvi korak nas vraća na metode prijema novih članova. Postarajte se da, što se vas tiče, svaka osoba koja postane član vaše crkve bude zaista obraćena (pogledajte 4. glavu)! Nevernici koji prisustvuju poslovnim sastancima crkve to će činiti sa telesnim, sebičnim, ponositim srcem – jer novo nisu ni dobili. Zato njihovo učešće često nimalo ne pomaže niti je blagodatno.

Drugi korak podrazumeva da oko sebe okupimo muškarce kvalifikovane za starešine, koji nas mogu mudro posavetovati u vezi s tim kada se koji problem rešava i koji nam mogu pomoći da sve što treba reći kažemo blago i milosrdno, a ne grubo i s odbrambenim stavom. Kada vođenje sastanaka i čitanje izveštaja poverite pobožnim, mudrim ljudima koji poznaju Bibliju i dopuštaju da ih ona vodi, neće vam se dešavati da u pogrešno vreme na sasvim pogrešan način kažete pogrešne stvari.

Još jedna važna mera jeste da dnevni red sastanka podelite nedelju dana unapred, kako bi ljudi stigli da ga pregledaju, mole se i, ako je potrebno, nasamo ukažu vama ili predsedavajućem na stvari koje ih brinu, tako da sastanak kasnije ne bude začinjen nepromišljenim pitanjima koja će uneti razdor ili protivljenje. Kada damo ljudima malo vremena da razmisle o tačkama, pa čak i nasamo priđu pastorima s eventualnim pitanjima, uklonićemo faktore iznenađenja koji su često sastavni deo poslovnih sastanaka.

Ako imate starešine, uverite se da se slažu oko svake tačke dnevnog reda – tako će članovi, ukoliko popričaju sa bilo kim od njih, u osnovi dobiti isti odgovor. Jedna od najkorisnijih stvari koje smo uradili je to što smo počeli da nedelju dana pre svakog sastanka članova održavamo sastanak svih starešina kako bismo potvrdili da među vođama postoji jedinstvo i dobra komunikacija. Jednostavno nije dobro da slabiji jaganjci vide vođe kako usred poslovnog sastanka preispituju jedni druge. Jedinstvo u zajednici će se lakše postići ako članovi vide da su se njihove priznate vođe već složile da poštuju sve predloge iznete pred zajednicu. Takva priprema unapred takođe služi kao preventivna mera koja će nezrelije članove sprečiti da poseju seme razdora.

Ako imate starešine, to takođe znači da će jedan od njih možda umeti da bolje od vas vodi sastanke članova. Primetio sam (kao i mnogi drugi!) da na sastancima članova pred nekim pitanjima zauzimam odbrambeni stav. Zato ih sada vodi drugi starešina čiji su darovi, karakter i ponašanje pogodniji za tu ulogu. Ta odluka je doprinela da sastanci teku glatko i slavim Boga što nam je dao druge pobožne vođe koji će dopuniti moje slabe i jače strane.

Jedna od najvažnijih stvari koja se dešava na sastancima članova u našoj crkvi jeste predstavljanje mogućih članova. Ti ljudi uglavnom ne prisustvuju sastanku, jer još nismo glasali za njihov prijem u članstvo. Ipak, ja kao pastor obično na projektoru pokažem sliku te osobe i ukratko (za minut-dva) ispričam njeno svedočanstvo kako bi zajednica imala predstavu o njoj kad bude glasanje o prijemu u članstvo. To zajednici omogućava da lično oceni svedočanstvo te osobe i obaveštava je o potencijalnim novim članovima, kako bi mogla da se upozna i uspostavi odnos s njima. To je istovremeno ne baš suptilan podsetnik zajednici na njenu važnu ulogu: prihvatanje novih članova na promišljen, odgovoran i obavešten način.

Neke od stvari koje treba obraditi na sastancima članova su finansijski izveštaj za period od proteklog sastanka, izveštaji o službi različitih odeljenja, izveštaj starešina o nominaciji novih starešina ili đakona, novosti o misionarima, novosti o svemu u vezi sa zgradama, „ispraćaj" onih koji više nisu članovi ili utvrđivanje i preduzimanje disciplinskih mera.[3]

---

3   To može da se uradi ili spominjanjem imena onih koje bi trebalo razmotriti ili molitvom za njih (ono što bismo mogli nazvati stavljanjem na spisak ljudi kojima je potrebna „posebna nega" – onih koji ponašanjem možda ugrožavaju svoje članstvo u crkvi) ili, pak, glasanjem da se član koji se nije pokazao zbog nekog

Sastanci članova ne moraju da budu dosadni i rutinski – možemo ih pretvoriti u vreme iskrene rasprave, ohrabrenja, otrežnjujuće discipline i uzbudljive izgradnje vizije. Po Božjoj milosti, u našoj zajednici je došlo do takve promene.

---

greha ili ne dolazi u crkvu skine sa spiska članova.

U politici crkvene zajednice, cela zajednica ima poslednju reč po pitanjima ličnih sporova, disciplinskih mera, doktrine i članstva (za primere pogledajte Mt. 18,15-17; 1. Kor. 5,1-13; Gal. 1,6-9; 2. Kor. 2,6). Zato bi zajedničke odluke o ovim pitanjima trebalo doneti pred zajednicu. Detaljniju raspravu naći ćete u Mark Dever, *A Display of God's Glory* (Washington, DC: 9Marks Ministries, 2001).

11

ULOGA
OBREDA

Kao evanđeoski hrišćani, u vezi s obredima najčešće naglaša-
vamo da nisu neophodni za spasenje. Inače oklevamo da ista-
knemo pozitivne strane uloge koju imaju. Kakvu, dakle, ulogu
imaju obredi u lokalnoj crkvi i kako doprinose njenom zajed-
ničkom zdravlju i svetosti?

KRŠTENJE

Po Bibliji, krštenje je, u suštini, fizički pokazatelj duhovne re-
alnosti. Matej 28,18-20 naznačava da je namenjeno samo ver-
nima i da je to prvi korak poslušnosti u novom životu ko-
ji sada kao Hristovi učenici imamo. Stihovi Rimljanima 6,1-4
su još precizniji i kažu da krštenje simbolizuje našu smrt i sa-
hranu sa Hristom kao glavnim predstavnikom svih nas, kao i
naše duhovno vaskrsenje s njim iz simboličnog groba. Kolo-
šanima 2,11-13 čak još preciznije tvrdi da je krštenje fizička
predstava duhovnog obrezanja našeg srca.[1] Kao takvo, ono

---

1   Simbolično poređenje našeg fizičkog krštenja, s jedne strane, i duhovne smrti i va-
    skrsenja sa Hristom, s druge, o čemu čitamo u Rimljanima 6, kao i paralela između
    fizičkog krštenja i duhovnog obrezanja (ne fizičkog) u Kološanima 2,11-12, pred-
    stavljaju glavne biblijske razloge zbog kojih povezivanje novozavetnog krštenja i
    starozavetnog obrezanja nije valjano opravdanje za krštavanje beba i male dece.

je neka vrsta obeležja identiteta, koje nas od samog početka definiše kao članove novog saveza – one koji su od Boga primili novo srce (Jez. 36,26-27). Drugim rečima, krštenje nas identifikuje kao članove zajednice zvane Božji narod, odnosno crkva.

Krštenje je, stoga, obred koji čuva glavna ulazna vrata lokalne crkve. Ono omogućuje – koliko god je to spolja moguće – da oni koji postaju članovi naših crkava zaista budu članovi novog saveza čije je srce novo. Kad od svakog novog člana zahtevamo da se kao vernik krsti, od njega jednostavno tražimo da se povinuje prvoj zapovesti koju je Isus dao svojim učenicima – da se vidljivo izjasni kao pripadnik njegovog naroda (Mt. 28,19), a time potvrdi i da je njegov učenik. Ovo je osnovni način na koji štitimo *regenerativnu prirodu* članstva u crkvi. Tačnije, svaki potencijalni novi član svojim krštenjem javno izjavljuje da je njegovo srce obrezano Duhom i da je raspet, sahranjen i vaskrsao sa Hristom. Svojim simboličnim postupcima svedoči da se iskreno pokajao i poverovao u evanđelje. Čineći to, izjašnjava se kao osoba čije je celo srce zaista *regenerisano* – kao novo stvorenje u Hristu, a samim tim i deo Božjeg naroda.

Ako krštenje funkcioniše kao čuvar glavnog ulaza u lokalnu crkvu, onda možemo reći da krštenje dece dovodi u opasnost regenerisanu prirodu crkvenog članstva, pa samim tim i čistotu zajedničkog svedočanstva crkve u njenom okruženju. Po Božjem planu, deca su prirodno podložna poukama i primeru koji im roditelji pružaju. Ako ih prerano krstimo, rizikujemo da time potvrdimo ispovedanje izrečeno jednostavno da bi se udovoljilo vernim roditeljima ili radi prihvaćenosti unutar neke hrišćanske supkulture, a time postajemo krivi i za greh nominalizma (iako je počinjen iz neznanja).[2] Ako sačekamo s krštenjem mladih dok ne postanu punoletni, to će nam pomoći da ne napravimo grešku i znakom krštenja potvrdimo njihovo lažno ispovedanje.[3]

Krštenja u našoj crkvi obavljamo obično na kraju jutarnje službe, jer će ih tada posmatrati maksimalan broj članova i posetilaca. Najpre predstavim kandidate zajednici i zamolim ih da daju kratko svedočanstvo (od tri minuta) o tome kako su se obratili i zašto žele da se krste kao vernici. Zatim im postavim dva pitanja:

> Da li ispovedaš pokajanje pred Bogom i veru u Gospoda Isusa Hrista?

> Da li obećavaš da ćeš zauvek slediti Boga, po njegovoj milosti, u zajednici njegove crkve?

Nakon što potvrdno odgovore, zajednica peva himnu dok se kandidati i ja pripremamo za ulazak u krstionicu. Kad uđemo u vodu, ja kažem: „(Ime), na osnovu tvog ispovedanja o pokajanju pred Bogom i veri u Gospoda Isusa Hrista, krštavam te u ime Oca, Sina i Svetoga Duha."

---

2 Ovo svakako ne poriče mogućnost iskrenog obraćenja u detinjstvu – mi se, štaviše, molimo za što ranije obraćenje! Pitanje je samo jesmo li u stanju da dobro procenimo decu i u njima uočimo rod za koji nam je rečeno da ga potražimo kako bismo potvrdili da je hrišćansko ispovedanje iskreno.

3 Krštenje i članstvo u crkvi nisu ono što spasava, tako da, čak i ako ih za izvesno vreme uskratimo deci, time nećemo dovesti njihovu dušu u opasnost. I u retkim slučajevima kad se nežna savest mladih vernika buni jer misle da se opiru Hristovoj zapovesti, smatramo da je odlaganje razuman postupak, jer najpre treba sačekati i videti da li rađaju plodove koji dokazuju da su se pokajali, i to u okruženju izdvojenom od roditeljskog uticaja.

TEME ZA RAZMIŠLJANJE

① Koja je biblijska uloga krštenja? Da li ono i u vašoj crkvi ima ovakvu ulogu? Ako ima, zašto je tako? Ako nema, zašto?

PRIČEST

Prema onome što je Pavle rekao u Prvoj Korinćanima 11,17-34, Gospodnja večera ili pričest predstavlja više stvari obuhvaćenih jednom. To je, kao prvo, prilika da se pokaže zajedništvo crkve (stihovi 18-19, 33). Kao drugo, ona samim tim i jeste zajedništvo Božjeg naroda (stihovi 20-21, 33). Treće, njena svrha je simbolično opominjanje na Hristov bezgrešni život i otkupljujuću smrt koju je podneo radi nas (stihovi 24-25). Četvrto, ona je objava Hristove smrti, vaskrsenja i povratka (26. stih). I peto, to je takođe prilika da preispitamo sami sebe (stihovi 28-29). Uzimanje pričesti je, dakle, učešće u zajedništvu crkve putem sećanja na Isusa Hrista, kao i simbolična objava njegovog spasonosnog života i dela posredstvom hleba i vina.

U našoj crkvi pričest započinjemo nemim prisećanjem na zavet crkve, čime preispitujemo sopstveno srce. Zatim obnavljamo taj zavet tako što ustanemo i zajedno ga naglas ponovimo, nakon čega delimo hleb i vino. Svako uzme po parče hleba, koje simbolizuje naš položaj Hristovih učenika, a čašu držimo dok je svako ne dobije, kako bismo je svi zajedno ispili kao simbol našeg zajedništva u Hristu.

Kao što krštenje čuva ulaz u crkvu, tako pričest stražari na izlazu. Ona je simbol jedinstva i zajedništva crkve. Preduslovi učešća u tom simboličnom činu jesu neprekidno pokajanje i vera. Iz toga sledi da oni koji ne ispunjavaju te preduslove jedinstva s crkvom treba da budu isključeni iz obreda koji simbolizuje to jedinstvo. Oni koji ne pružaju nikakav dokaz iskrenog pokajanja i vere treba da budu izuzeti od uzimanja pričesti. Kad članu koji se nije pokajao zabranimo pristup Gospodnjoj trpezi, tretiramo ga kao nevernu pridošlicu. Tačnije, zabranjujemo mu da uzme simbol crkvenog jedinstva i zajedništva i time postavljamo jasnu granicu između crkve i sveta.[4] Učešće u pričesti jasno pokazuje da osoba ostaje u crkvi i uživa u toj povlastici članstva. Izuzimanje od pričesti pokazuje da se osoba odrekla te privilegije i da je istupila iz crkvenog članstva.[5]

TEME ZA RAZMIŠLJANJE

① Koja je biblijska uloga pričesti? Da li ona igra takvu ulogu i u vašoj crkvi? Ako igra, zašto je to tako? A ako ne igra, zašto?

ZAKLJUČAK

Oba obreda, i krštenje i pričest, služe kao simbolična obeležja identiteta koja pokazuju koji su ljudi članovi crkve. Krštenje

---

4 Ovaj postupak potvrđuje da vođe crkve ili više nisu u stanju da kod člana (koji uopšte ne dolazi u crkvu) uoče dobre plodove koji bi dokazali pokajanje ili, pak, vide loše plodove koji potpuno poništavaju njegovo ispovedanje i predstavljaju kamen spoticanja celokupnom svedočanstvu crkve.

5 Kad se to desi, crkva treba da skine ime tog člana sa spiska članova. Ipak, to ne znači da osoba kojoj je zabranjena pričest i koja je skinuta sa spiska članova ne može da povrati svoj položaj posle očiglednog pokajanja. To takođe ne znači da kažnjeni član nije dobrodošao na službe. Svrha disciplinskih mera je da ohrabre pojedinca da se usled ove ozbiljne kazne pokaje. Sve ovo jednostavno znači da je takvim ljudima onemogućeno da, pričešćujući se, tvrde da su jedno s crkvom, ali i da su zaštićeni da ne jedu i ne piju sebi sud (1. Kor. 11,29), jer ponašanjem ne dokazuju iskrenost svog verbalnog ispovedanja vere.

je naš simbolični, početni čin poslušnosti koji nas prikazuje kao učenike i štiti regenerativnu prirodu crkvenog članstva dok u crkvu ulazimo na glavna vrata. Učešće u pričesti je simboličan čin koji se stalno ponavlja; ono predstavlja jedinstvo i zajedništvo u Hristu koje nas stalno iznova označava kao validne članove crkve. Od uzimanja pričesti se izuzimaju osobe koje ne pružaju valjan niti bilo kakav dokaz da su se pokajale i poverovale; one se stoga isključuju i iz članstva crkve.

12
MEĐUSOBNA LJUBAV

Isus je dvanaestorici rekao da će ih svet poznati kao njegove učenike ako budu voleli jedni druge (Jn. 13,34-35). Isto važi i za crkvu. Nesebična i hristolika ljubav trebalo bi da bude zaštitni znak onih koji tvrde da su članovi lokalne crkve. Zato je iskazivanje te izrazito hrišćanske ljubavi prema drugima ključno evanđeosko oruđe u širenju evanđelja i u rastu crkve. Za pastora i crkvenog vođu to, međutim, znači da moraju promišljeno da neguju kulturu hrišćanske ljubavi i brige, kako bi lokalna crkva u svom okruženju bila poznata kao iskrena i očigledno hrišćanska zajednica. U glavama 1 – 11 smo utirali put upravo ka negovanju ovakve hrišćanske zajednice pune ljubavi. Cilj okupljanja crkve i uređenja nedeljnih sastanaka jeste negovanje kulture koja će imati evangelizacijski efekat na naše prijatelje koji nisu verni. U ovoj glavi ćemo razmotriti neke od crta te kulture.

ŽIVA I AKTIVNA KULTURA

Uvek mi je bilo malo čudno kad proizvođači jogurta pokušavaju da prodaju svoju robu tako što ističu da ona sadrži ,,žive i aktivne kulture"! To me nikad nije sprečilo da je koristim, ali svaki put kad pročitam tu rečenicu pre nego što okusim okrepljujući napitak, skoro da se zapitam da li će ti mališani možda pokušati da mi ispuze iz usta!

Nadam se da vam ovo moje malo podsećanje nije ogadilo jogurt. U svakom slučaju, crkva treba da bude puna živih, aktivnih kultura – odnosa koji su međusobno ohrabrujući i pomažu ljudima da duhovno uzrastaju. Crkve bi trebalo da budu pune duhovno dinamičnih prijateljstava u kojima stariji hrišćani pomažu mlađima da se kreću kroz Reč i uče iz nje, u kojima se vršnjaci redovno sastaju da bi se ispovedili jedni drugima i molili i u kojima hrišćani zajedno čitaju hranljive hrišćanske knjige i razgovaraju o tome kako da ih upotrebe za svoj duhovni rast. Ova živa, aktivna kultura ljubavi ima najmanje pet različitih aspekata. Vi ćete se možda prisetiti još nekog.

Zavetni. Prvi aspekt svake lokalne crkvene zajednice jeste da je ona zavetna. To jest, ona predstavlja zajednicu vernika koji su postali deo novog zaveta u Hristovoj krvi, a samim tim su se zavetovali i da će pomoći jedni drugima da svoju hrišćansku trku istrče pošteno, pobožno i blagodatno. To je zajednica u kojoj su svi posvećeni činjenju duhovnog dobra jedni drugima – da nose teret jedni drugih, dele radosti, materijalno podržavaju službu, s ljubavlju čuvaju jedni druge i povremeno ukore one koji se ne kaju ili se pak i sami, ako je to potrebno, posle ukora pokaju. Kad potpišemo crkveni zavet (pogledajte 4. glavu), obavezujemo se da ćemo čuvati jedni druge u hrišćanskoj ljubavi, da ćemo jedni pred drugima biti odgovorni i da ćemo od drugih vernika spremno saslušati i ohrabrenje i opomene.

TEME ZA RAZMIŠLJANJE

① Pročitajte Efescima 4,15-16. Kako telo raste? Zašto su odnosi važni za taj rast?

② Pročitajte Jevrejima 10,24-25. Zašto se okupljamo? Zašto su za taj cilj važni odnosi?

③ Kako bi crkveni zavet mogao da koristi u međusobnoj duhovnoj izgradnji?

Brižni. Kulturu crkve koju obeležava međusobna ljubav treba da obeležava i brižnost – promišljenost – koja će pokazati da nam je stalo do toga da se pokorimo Božjoj Reči u svakom aspektu našeg zajedničkog života. Takvu nameru želimo da pokažemo na svakom koraku. To, međutim, ne treba da izgleda kao da samo imamo dobre namere, već da je sve što činimo promišljeno i isplanirano tako da evanđelje dobije funkcionalno i centralno mesto.

Zajednički. Kad negujemo kulturu međusobne ljubavi, potrudićemo se da podstaknemo ljude da daju prioritet zajedničkom životu crkve, a ne samo sopstvenom životu sa Gospodom. Hrišćanski život je po svojoj prirodi zajednički, jer je Hristovo telo po prirodi zajednica. Život nas kao pojedinaca jeste veoma značajan, ali naš hod sa Bogom će biti siromašniji ako smo u našoj zavetnoj crkvenoj porodici nedostupni drugima unutar odnosa kojima gradimo jedni druge (Ef. 4,15-16; Jev. 10,24-25).

Članove crkve možemo podstaći da uvažavaju taj zajednički život crkve tako što ćemo ih poučiti o biblijskom mestu koje crkva zauzima u životu vernika, tako što ćemo se moliti za njih i hrabriti ih da na službe dolaze i češće nego jednom nedeljno, tako što ćemo očekivati da dolaze na sastanke članova i hrabriti ih da slobodno kažu ako žele da služe kao đakoni u crkvi ili rade u njenim različitim službama, tako što ćemo ih podsticati da se mole za članove crkve, stranicu po stranicu spiska, i pozvati da služe u oblastima za koje možda smatraju da i nisu baš idealno osposobljeni. Kad u životu pojedinačnih članova negujemo prioritet lokalne zajednice, to će nam pomoći da obuzdamo sebični individualizam i stvorimo atmosferu krotkog služenja.

Opet, moramo da ih po Bibliji poučimo da zajednički život crkve treba da ima centralno mesto u životu pojedinačnog vernika (Jn. 13,34-35; Ef. 3,10-11; 4,11-16; Jev. 10,24-25; 1. Jn. 4,20-21). Ne možemo sami da živimo hrišćanskim životom. Mi jesmo pojedinačno spaseni od greha, ali spasenje nas nije postavilo u vakuum. Spasenjem smo postali deo zajednice vernih koji izgrađuju jedni druge i podstiču jedni druge da vole i čine dobra dela.

Multikulturalni. Lokalna crkva je za svakoga. Zato je teško odbraniti praksu biranja crkve na osnovu bilo kog demografskog faktora osim jezika. Crkve namenjene određenoj kulturi mogu na kraju da nenamerno gurnu u pozadinu moć evanđelja koja povezuje kulture i sjedinjuje ljude. Kad nas evanđelje osposobi da živimo u ljubavi, pa čak i kad osim Hrista nemamo ama baš ništa zajedničko, onda to svedoči o njegovoj moći da grupu grešnih i egoističnih ljudi transformiše u zajednicu punu ljubavi koja je ujedinjena zahvaljujući tome što svi njeni članovi poznaju Isusa Hrista.

Multigeneracijski. Lokalna crkva je porodica. To je mesto gde deca i odrasli svih starosnih doba mogu i treba da uspostave odnose u kojima će jedni druge hrabriti i izgrađivati. Stariji muškarci hrišćani mogu da nauče mlađe muškarce mnogo toga o životu i vođstvu, dok mlađi muškarci mogu da na bezbroj načina služe starijima i pomognu im. Starije hrišćanke mogu mnogo toga da nauče mlađe o služenju kod kuće i u crkvi, a mlađe hrišćanke često mogu da na bezbroj načina posluže starijima, bilo da je reč o društvenim, duhovnim ili fizičkim aspektima života. Mladi samci mogu da služe u obdaništu ili da poučavaju u nedeljnoj školi za decu, čime će razvijati veštine potrebne za roditeljstvo i hrabriti dečicu u veri.

Već smo videli koliko takvo višegeneracijsko zajedništvo ima moćno svedočanstvo u evangelizaciji. Posetioci se pitaju zašto je na sahrani nekog starijeg člana toliko mladih ili kako toj i toj udovici toliko mladih dolazi u kuću i pomaže. Želimo da kažemo da crkva, u kontekstu našeg društva obeleženog raznim podelama, može da se istakne u zajednici kao jedinstveni svetionik zato što predstavlja mrežu toplih višegeneracijskih odnosa utemeljenih u evanđelju.

GRAĐENJE ZAJEDNIČKOG SVEDOČANSTVA

Konačni cilj izgradnje ovakve zajednice – one koja je utemeljena izrazito na hrišćanskoj ljubavi za koju je jasno da proističe iz hrišćanskog evanđelja – jeste da prikaže Božju slavu u našem i u okolnim krajevima, gradovima, a konačno i celom svetu. Vratili smo se na Jovana 13,34-35: „Dajem vam novu zapovest, da ljubite jedan drugoga, kao što sam ja vas ljubio, da i vi ljubite jedan drugoga. Po tom će svi poznati da ste moji učenici – ako budete imali ljubavi među sobom." Naša ljubav prema drugima treba da bude kao Hristova; to je, po Božjem naumu, najjače oruđe crkve u evangelizaciji!

Zato je oslanjanje na bilo kakav tip *programa* radi što delotvornije evangelizacije pomalo kao prepuštanje glavne dužnosti crkve nečemu ili nekome spolja. Evangelizacioni programi nisu nužno niti kategorički loši. Neki od njih su čak prilično dobri. Međutim, čini mi se da se ponekad previše oslanjamo na njih, zaboravljajući da je *crkva sama po sebi* Božji program evangelizacije. Bog je za crkvu osmislio odnos uzajamne ljubavi kako bi bila privlačna kulturi nevernika. Zavetna, brižna, zajednička, interkulturalna i međugeneracijska ljubav koja treba da karakteriše crkvu i proslavi Boga jeste ista ona ljubav koja bi trebalo da evangelizira svet.

ZAKLJUČAK

Usvajanje i primena ovih biblijskih istina će promeniti način na koji gradimo lokalno crkveno telo. Umesto da pogrešno potvrđujemo prioritet pojedinca nad celinom zajednice, poučavaćemo ljude da je rast u međusobnoj ljubavi i brizi za dobro zajednice od najveće važnosti za rast i zdravlje tela. Umesto da se oslanjamo na programe, razvijaćemo odnos učeništva sa ljudima. Umesto da očekujemo da samo plaćeni članovi osoblja vrše sve službe, poučavaćemo ljude i rečju i delom da sami započinju razgovore i odnose sa drugim članovima crkve kako bi im duhovno bili od koristi.

Umesto da tragamo za još jednim čovekovim modelom službe da bi nam crkva bila uspešnija, poverićemo preobražavajućoj sili evanđelja da nam promeni srce i izgradi zajednicu hrišćana koju karakterišu nesebična ljubav i iskrena briga prema drugima. Promišljenost će promeniti sve.

13
MUZIKA

Zašto nam je potrebno celo jedno poglavlje s naslovom „Muzika"? Da malo ne preterujemo? Zašto ne bismo bili malo svetiji, zašto naslov ne bi bio „Proslavljanje"? Na kraju krajeva, danas je sasvim uobičajeno da muziku, pevanje i proslavljanje manje-više shvatamo kao istu stvar. Najpre proslavljamo, a onda slušamo propoved. Hteli bismo da preispitamo tu pretpostavku. Muzika je prilikom zajedničkog okupljanja tek delić zajedničkog proslavljanja. Slušanje propovedane Božje Reči je jedan od najvažnijih načina na koji zajedno proslavljamo Boga; štaviše, to je jedini način da naučimo kako ga treba prihvatljivo proslavljati.[1] Molitva po Reči, njeno javno čitanje i vršenje obreda koje propisuje takođe su važni aspekti proslavljanja. Ipak, u još širem smislu, proslavljanje je potpuno usmeravanje života ka odnosu sa Bogom pod uslovima koje je on postavio i na način koji je on omogućio.[2] Boga ćemo razumno i u skladu s Novim zavetom proslaviti ako *sami sebe prinesemo* kao živu žrtvu, svetu i prihvatljivu Bogu (Rim. 12,1-2; up. sa 1. Kor. 10,31; Kol. 3,17). Zato je muzika samo deo našeg zajedničkog proslavljanja, a na-

---

1   Bog je baš pred izlazak iz Egipta rekao Mojsiju da će Jevreji proslavljati Boga na Sinaju; kad su stigli na Sinaj, tamo su čuli njegovu Reč.

2   David Peterson, *Engaging with God: A Biblical Theology of Worship* (Downers Grove, IL: InterVarsity Press, 1992), 20.

še zajedničko proslavljanje je samo deo celokupnog proslavljanja Boga našim životom.

Ovakvo razmišljanje nas podseća da tokom zajedničkog proslavljanja naša publika nisu ljudi.[3] Cilj zajedničkog proslavljanja nije da udovolji ljudima niti da ih zabavi – bilo da je reč o nama, zajednici ili zainteresovanim nevernicima. Kad se svi zajedno okupimo i proslavljamo, cilj nam je da obnovimo zavet sa Bogom tako što ćemo se sresti s njim i komunicirati s njim onako kako je on propisao.[4] To radimo tako što slušamo Reč i poslušni smo joj, priznajemo da smo grešni i da zavisimo od njega, zahvaljujemo mu jer je dobar prema nama, iznosimo pred njega svoje molbe, ispovedamo njegovu istinu i, u odgovoru na to kako nam se otkrio u svojoj Reči, podižemo k njemu glasove i instrumente.[5]

Sad kad sve ovo znamo, evo nekoliko praktičnih predloga koji će nam pomoći da uzvisimo Boga i gradimo jedni druge dok ga u muzici proslavljamo zajedno.

---

3   Neki se pozivaju na 1. Kor. 14,23 kao biblijski razlog da se muzika na zajedničkim službama uskladi sa naklonostima neverujućih koji tek traže Boga. Ipak, primarni cilj glavnog okupljanja u 1. Kor. 14 bio je izgradnja vernih, a ne evangelizacija (pogledajte stihove 3, 4, 5, 12, 17, a naročito 26: „Kad se skupljate… sve neka bude na nazidanje"). Up. sa Jev. 10,24-25. U zajedničkom proslavljanju, pa čak i muzičkom proslavljanju, svakako ima mesta i za evangelizaciju. Jednostavno hoćemo da kažemo da ona u tom kontekstu nije primarna. Onima koji tragaju za Bogom više će govoriti naš život nego neka služba.

4   Ovo zapažanje sam našao u brošuri-samizdatu Brian Janssen, *Sing to the Lord a New (Covenant) Song: Thinking about the Songs We Sing to God* (Hospers, IA: Self-published, 2002); dostupno preko janssenb@nethtc.net.

5   Za biblijsku teologiju u vezi s proslavljanjem, pogledajte Carson, *Worship by the Book*; Philip Graham Ryken, Derek W. H. Thomas i J. Ligon Duncan III, urednici, *Give Praise to God: A Vision for Reforming Worship* (Phillipsburg, NJ: P&R, 2003); i posebno Peterson, *Engaging with God*.

PEVANJE U ZAJEDNICI

Zajedničko pevanje evanđelja u crkvi kuje jedinstvo oko izrazito hrišćanske doktrine i načina života. U našoj zajednici pesme funkcionišu kao ispovedanje u formi proslavljanja. Pružaju nam jezik i priliku da jedni druge hrabrimo Rečju i pozovemo na proslavljanje zajedničkog Spasitelja. Jedna od najznačajnijih funkcija pevanja u zajednici je što ono u prvi plan iznosi tu *zajedničku* prirodu crkve i međusobno služenje unutar nje koje gradi naše jedinstvo. Nedeljom se okupljamo da bismo se podsetili da nismo jedini koji ispovedaju Isusa Hrista i da ne verujemo samo mi u te dragocene duhovne istine. Kakav je samo blagoslov čuti celu crkvu kako peva zajedno i celim srcem! Kad slušamo jedni druge kako zajedno pevamo iste reči, jedinstvo i raznolikost lokalnog crkvenog tela pokazuju se u istoj melodiji i raznovrsnim harmonijama, a sve to nas ohrabruje da se zajedno pokrenemo. U današnjoj izrazito individualističkoj kulturi, pevanje je jedan od najvidljivijih načina da se u našem proslavljanju i životu u okviru lokalnog crkvenog tela naglasi zajedništvo.

Još jedna važna funkcija zajedničkog pevanja je što ono naglašava *participativnu* prirodu proslavljanja Boga putem muzike. Proslavljanje samo po sebi nije nešto što možemo da radimo kao posmatrači. Rimljanima 12,1-2 prikazuje proslavljanje kao nešto što je aktivno. Takođe nas navodi da primetimo kako nigde u Novom zavetu ne nailazimo na primer crkvenog hora – Biblija ni na jednom mestu ne kaže da su verni u prvom veku muzikom proslavljali Boga tako što je kraj njih pevala neka druga grupa ili pojedinac. Ne, proslavljanje putem muzike je participativno, što znači da cela zajednica učestvuje u proslavljanju Boga jednim srcem i glasom. Biblija nas svakako poziva da slušamo Božju Reč i odgovorimo na nju. Međutim, ovakvo slušanje je poseban odgovor na metod komunikacije koji Biblija zapoveda – na propoved. Kad je reč o proslavljanju muzikom, Biblija prikazuje verne kako lično, svi zajedno, učestvuju u njemu. To, naravno, ne znači da su solo izvođenja i posebne vrste muzike sami po sebi pogrešni. To ne znači ni da solo izvođenja i posebne vrste muzike ne mogu da duhovno dotaknu one koji ih čuju. Stvar je jednostavno u tome koji model zajedničkog muzičkog proslavljanja vidimo u novozavetnoj crkvi i šta treba da mislimo o zajedničkom muzičkom proslavljanju ako većinu naših pesama izvodi nekolicina umesto da svi uzmu učešća.

Ako pesme konstantno izvode solisti, pa čak i hor, to nenamerno može dovesti do zanemarivanja zajedničke i participativne prirode našeg proslavljanja putem muzike. Ljudi postepeno počinju da shvataju proslavljanje kao pasivno posmatranje, a biblijski model nije takav. To takođe može početi da zamagljuje liniju između proslavljanja i zabave, naročito u današnjoj kulturi zasićenoj televizijom, gde je jedno od naših najpodmuklijih očekivanja ono da uvek budemo zabavljeni. Naravno, to brisanje granice gotovo nikad nije namerno – ipak, tokom vremena, razdvajanje „izvođača" od „ostatka zajednice" može da malo-pomalo preusmeri fokus naše pažnje sa Boga na muzičare i njihov talenat, a tu promenu često razotkriva aplauz na kraju nekih pesama. Kome je taj aplauz namenjen?

Ako je ono što nedeljom ujutru radimo *zajedničko* proslavljanje, onda namerno treba da damo prednost *zajedničkom* pevanju – pevanju koje podrazumeva aktivno učešće *cele* zajednice.

Kad *zajedno* pevamo hvale Bogu, potvrđujemo da je ispovedanje crkve po svojoj prirodi zajedničko. Tačnije, svi zajedno potvrđujemo da ispovedamo hrišćansku doktrinu i da u našoj zavetnoj zajednici *zajedno* živimo hrišćanskim životom. Zato je kolektivno pevanje odraz i zajedničkog i participativnog aspekta našeg redovnog udruženog proslavljanja. Ono nas čuva da ne upadnemo u zamku tako što celokupan Božji narod angažuje u aktivnom proslavljanju Boga; tada svojim glasovima odgovaramo na Božju dobrotu i blagodat, dajući mu čujnu hvalu i slavu.

Sad kad smo ukratko objasnili kako zajedničko pevanje prirodno proističe iz zajedničkog muzičkog proslavljanja, biće korisno i da razmotrimo tri uputstva vezana za zajedničko pevanje.

Pevanje je javno, a ne privatno. Mnoge vođe slavljenja podstiču članove (rečima ili ličnim primerom) da zatvore oči kako bi mogli da se, na tom zajedničkom proslavljanju, više emocionalno približe Bogu. Naravno, niko razuman neće reći da je zatvaranje očiju u zajedničkom proslavljanju izričito loše. Mnogi tada zatvore oči jednostavno da bi bolje upili zvuk pevanja. Međutim, ne bi trebalo da podstičemo ljude da zajedničko proslavljanje shvate kao isključivanje iz vida ostatka zajednice i težnju ka privatnom emocionalnom iskustvu sa Bogom.[6]

Jednom sam bio na službi na kojoj je vođa slavljenja posle pesme počeo nekontrolisano da plače. Da li je to bio zdrav primer skrhanog duha? Možda; čak i ne sumnjam da je imao dobre namere. Međutim, ovde nije reč o čistoti njegovog srca. Ja bih radije preispitao da li je mudro tako se ponašati pred svima. On je svojim primerom poručio ljudima da je privatno emocionalno iskustvo, mada je bilo jasno vidljivo celoj zajednici, vrhunski izraz (zajedničkog) proslavljanja. To jednostavno nije tačno.

Zajedničko pevanje je izraz jedinstva i sklada okupljene crkve. Kada takvo zajedničko pevanje privatizujemo, to se pro-

---

6   Zatvaramo oči i kad se zajedno molimo, ali zatvorene oči i pognute glave su čin strahopoštovanja, a ne pokušaj da zaboravimo na ljude oko sebe.

tivi ciljevima zajedničkog proslavljanja i često meša istinsko proslavljanje s ličnim osećanjima. Zajedničko proslavljanje muzikom je javni skup i trebalo bi da ga doživimo tako da pritom budemo svesni našeg zajedništva. Moć izgradnje koju nosi zajedničko pevanje većim delom zapravo i proističe iz radosti zbog prisustva ostalih vernika. Da nije tako, zašto bismo se uopšte okupili da zajedno pevamo? Zato je najbolje ne prisvajati nešto što je Bog naložio da bude javno.

Pevanje bi u teološkom smislu trebalo da bude bogato. Bog nam je u svojoj Reči dao toliko toga što nas hrabri! Iz te bogate riznice Pisma trebalo bi da uzmemo dobre stvari za koje ćemo ga proslaviti, koje će nas podsetiti na savršenstvo Božjeg karaktera i Hristovog spasenja. Želimo da pevamo pesme koje će nam pomoći da sagledamo Boga, koje nam ga prikazuju u svoj njegovoj slavi i milosti. Želimo da pevamo pesme koje detaljno govore o Hristovoj ličnosti i izvanrednom delu. Želimo da pevamo teološki bogate pesme koje nas teraju na razmišljanje o dubinama Božjeg karaktera, o obrisima njegove blagodati i posledicama evanđelja, pesme koje nas uče o biblijskoj doktrini koja spasava i transformiše. Takođe bi trebalo da izbegavamo pesme koje nas podstiču da o sopstvenom emotivnom iskustvu razmišljamo više nego o objektivnim istinama o Božjem karakteru i značaju krsta. Trebalo bi da izbegavamo i bespotrebno ponavljanje fraza koje mogu da zazvuče gotovo kao mantra – to bi značilo da težimo ushićenosti, kao da je to najčistija forma proslavljanja.

Ispitajmo sledeće stihove:

> Kog to u jaslama videše
> pastiri, pa se pokloniše?

13. MUZIKA

Koga more muke, jad,
u divljini što posti sad?

Refren:
Gospod, naš čudesni dar,
Gospod to je, slave car!
Njemu mi se poklanjamo,
kralja svega krunišemo!

Koga ljudi blagoslove
jer ih nežnom rečju zove?
Kome vode i donose
sve tužne i bolesne? (*Refren*)

Kome to sad suza teče,
Lazareva smrt ga peče?
Koga to sad proslavljaju,
oko njeg' se okupljaju? (*Refren*)

Gle, tamo u ponoć ko li
u vrtu getsimanskom se moli?
Na krstu ko povika glasno
i ko umre smrću strašnom? *(Refren)*

Ko vaskrse radi nas,
da nam pruži pomoć, spas?
Ko s prestola svoga sada
vaseljenom celom vlada? (*Refren*)[7]

---

7   Benjamin Russell Hanby (1833–1867), „Who Is He in Yonder Stall?", citat iz *The Baptist Hymnal* (Nashville: Convention Press, 1991), 124.

Ova himna uglavnom koristi množinu; govori o tome kako proslavljamo Boga i priznajemo da je car.[8] U celosti je usmerena na Boga u Hristu. Primetimo i njeno kretanje ili progresiju – stihovi nas od Hristovih jasala vode sve do njegovog prestola. To je muzičko razmišljanje o Hristovom životu koje nas navodi da ga proslavljamo onakvog kakav je predstavljen u Bibliji. Muzika nas pak navodi na razmišljanje i dopunjuje stihove pune strahopoštovanja. To su obeležja dobrih pesama slavljenja, bilo da je reč o himnama ili horskim pesmama: biblijski su precizne, usmerene na Boga, sadrže teološku i/ili istorijsku progresiju, nisu u prvom licu jednine, a muzika dopunjuje ton stihova.

Trebalo bi da hrabri naš duh. Ako je pesma u teološkom smislu bogata, to će uvek rezultirati sve preciznijim proslavljanjem Boga onakvog kakav je zaista; to će, opet, sve više hrabriti naš duh. Sve naše nade leže u Božjem karakteru i istini njegovog evanđelja! Kada ga zajednički proslavljamo muzikom, pozivamo jedni druge da proslavimo Boga zbog njegovog slavnog karaktera i dela. Pružamo čujni izraz jedinstva i harmonije crkve i zajedničke prirode života koji ispoveda hrišćanstvo.[9] Snagom svojih glasova hrabrimo jedni druge govoreći time da nismo sami u svom ispovedanju, već da i svi ostali koji pevaju potvrđuju istinu i značaj reči pesama. Što više, to bolje! Ovakvo zajedničko pevanje je moćno ohrabrenje za naše duše jer nas podseća na naše zajedništvo i jedinstvo u istinama o kojima pevamo. Zato bi trebalo da takvom pevanju u jedinstvu i skladu damo prioritet, da ga na-

---

8   Mnogi psalmi su napisani u prvom licu jednine i svakako odobravamo njihovu upotrebu u proslavljanju i molitvi. Ovim samo hoćemo da ukažemo na često odsustvo zajedničkog aspekta proslavljanja na mnogim crkvenim okupljanjima.

9   Ovde reč ispovedanje ne koristim u smislu ispovedanja greha, već ispovedanja naše zajedničke vere u hrišćansku doktrinu i naš zajednički trud da se saobrazimo sa Hristom.

glasimo tako da našim zajedničkim učešćem u muzičkom proslavljanju odamo čast Bogu i da, nakon što čujemo jedni druge, i sami budemo izgrađeni.

TEME ZA RAZMIŠLJANJE

1. Zašto je zajedničko pevanje naročito pogodno za okupljanje radi zajedničkog proslavljanja?
2. Na koji način bi učestalo solo ili posebno muzičko izvođenje moglo da se negativno odrazi na lokalnu crkvu?
3. Da li se muzika koju izvodi pevač, grupa ili hor u vašoj crkvi vrednuje više od pevanja cele zajednice? Ako je to tačno, šta mislite da je razlog?
4. Kako bi tri uputstva za zajedničko proslavljanje putem muzike mogla da se primene u vašoj crkvi?

PRATNJA

A šta je sa muzičkom pratnjom u našem zajedničkom pevanju? To ponekad može da bude osetljiva tema. Pastori često pokušavaju da svojim izborom muzičkog stila udovolje svima, pa tako na kraju niko ne bude zadovoljan. Neki pastori pokušavaju da muziku prilagode očekivanjima nevernih slušalaca. Neki generalno i ne obraćaju previše pažnju na nju, misleći da ona nije „bitna za spasenje" – njima je potpuno nevažna. Navešćemo nekoliko vodilja za zajedničko pevanje kojih se mi pridržavamo, jer su nam donele dosta ohrabrenja i koristi.

Muzika je podređena stihovima. Jednostavno nema smisla pevati pesme ako stihovi govore jedno, a muzika drugo. Zato moramo početi s idejom da je muzika osmišljena da dopuni stihove, a ne da ih poriče. Radosne stihove treba pevati uz veselu muziku, a tužne stihove treba spojiti s ozbiljnijom muzikom. Muzičku pratnju ne bi trebalo da biramo tako da udovoljimo muzičkom ukusu većine, članova ili potencijalnih članova. Muzička pratnja bi trebalo da se izabere pre svega na osnovu toga da li i koliko pojačava poruku raznih vrsta biblijske lirike i poezije.

Još je rano za trijumfalizam. Većina nas je već čula pesme o totalnoj pobedi koje se završavaju visokim notama i burnim zvucima instrumenata, najčešće baš pred propoved. Naravno, takve pesme nisu pogrešne u moralnom smislu. Međutim, taj pobednički stav u nekim pesmama – ideja da su sve naše bitke gotove i da je vreme da uživamo u potpunoj pobedi nad svim duhovnim neprijateljima – u ovim poslednjim vremenima je malo preuranjen. Takav trijumfalizam je u našoj muzici posebno nepodesan kao uvod u slušanje hrišćanske propovedi. U propovedi ćemo čuti Božju Reč koja će ispraviti, poučiti, ukoriti, upozoriti, ali i ohrabriti, zagrejati i obradovati naše srce. Srce će se bolje pripremiti da čuje i posluša Božju Reč uz ozbiljniju muziku koja navodi na razmišljanje.[10]

I dalje imamo mnogo posla kad je reč o Božjoj žetvi. Pred nama su još mnoge borbe. Crkva još nije pobednička crkva – zasad je i dalje crkva koja ratuje. S pravom pokazujemo radost, zadovoljstvo, ljubav i mnoga druga pozitivna osećanja, ali muzika ne bi trebalo da protivreči našem položaju u istoriji Božjeg dela spasenja. Carstvo je proglašeno, ali tek treba da dođe u punini. Naša muzika treba da pokaže primerenu uzdržanost.

Najbolje je ono što je jednostavno. Električnim gitarama i brzom

---

10 Postoji razlika između muzike za razmišljanje i manipulativne muzike. Birajte mudro. Melodije koje preterano utiču na emocije podjednako su neprikladne.

ritmu svakako ništa ne fali; postoji mnogo primera savremenih crkava i grupa za slavljenje koji popularnu muziku verno spajaju s teološki tačnim stihovima. Ipak, uvereni smo da su tiši instrumenti i nenametljive vođe slavljenja najbolji za nedeljno okupljanje radi zajedničkog proslavljanja. Glavni razlog je to što tiša muzika omogućava zajednici da čuje sebe kako peva, čime stihovi dobijaju centralno mesto i tako podstiču zajednicu da glasnije peva. Što je manje instrumenata na pozornici, pa čak i sa strane, to će se manje stvari nadmetati za našu pažnju i aplauz. Ako se pred nama nađe ceo bend za slavljenje sa svim električnim instrumentima, to ne znači nužno da će okupljanje imati koncertnu atmosferu; ipak, ako takvog benda nema, manja je i verovatnoća da se oblak njegovog nastupa nadnese nad atmosferu proslavljanja. Kod nas u muzičkom proslavljanju učestvuju klavir, gitara i četiri pevača; svi se nalaze po strani tako da nam ne privlače pažnju i zvuk je tek malo jači, kako ne bi prigušio glasove zajednice. Jednostavnost u korišćenju instrumenata takođe pomaže očuvanju duha jedinstva u zajednici u kojoj su muzički ukusi i mišljenja o muzici raznoliki.

Ponavljam, bilo bi besmisleno kategorički tvrditi da su električni instrumenti i grupe za slavljenje pogrešan izbor i da uvek samo odvlače pažnju. Međutim, ako se uzdržimo od korišćenja velikog broja instrumenata i ne oslanjamo se previše na elektronsko pojačavanje zvuka, zaštitićemo i sebe i druge od toga da zavisimo od njih kao stvari neophodnih za zajedničko muzičko proslavljanje Boga. Uzdržanost u instrumentalnom izražaju je još jedan način da uprostimo svoje metode kako bi evanđelje ostalo u središtu čak i u načinu na koji proslavljamo Boga pesmom. To, posledično, postaje i model proslavljanja koji je primenljiv i u manjim ograncima crkve.

Jedan od načina izvođenja muzike koji, ironično, podstiče zajednicu da učestvuje jeste pevanje nekog stiha pesme ili himne a kapela – da, bez ikakve muzičke pratnje! To nam u početku deluje nezamislivo. Opšte mišljenje je da će bogatija instrumentalna pratnja za nevešte pevače stvoriti neku vrstu „bezbednog prostora". Mnogi hrišćani u Psalmu 98,5-6 vide dokaz za takav pristup.

Međutim, u centru nebeskog proslavljanja opisanog u Otkrivenju ne nalazimo instrumente, već verbalni izraz u vidu pesme. U poslanicama nam je zapoveđeno da jedni drugima govorimo u psalmima, himnama i duhovnim pesmama (Ef. 5,19; Kol. 3,16). S praktične tačke gledišta, da li vam je ikad palo na pamet da bučnost instrumenata često služi samo kao izgovor za nehotično posmatranje koncerta onda kad bi svi zajedno trebalo da učestvujemo u zajedničkom proslavljanju? S druge strane, ako imate samo četvorodelnu harmoniju – blago pojačan vokalni kvartet i klavir koji samo prati glasove kako bi i zajednica mogla lakše da se priključi – iznenadićete se koliko će osmeliti zajednicu da peva. I zato, kad rešite da pevate bez instrumentalne pratnje, pevajte pesme u kojima učestvuju četiri glasa. To je dobar način da pružite zajednici priliku da uradi nešto više u službi. Time i pevanje bez muzičke pratnje lepše zvuči, što još više podstiče učešće zajednice. I budite uvereni: dobro ćete utrošiti papir ako pesme koje će se pevati odštampate i stavite u bilten, tako da bude dostupan zajednici za vreme službe![11]

U svemu ovome važno je shvatiti da nas pesme uče doktrini (Kol. 3,16), ali i pomažu da je bolje upamtimo tako što

---

11   Za primere takvog pevanja danas, pogledajte muzičke albume s pevanjem *Together for the Gospel*. Naći ćete ih na veb-adresi www.t4g.org pod „Resources".

je spajaju s nama melodičnim lepkom koji traje ceo život. To znači da je izbor pesama i himni koje će zajednica pevati jedan od najključnijih aspekata pastirskog posla. Ako kao glavni pastor koji propoveda ne osećate da ste dovoljno muzički kvalifikovani za taj zadatak, onda odaberite drugog starešinu koji će moći da obavi taj važan posao. U svakom slučaju, na samrtnoj postelji ćemo verovatnije citirati neku himnu nego propoved – zato se postarajte da su pesme koje zajedno pevate pesme čiji odjek želite da čujete u svojoj duši kad budete počeli da prelazite na drugu obalu.

Vođe su nenametljive. Mnogi od nas su bili u crkvama u kojima vođe slavljenja imaju upadljive pokrete, mašu rukama ili prave razne grimase. Nenametljivi pevači bolje služe crkvi, jer se povuku da pažnja zajednice ne bi bila usmerena na njih. To postižu tako što manje govore, gestikulaciju svode na minimum, stoje više po strani ili čak uopšte i nisu na platformi. Naši pevači jednostavno stoje sa strane i pevaju preko blago pojačanih mikrofona da bi pružili zajednici osnovu koju može da prati.

RAZNOVRSNOST – OSNOVNI ZAČIN

Zdrave crkve izbegavaju ratove proslavljanja. One izbegavaju čak i čarke u vezi s proslavljanjem. Mudre crkvene vođe znaju da će se uz upotrebu širokog spektra pesama i stilova tokom vremena ukusi zajednice proširiti, jer će stalno biti izložena različitim vrstama muzike iz različitih vremenskih perioda i moći će da uživa u raznovrsnijoj selekciji. Raznolikost pesama i stilova takođe sprečava ljude da se kao vojnici tvrdoglavo ušanče u izvesnom stilu ili periodu muzike. I što je najbolje, muzička raznovrsnost nas uči da pabirčimo duhovnu dobit iz različitih vrsta pesama. Navešćemo nekoliko kategorija.

Himne i horske pesme slavljenja. Hajde da budemo iskreni i priznamo da za obe kategorije možemo pronaći pregršt i sjajnih i loših primera. Zato bi bilo pametno nijednoj ne davati prednost nad drugom, već probrati najbolje od oba žanra i onda to zajedno koristiti na svakoj službi.

Durovi i molovi. Ne bi trebalo da se usredsredimo samo na durski tonalitet! Psalmi otkrivaju da molski tonalitet više karakteriše veći deo hrišćanskog života i vreme je da i crkva to iskreno prizna. Crkva mora da bude u stanju da zajedno i plače, a u tome nam pomažu pesme u molskom tonalitetu. One nam pomažu da iskreno sagledamo iskušenja i osećanja s kojima se susrećemo dok hodočastimo ka nebu. Pomažu nam da damo izraz tužnim mislima i osećanjima na način koji poštuje Boga i hrabri nas da istrajemo. Zanemarujemo ih na sopstvenu štetu.[12]

Raznovrsni izvori. Najbolje je da se ne ograničavamo na pesmaricu koju smo našli u klupama kad smo došli u crkvu. Postoji mnogo solidnih muzičkih izvora pomoću kojih možemo da proširimo muzički repertoar. Evo nekoliko njih koje smatramo najkorisnijima:

> ➤ *Hymns of Grace* (Los Angeles: The Master's Seminary Press, 2015)
> ➤ *Trinity Hymnal* (Suwanee, GA: Great Commission Publications, 1990)
> ➤ *African American Heritage Hymnal: 575 Hymns, Spirituals, and Gospel Songs* (Chicago: GIA Publications, 2001)
> ➤ *Grace Hymns* (London: Grace Publications Trust, 1984)

---

12 Pogledajte Carl Trueman, „What Should Miserable Christians Sing?" Themelios 25, broj 2: 2–4.

Raspored pevanja. Kad treba da odlučimo „šta se kad peva“, po intuiciji uvek najpre razmislimo o čemu propovedamo, a zatim prelistavamo sadržaj tema u pesmarici kako bismo utvrdili koje će se pesme uklopiti u propoved. Upravo zato sve vreme pevamo iste pesme! U svakoj kategoriji imamo omiljene koje nam uvek privuku pažnju. Pokušajte sledeće. Umesto da se prepustite intuiciji, rešite da za godinu ili dve pređete celu pesmaricu, uz dodatak još nekih izvora. Od januara do marta pevate himne od 1 do 100; od aprila do juna od 101 do 200 i tako dalje tokom cele godine, uz dodatak pesama iz drugog izvora po potrebi. Izaberite teološki prikladne pesme iz onih delova pesmarice koje možda duže vreme niste pevali, a zatih ih uklopite s teološkim temama službi koje planirate za taj deo godine.

Kao što vidite, za sve je potrebno dosta razmišljanja i planiranja. Opet, teško da ćemo izgraditi promišljenu crkvu, a da pritom ne postupamo… pa, promišljeno.

KAKO SVE POSTIĆI

Naravno, ako ste mladi pastor koji tek uplovljava u vode reformisanja, teško da ćete zateći idealnu situaciju s muzikom – možda neće biti ni blizu idealne. To je u redu. Ne pokušavajte da celu situaciju promenite odjednom. Mladost je često majka nestrpljenja, a mladi i motivisani pastor s čvrstim ubeđenjima može pasti u iskušenje da vozi 130 na sat u crkvi u kojoj je ograničenje 50. Mnoge zajednice jednostavno ne poznaju muziku previše. Većina crkava je mala, pa samim tim nije ni glasna; u nekim crkvama jednostavno nisu vični muzici. Ako, dakle, za nedeljnu službu isplanirate gomilu pesama koje niko ne zna, one neće ohrabriti zajednicu koliko god njeni stihovi bili biblijski.

Ljudi neće pevati samouvereno, zvučaće preplašeno, pa će se tako na kraju osetiti obeshrabreno, a možda i otuđeno.

Počnite s onim što *oni* znaju, ne s onim što vi znate. Pomozite ljudima da steknu samopouzdanje u muzici tako što ćete odabrati pesme koje su im poznate. Ako je crkva puna starijih, verovatno će znati neke od starijih himni s valjanim stihovima i pevljivim melodijama. Takve pesme odaberite. Pregledajte i njihovu muzičku selekciju i nađite horske pesme koje biblijski opisuju Božji karakter, naš greh, kao i Hrista i njegovo delo. Ta selekcija možda neće sadržati veći deo onoga što se danas peva, ali to je u redu. Jednostavno izdvojte najbolje i radite s onim što imate. Ako počnete da ih upoznajete na njihovom terenu, to će im mnogo reći o vašoj poniznosti i strpljenju.

Kad planirate muziku, potrudite se da postepeno napredujete na dva načina – po pitanju veštine i po pitanju znanja (pogledajte sliku 12.1). Pokušajte da svakog meseca naučite zajednicu novu pesmu ili dve nove pesme (to, naravno, zavisi od njene veštine). Započnite s onima koje se lako pevaju – bez mnogo promena i začkoljica. Kad treba da čuju pesmu prvi put, bilo bi dobro da je pijanista najpre celu odsvira, tako da ljudi čuju melodiju pre pevanja. Dobro bi bilo i da se u okviru službe nova pesma postavi iza nekoliko dobro poznatih pesama. Tako će zajednica imati više muzičkog samopouzdanja i osećaće se zagrejano i spremno da nauči novu pesmu. Takođe, kad prvi put kao zajednica otpevate novu pesmu, potrudite se da je ponovite odmah sledeće nedelje, da bi ljudi mogli ponovo da je vežbaju i bolje se upoznaju s njom. Pevajte je dve ili tri nedelje uzastopce, a zatim je stavite na gomilu „Ovu znamo“. Čak i ako svakog meseca naučite samo jednu ili dve nove pesme, to znači da ćete za godinu dana kao zajednica naučiti 12-24 novih pesama. To je sjajno!

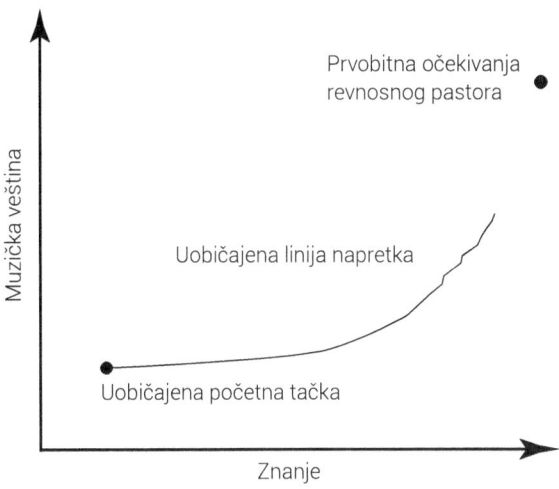

Slika 13.1 – Tabela muzičkog napretka u normalnoj zajednici

Dok tokom godina budete poučavali, primetićete da u zajednici nemate mnogo ljudi talentovanih za muziku. To je u redu. Zajednica će obično brže upoznavati pesme nego što će sticati muzičke veštine – bar je u početku tako. Samo nastavite da ih učite pevljivim pesmama s valjanim stihovima. Neka uz vas stalno uče pesme i budite blagi i puni razumevanja ako im neke složenije pesme ne idu tako lako. Stavite izazov pred njih, ali ih ne obeshrabrujte.

TEME ZA RAZMIŠLJANJE

① Kako bi raznovrsnija muzika za proslavljanje mogla da koristi vašoj crkvi?

② Kako bi namerno svedenija muzička pratnja mogla da poboljša pevanje u zajednici?

③ Da li su vaše vođe slavljenja nenametljive ili privlače pažnju na sebe?

ZAKLJUČAK

Razmišljali smo o tome šta treba da se radi kad se crkva okupi. Kao što smo videli, sve što se na zajedničkom okupljanju crkve događa napred jeste deo službe poučavanja crkve. Pismo utvrđuje učenje crkve. Samim tim, svaki element glavnog nedeljnog okupljanja trebalo bi da sadrži pozitivno upozorenje iz Pisma, bilo u vidu jasne zapovesti, bilo u vidu dobrog i neophodnog zaključka koji se može izvesti iz datog odlomka. U početku će nam se možda činiti da nas to sputava, ali na duže staze to nas zapravo oslobađa tiranije najnovijih ili popularnih trendova – onoga što bismo s punim pravom mogli nazvati tiranijom novotarija.

Kao pastori i crkvene vođe, svoju zajednicu ćemo upraviti ka tome da zajedničko slavljenje shvati na određeni način, i to jednostavno našim pristupom strukturiranju i predvođenju. Jedan od važnih ciljeva promišljene crkve je i da se pobrine da sve što se napred dešava bude verno Pismu i dobro za zdravlje i rast crkve. Stoga je pastor, kao glavni biblijski učitelj i propovednik koga crkva priznaje, u krajnjoj liniji odgovoran za sve što se propoveda, za sve što se moli, čita, peva i vidi na javnim okupljanjima radi proslavljanja. Time je pastor odgovoran i za donošenje promišljenih odluka o tome šta može da prođe, a šta ne.

Ako hoćemo da budemo promišljeni u vezi s nedeljnim okupljanjima, naročito u vezi s glavnim nedeljnim okupljanjem radi proslavljanja, moraćemo da uložimo mnogo truda. Nedeljne službe se ne smeju planirati u hodu, već nedeljama, pa čak i mesecima unapred. To će nam u početku delovati zastrašujuće, ali kad započnemo, videćemo koliko nas zapravo oslobađa; odjednom ćemo stvari posmatrati iz ptičje perspektive, odakle možemo da isplaniramo celu godinu službe. To nas pak oslobađa tiranije žurbe. Zamislite – slobodni i od tiranije novotarija i od tiranije žurbe!

PREPORUČENA
LITERATURA ZA DRUGI
ODELJAK

O PROSLAVLJANJU

➢ Carson, D. A. *Worship: Adoration and Action* (Eugene, OR: Wipf & Stock, 2002).

➢ Carson, D. A. urednik *Worship by the Book* (Grand Rapids, MI: Zondervan, 2002).

➢ Croft, Brian, and Jason Adkins. *Gather God's People: Understand, Plan, and Lead Worship in Your Local Church* (Grand Rapids, MI: Zondervan, 2015).

➢ Davies, Horton. *The Worship of the American Puritans* (Morgan, PA: Soli Deo Gloria, 2003).

➢ Davies, Horton. *The Worship of the English Puritans* (Morgan, PA: Soli Deo Gloria, 2003).

➢ Gibson, Jonathan i Mark Earngey, urednici *Reformation Worship: Liturgies from the Past for the Present* (Greensboro, NC: New Growth Press, 2018).

➢ Merker, Matt. *Corporate Worship: The Church Gathers as God's People* (Wheaton, IL: Crossway, 2021).

➢ Peterson, David. *Engaging with God: A Biblical Theology of Worship* (Downers Grove, IL: InterVarsity Press, 1992).

➢ Ryken, Philip Graham, Derek W. H. Thomas i J. Ligon Duncan III, urednici. *Give Praise to God: A Vision for Reforming Worship* (Phillipsburg, NJ: Presbyterian & Reformed, 2003).

O MUZICI

- ➢ Janssen, Brian V. *Sing a New (Covenant) Song: Thinking About the Songs We Sing to God* (Hospers, IA: Self-published, 2002). Za primerke knjige kontaktirajte autora preko adrese janssenb@nethtc.net.
- ➢ Master's Seminary. *Hymns of Grace* (Los Angeles: Master's Seminary Press, 2015).
- ➢ Sovereign Grace Ministries Music (www.sovereigngraceMinistries.org/music/).
- ➢ *Trinity Hymnal* (Suwanee, GA: Great Commission Publications, 1990).

O PASTIRSKOM RADU

- ➢ Bridges, Charles. *The Christian Ministry* (Carlisle, PA: Banner of Truth, 2001).
- ➢ Spurgeon, C. H. *An All-Round Ministry* (Carlisle, PA: Banner of Truth, 1981).
- ➢ Spurgeon, C. H. *Lectures to My Students* (Grand Rapids, MI: Zondervan, 1979).

Treći odeljak

OKUPLJANJE STAREŠINA

14
ZNAČAJ
STAREŠINA

U nekim savremenim krugovima popularno je mišljenje da se struktura vođstva u crkvi svodi na slovo na papiru. Važno je samo imati duhovno zrele ljude koji će voditi crkvu i upravljati njenim poslovima, pa zvali se oni đakoni ili starešine. Tokom proteklih 120 godina, u baptističkim krugovima, naročito među Južnim baptistima, model vođstva koji preovlađuje je sledeći: jedan pastor/starešina, nekolicina đakona koji mu pomažu, a svi zajedno odgovorni su odboru poverenika.

Biblija ostavlja prostora za raznolika tumačenja crkvene strukture. Primera nema mnogo, ali su svakako dosledni. Novozavetnim crkvama upravlja cela zajednica, ali njih treba da predvodi više starešina, kojima pak pomažu sluge tj. đakoni, kako bi se starešine posvetili službi Reči i molitve.[1]

U ovom odeljku razgovaraćemo o tome zašto je potrebno

---

1   Više o tome koliko Biblija podržava vođstvo starešina u upravljanju zajednicom, naći ćete u Mark Dever, *Understanding Church Leadership* (Nashville: B&H, 2012); Džerami Rini, *Crkvene starešine* (Hrišćansko udruženje Projekat Timotej, 2021), kao i u Phil Newton i Matt Schmucker, *Elders in the Life of the Church: Rediscovering the Biblical Model for Church Leadership* (Grand Rapids, MI: Kregel, 2014). Istorijske argumente baptista za istu temu naći ćete u Mark Dever, urednik, *Polity: Biblical Arguments on How to Conduct Church Life* (Washington, DC: 9Marks Ministries, 2001).

okupiti veći broj starešina i kako da ih okupimo s biblijskom mudrošću. U ovoj glavi ćemo se posebno usredsrediti na pregled biblijskih podataka i razmislićemo o tome kako nam veći broj neplaćenih starešina može koristiti.

KRATKA BIBLIJSKA POZADINA

Dela 20,17-38 pokazuju da se reči koje se prevode kao „starešine" (*presbuterous*, 17. stih) i „nadglednici" (*episkopous*, 28. stih, NSP [takođe poznati i kao episkopi]) koriste naizmenično, jer se obe odnose na osobe koje obavljaju pastirski rad (*poimainein*, 28. stih), odnosno čuvaju Božje stado. Pastor je, dakle, starešina, a starešina je episkop/nadglednik – sve tri reči se odnose na istu službu i isti pastirski rad.[2] Primetimo i da Pavle „posla u Efes i dozva crkvene [*ekklēsias*, jednina] starešine [*presbuterous*, množina]" (17. stih). Obrazac je, dakle, da svaka lokalna crkva ima više starešina.[3]

Prva Timoteju 3,1-13 pravi razliku između službe starešine (*episkopos*) i službe đakona (*diakonos*). Obe službe zahtevaju isti karakter, s tim što starešine moraju da budu u stanju i da pouče[4] – što je sposobnost koja za službu đakona nije neophodna. Štaviše, D. A. Karson je primetio da su sve osobine koje Pavle navodi kao neophodne za starešinu na drugim mestima u Novom zavetu propisane svim hrišćanima – tačnije, sve osobine, osim sposobnosti poučavanja. Stoga odmah možemo zaključiti da se starešine od đakona razlikuju po tome što je njihova ključna od-

---

2 Zapazimo naizmeničnu upotrebu termina „starešina" (presbuterous) i „vladika" (episkopon) u Titu 1,5-7 (NSP).

3 Up. sa Delima 14,23, gde Pavle i Varnava postavljaju starešine (*presbuterous*, množina) u svakoj crkvi (*kat'ekklesian*, distributivna jednina).

4 Up. sa Titu 1,9.

govornost poučavanje, dok đakon ima neke druge obaveze. Crkvi su potrebne obe službe da bismo mogli da je organizujemo, vodimo i služimo u skladu s Rečju.

Dela 6,1-4 dalje razjašnjava ovu razliku. Tu čitamo o problemu nepravilne raspodele hrane među grčkim i jevrejskim udovicama. Učenici su okupili celu zajednicu i rekli: „Ne priliči da mi zapostavimo reč Božiju i da služimo [*diakonein*] oko trpeza. Stoga gledajte, braćo, da nađete sedam osvedočenih ljudi iz svoje sredine, punih Duha i mudrosti, kojima ćemo poveriti ovu dužnost; mi ćemo se i dalje posvetiti molitvi i propovedničkoj službi [*diakonia*]" (6,2-4). Ovde jasno vidimo podelu posla. Sedmorica odabranih su „služili" (posluživali) za stolovima, tako da su apostoli bili slobodni da „posluže" Reč.

Đakoni, dakle, služe u fizičkim i finansijskim potrebama crkve i to čine na način koji smiruje podele, donosi jedinstvo pod Rečju i podržava vođstvo starešina. Bez ove praktične službe đakona, starešine neće imati vremena da se posvete molitvi i služenju Reči narodu. Starešinama su potrebni đakoni, koji služe u praktičnim stvarima, a đakonima su starešine neophodne kako bi predvodile ljude duhovno.

TEME ZA RAZMIŠLJANJE

① Pročitajte Dela 14,23. Šta nam ovaj stih govori o tome kakvu je strukturu Pavle utvrdio u crkvama koje je osnovao?

② Pročitajte najmanje po pet stihova iz nabrojanih pasusa: Dela 11,30; 16,4; 20,17; 21,18; Filipljanima 1,1; Titu 1,5; Jakovljeva 5,14; 1. Petrova 5,1. Šta možete da zaključite o broju i dužnosti starešina u lokalnim crkvama?

③ Uporedite Dela 20,17 i 28. Zatim uporedite sa stihovima iz poslanice Titu 1,5, 6 i 7. Koje se reči naizmenično koriste?

PRAKTIČNA KORIST VEĆEG BROJA STAREŠINA

Već smo pogledali neke od glavnih biblijskih razloga da pravimo razliku između starešina i đakona, videli smo kakve uloge imaju i zaključili da ih je potrebno više unutar jedne crkve.[5] Kakve su praktične koristi većeg broja starešina u jednoj crkvi? Drugim rečima, da li je vredno truda sa strukture vođstva koju čini jedan pastor i nekoliko đakona preći na strukturu s većim brojem starešina i đakona?[6] Razmislićemo o nekim prednostima koje donosi takva promena.

Pokriva eventualne slabosti pastora. Nijedan pastor nije tako darovit da sam podjednako dobro obavlja sav posao u službi. Svaki pastor ima svoje slabosti. Svima su nam potrebni drugi ljudi, koji će kompenzovati naše ljudske slabosti. Kada se okružite pobožnim ljudima čiji vas darovi, interesovanja i sposobnosti nadopunjuju, moći ćete da efikasnije predvodite ljude.

Raspršava kritiku zajednice. U modelu u kome imamo jednog pastora i nekoliko đakona sva kritika često pada samo na leđa pastora. Zajednica može pogrešno da shvati neke teške, ali neophodne odluke ili da u njima vidi pogrešne motive. U svakom slučaju, pastor uskoro postaje meta svih kritika, jer je on taj ko-

---

5   Odličan praktični priručnik za vođstvo u ovakvim promenama jeste Newton and Schmucker, *Elders in the Life of the Church*.

6   Ovde se nećemo osvrtati na pitanje većeg broja đakona. Ukoliko vas to zanima, pogledajte Mark Dever, *A Display of God's Glory* (Washington, DC: 9Marks Ministries, 2001).

ga zajednica smatra donosiocem svih odluka – a u ovakvom modelu, on to često i jeste. Međutim, u modelu s velikim brojem starešina u vođenju crkve učestvuje i izvestan broj neplaćenih starešina koje je zajednica priznala i potvrdila. To pastoru skida teret kritike s leđa, jer sada dužnosti vođstva i donošenja odluka deli cela grupa. Sada i drugi ljudi zajedno s pastorom stoje u procepu i svi zajedno preuzimaju i odgovornost i kritiku. I sama zajednica će biti spremnija da primeni teške odluke grupe plaćenih i neplaćenih starešina nego odluke koje je doneo samo jedan stalno zaposleni pastor. Tako će poverenje koje među članovima crkve uživaju priznate neplaćene starešine umnogome umanjiti kritikovanje donetih odluka.

Doprinosi pastirskoj mudrosti. Kada nam u vođenju crkve pomogne grupa pobožnih i sposobnih neplaćenih starešina, to će gotovo nepogrešivo pomoći pastorima (naročito onim mlađima) da ne govore i ne čine nepromišljene stvari ili pak da ne čine ispravne stvari na ne baš ispravan način. Niko od nas nije sveznajuć. Svi moramo da se ponizimo, podelimo teret vođstva i tražimo savete. Štaviše, mnogi od nas su nestrpljivi kada naša vizija promene treba da zaživi u praksi. Pobožne starešine mogu da nam pomognu da odaberemo tempo promene koji zajednica može da prati. Mogu da nam pomognu i da formulišemo planove, artikulišemo ciljeve i izađemo na kraj s osetljivim situacijama bolje nego što bismo to mogli da smo sami.

Vraća vođstvo tamo gde mu je i mesto. Drugim rečima, ukorenjuje ga među neplaćenim članovima. Ovo je značajno jer zajednica mora da bude u stanju da funkcioniše i nastavi da raste čak i ako se stalno zaposlenom pastoru desi nešto strašno. Nama kao plaćenim pastorima poslednje što treba je da zajednica postane toliko zavisna od nas da se crkva raspadne ako umremo, ako nas pozovu negde drugde ili ako (Bože sačuvaj) zapadnemo u težak greh. Želimo da naš rad donosi plodove čak i kad nas ne bude bilo! Ali to znači da vođstvo mora da bude ukorenjeno u neplaćenim članovima. To ćemo uraditi na najbolji i s Biblijom najusklađeniji način ako uspostavimo strukturu vođstva koja je zasnovana na mnoštvu starešina, s tim da neplaćenih starešina bude više od stalno zaposlenih.

Omogućava korektivno disciplinovanje. Bez korektivnog disciplinovanja crkva nema načina da zaštiti svoje zajedničko javno svedočanstvo od licemerja članova koji su umešani u neki skandalozni greh. Međutim, sprovođenje korektivnih mera je mnogo teže kad crkva nema veći broj starešina. Za takve disciplinske mere potrebna je struktura vođstva koja neće ustuknuti pred duhovnim pritiskom i pritiskom koji nosi poznanstvo s osobom kojoj se izriče mera. Pošto veći broj starešina uključuje i veću mudrost, raspršivanje kritike, kompenzaciju slabih strana pastora i vraćanje vođstva njegovim korenima, tako će i teret korektivnog disciplinovanja pasti na veći broj stubova. Zato je veći broj vođa ključan za sprovođenje korektivne discipline, a samim tim i za očuvanje kolektivnog svedočanstva lokalne crkve u očima nevernog okruženja.

Stišava podele tipa „mi protiv njega“. Kada između pastora i zajednice dođe do neslaganja u vezi sa smerom crkve ili zbog neke teške odluke koja će uticati na celu zajednicu, ponekad na površinu ispl.va nezdravi mentalitet „mi protiv njega“. Zbog toga pastor može da se oseti potpuno izolovano, a ponekad se ispod površine iskrenog odnosa pastora i zajednice rađa i neprijateljski stav. Naravno, i ako imamo veći broj starešina, ponekad će se jednostavno stvoriti podela „mi protiv *njih*“. Ipak, to će svakako sprečiti izolaciju pastora i rađanje antipatija – ukoliko je pastor dovoljno mudar da prihvati mudre savete. Ponavljam, pošto većí broj starešina znači i dodatnu mudrost, raspršivanje kritika, ublažavanje pastorovih slabosti i vraćanje vođstva u okvire koji mu i pripadaju, sve to će umnogome pomoći da se mina „mi protiv njega" deaktivira.

TEME ZA RAZMIŠLJANJE

① Kako mislite da bi veći broj starešina mogao da doprinese zdravlju vaše crkvene zajednice?

② Kako mislite da bi veći broj starešina bio zdraviji za vas kao pastora?

③ Navedite eventualne prepreke u postavljanju većeg broja starešina.

④ Kako biste počeli da se molite za zdravu promenu u crkvi u kojoj ste?

ZAKLJUČAK

Crkve mogu da prođu i bez starešina. To se dešava sve vreme. Ipak, biblijski obrazac je dosledan i jasne su njegove praktične koristi – i za pastora i za zajednicu. Stoga pitanje nije zašto da imamo starešine, nego *zašto da ih nemamo*? Iskreno mogu da kažem da mi je u pastirskoj službi ovde u gradu Vašingtonu najviše pomoglo to što smo prešli na strukturu sa većim brojem starešina. Kad neko predloži takav model, pastori ponekad počnu da ističu teškoće prelaska na njega. Kako izabrati starešine? Postoji li neki valjani proces koji će omogućiti da se svi slože u izboru onih koji bi trebalo da služe? U naredne četiri glave odgovorićemo na ova i druga pitanja.

15
NEKOLIKO DOBRIH LJUDI

Izgleda da pastori danas na sve strane tragaju za nečim što će im pomoći da ostvare viziju, privuku ljude, vode crkvu i promene kulturu. Tokom tog procesa često nailaze na suprotstavljena mišljenja o tome šta nam je potrebno da bismo bili vođe crkve i šta uopšte znači biti vođa. Kao što smo u prethodnoj glavi videli, starešinstvo je biblijski model vođstva unutar crkve. Pitanje koje u ovoj glavi želimo da postavimo glasi: kako da potražimo starešine i šta tačno tražimo?

UOČAVANJE PRE OBUČAVANJA

Svaki pastor je odgovoran za razvoj neplaćenih vođa u crkvi.[1] Pastori ponekad po nagonu počnu da obučavaju ljude za starešine. Drugim rečima, biraju kandidata po tome koliko redovno dolazi u crkvu i koliko je voljan da služi i primi pouku, a zatim ga nominuju i potvrđuju kao starešinu koji će ostatak posla naučiti u hodu.

---

[1] U ovom odeljku naša pretpostavka je da je svaki starešina koji vodi ujedno i starešina koji poučava – tačnije, da se u 5. glavi Prve Timoteju ne nazire razlika između ta dva položaja i da je poučavanje, u stvari, sama srž starešinske službe. Ako ste u crkvi koja pravi razliku između ove dve dužnosti i razdvaja ih u zasebne službe, onda će to svakako uticati na proces obuke.

Naravno, ovakva strategija sama po sebi nije loša. Štaviše, po-učavanje je nešto što svakako treba da radimo, a obučavanje stare-šina je sastavni deo pastirskih dužnosti (2. Tim. 2,2). Ipak, možda bi bilo mudro da, pre nego što jednostavno obukom „načinimo" ljude starešinama, najpre *uočimo* muškarce koji su već kvalifikova-ni i već obavljaju neki starešinski posao. Drugim rečima, ne tra-gamo samo za neotkrivenim potencijalom, već i za dobrim razlo-gom zašto bi neki čovek trebalo da bude starešina.

Pavle kaže: „Gresi nekih ljudi su vidni i idu pred njima na sud, a gresi nekih idu za njima. Isto tako su vidna i dobra dela, a i koja nisu – ne mogu se sakriti" (1. Tim. 5,24-25). Ove reči na-pisane su u vezi s postavljanjem starešina. Pavle poučava Timo-teja da ljude koji imaju osobine starešine – ali i one koji ih nema-ju – uoči tako što će posmatrati njihovo ponašanje.

Kada starešine *uočimo* pre nego što ih obučimo, jednostavno priznajemo da taj čovek već ima karakter starešine i obavlja stare-šinski posao, čak i ako nema tu titulu. Kad nekoga *obučavamo* i pre nego što smo kod njega uočili starešinske kvalitete, jednostavno uzimamo čoveka koji možda i ne pokazuje odgovarajuće karak-terne crte niti navike koje treba da krase jednog učenika i pokuša-vamo da ga na silu uguramo u kalup. Kad starešine ovako okuplja-mo, moći ćemo da u zajednici odmah primetimo ljude koji svojim načinom života pokazuju da već jesu starešine – ako ne po titu-li, a ono po svojim delima. Njihovi postupci dokazuju da ih Bog podiže za vođstvo u crkvi, a njihova nesebična briga za zajednič-ki život crkve ukazuje nam da poseduju osobine i zrelost stareši-ne. Takvi ljudi su kao starešine najbolji, jer starešinstvo ne shva-taju kao službu za koju se treba obučiti i obavljati je, već smatraju da je takav način života u svakom slučaju mudar i ugodan Bogu, bez obzira na zvanični položaj. Takav čovek će, pre svih drugih, biti plodonosan i veran i kad ga zvanično postavimo za starešinu. On je živeo kao starešina čak i pre nego što je stupio u službu, a verovatno će i nastaviti tako da živi čak i posle završetka službe.

Ipak, tu se odmah javlja pitanje: šta ako u našoj crkvi ne primećujemo baš previše takvih ljudi? Kakvu drugu opciju imamo, sem da ih obučavamo? U ovakvom slučaju najbolje je da jednostavno nastavimo da verno propovedamo Reč, razvijamo odnose učeništva s pojedincima, poučavamo muškarce šta znači biti zreo u Gospodu, molimo se da Gospod podigne takve muškarce i nastavljamo da ih tražimo. Možda bi trebalo da preispitamo sopstvena merila za starešinstvo – da li su možda viša nego što Biblija zahteva? Nastavimo da propovedamo. Nastavimo da se molimo. Nastavimo da razvijamo lične odnose učeništva s drugima i nastavimo da budemo strpljivi.

A šta bi to tačno trebalo da uočimo? Šta je starešina uopšte? Bilo bi dobro da najpre razjasnimo neke uobičajene predrasude.

ŠTA STAREŠINA *NIJE?*

Bblijski starešina nije jednostavno stariji muškarac. Mnogi pobožni stariji muškarci nemaju karakterne osobine potrebne za biblijsko starešinstvo. Nadam se da će Gospod blagosloviti našu crkvu većim brojem takvih ljudi! Međutim, običan protok vremena, čak i kad ga spojimo sa sve većim brojem članova u crkvi, nije dovoljan da zadovolji zahteve navedene u Prvoj Timoteju 3 i Titu 1. Štaviše, postoje tridesetogodišnjaci (pa čak i mlađi) koji su za službu starešine kvalifikovaniji od nekih duplo starijih muškaraca. Sámo životno iskustvo nije dovoljna kvalifikacija za starešinu.

Biblijski starešina nije jednostavno uspešan poslovni čovek. Štaviše, ponekad su upravo principi ili karakterne crte pomoću kojih se ti ljudi penju na vrh poslovne lestvice ono što ih vraća na prvu prečku lestvice vođstva u crkvi.[2] Ne tragamo za ljudima koji „znaju šta hoće i znaju kako to da postignu". Ne tragamo ni za ljudima koji umeju da organizuju druge, prikupljaju novac, penju se po lestvici i sklapaju ugovore. Vođstvo u crkvi je u samoj svojoj osnovi potpuno drugačije od vođstva u poslovnom svetu (Mk. 10,35-45; Jn. 13,1-17). Crkva nije samo nekomercijalna organizacija. Ona je telo Hristovo i kao takva je sasvim jedinstvena kolektivna institucija. Deluje po principima karakteristične hrišćanske doktrine, nesebičnog služenja, svetosti, vere, nade i ljubavi. To, naravno, ne znači da je nemoguće istovremeno biti biblijski kvalifikovani starešina i uspešni biznismen, već jednostavno da uspeh i vodeći položaji u poslovnom svetu ne garantuju nužno uspeh i u upravljanju lokalnom crkvom.

Biblijski starešina nije samo neki aktivan član zajednice. Izbor na neki položaj u opštini ili gradu je za svakog hrišćanina velika čast i jedinstvena prilika za širenje evanđelja, ali takvo dostignuće nije ni neophodno ni dovoljno da ispuni uslove za službu starešine. Čovek može da bude predsednik saveta roditelja, trener u nekom klubu, odbornik u opštini ili vođa izviđača, a da i dalje nema potrebne kvalifikacije za starešinu. Služenje zajednici svakako nije smetnja nečijim kvalifikacijama, ali kad tragamo za nekim ko bi mogao da ispuni biblijske zahteve, ono samo po sebi ne može da nam bude glavni kriterijum.

Biblijski starešina nije jednostavno „moj dobri komša". To što trideset i više godina živimo u istom mestu i imamo iste prijatelje, s kojima čak možda idemo u istu crkvu, ne znači da su oni kvalifi-

---

2   Na primer, vole novac, skloni su raspravama, nisu blagi, ne upravljaju dobro svojim domaćinstvom (1. Tim. 3,1-7).

kovani za starešine. Starešinska služba u lokalnoj crkvi ne bi trebalo da zavisi od toga da li je kandidat spreman da „izađe malo na basket", da li pripada određenoj društvenoj grupi ili je iz određenog dela zemlje (ili grada). Dopadljivost često ume da prevari.

Biblijski starešina nije žena. Kriterijum iz Prve Timoteju 3,1-7 i Titu 1,6-9 potvrđuju da crkvu vode muškarci. Služba starešine zahteva da oni koji je vrše budu u stanju da poučavaju. Poučavanje je autoritativni čin, a ženama je u crkvi zabranjeno da imaju autoritet nad muškarcima (1. Tim. 2,9-15). Pavle korene te zabrane smešta u poredak stvaranja o kome čitamo u Prvoj Mojsijevoj 1 i 2: Adam je stvoren pre Eve, što nam otkriva da je Bog Adamu dao poglavarstvo nad njom. Oboje su podjednako stvoreni po Božjem obličju, a Bog im je dao različite, međusobno nadopunjujuće uloge i u domu i u crkvi.[3]

Biblijski starešina nije političar. Biblijska služba starešine ne dobija se glasanjem. Međutim, čovek koji je obavlja ne bi trebalo da bude neko ko je u otvorenoj ili prikrivenoj kampanji niti neko ko otvoreno promoviše određene političke stavove u lokalnoj crkvi.

TEME ZA RAZMIŠLJANJE

① Kako se u vašoj crkvi biraju vođe? Koji kriterijumi preovlađuju? Zašto baš oni?

② U šta čovek treba da veruje da bi bio starešina u vašoj crkvi?

---

3 Raspravu o ulogama polova u trenutnom životu evanđeoskih crkava naći ćete u *9Marks Journal*, „Complementarianism: A Moment of Reckoning", decembar 2019. Posebnu obradu stihova 1. Timoteju 2,9-15 naći ćete u Andreas Köstenberger, Thomas Schreiner i H. Scott Baldwin, urednici, *Women in the Church: A Fresh Analysis of 1 Timothy 2:9–15* (Grand Rapids, MI: Baker, 1995).

ŠTA STAREŠINA *JESTE?*

Šta je onda starešina? Na to možemo odgovoriti najpre pomoću opisa službe, a potom i opisom samog čoveka. Služba starešine je osmišljena za vođstvo crkve putem poučavanja Reči.[4] Karakter čoveka koji je kvalifikovan za tu službu opisan je u stihovima Prva Timoteju 3,1-7 i Titu 1,6-9. Starešina je jednostavno čovek uzornog karaktera nalik Hristovom, koji je u stanju da predvodi Božji narod tako što ga poučava Božjoj Reči na način koji narodu donosi duhovnu korist. Zato, dakle, tragamo za muškarcima koji *ispoljavaju* uzoran karakter i *pokazuju* sposobnost i plodonosnost u poučavanju Božje Reči.[5] Ova definicija bi mogla da posluži kao dobra duhovna sličica profila čoveka koga tražimo za službu starešine.

KVADRANTI KVALIFIKACIJA

Ako hoćemo da bolje razmislimo o kriterijumima u izboru vođa, u tome nam mogu pomoći kvadranti na slici 15.1. Ponavljamo, poziv u službu starešine je poziv na vođstvo putem biblijskog poučavanja. To znači da vam je u najmanju ruku potreban čovek koji će pre svega imati duboko, biblijsko razumevanje osnova hrišćanske teologije i evanđelja. Oblasti o kojima najpre treba razmisliti su autoritet i dovoljnost Pisma, Božja suverena vlast, Hristovo božansko poreklo, iskupljenje i spasenje isključivo u njemu. Čoveka koji se koleba u ovim osnovama biblijske doktrine ne bi trebalo uzimati u obzir za vođu, koliko god da je talentovan i dopadljiv. Reč gradi crkvu i zato nije zdravo da se bilo ko od naših starešina

---

4   Ovo je drugačije od službe đakona, koja je osmišljena kao služba koja se bavi fizičkim i finansijskim pitanjima zajedničkog tela crkve.

5   O tome šta „kadar poučiti" znači podrobnije ćemo razmišljati u 16, glavi, a o praktičnoj nužnosti pobožnog karaktera u 17. glavi.

ograđuje od nekih osnovnih hrišćanskih istina.

Kad utvrdimo da kandidat ispravno razume i prihvata osnovne doktrine Biblije, obično želimo da potvrdimo da deli ista shvatanja i kad je reč o posebnim crtama doktrine – u našem slučaju je to, na primer, neophodnost da se vernik krsti kako bi postao član lokalne crkve. Takva shvatanja nisu nužna za spasenje, ali su važna za to kako ćemo odlučiti da vodimo život zajedno kao crkva. Te osobenosti će, naravno, varirati u zavisnosti od kongregacije. Ipak, princip je u tome da vođe zajednice treba da razumeju i svesno zastupaju doktrine koje posebno odlikuju lokalnu crkvu. Starešine moraju da se slažu u tim stvarima kako bi ostale jedinstvene i bile u stanju da složno vode zajednicu.

Suštinska teologija
➢ Autoritet i dovoljnost Pisma
➢ Božja suverena vlast
➢ Hristovo božansko poreklo i jedinstvenost
➢ Iskupljenje

Osobenosti u doktrini
➢ Krštenje vernih
➢ Kongregacionalizam

Ljubav prema zajednici
➢ Redovno dolaženje
➢ Nesebični odnosi učeništva
➢ Neprekidno služenje

Kulturološke osobenosti
➢ Uloge polova u domu i crkvi
➢ Protivljenje homoseksualnosti

Slika 15.1 – Kvadranti kvalifikacija

Treće, mnogo će nam pomoći i ako je kandidat dovoljno hrabar da se usprotivi kulturi kad je reč o nekim jasnim biblijskim pitanjima, kao što je uloga žena u crkvi. Starešina u zajednici mora da bude primer snage i da u oblastima u kojima se Hristos i vladajuća kultura sukobljavaju bude spreman na način života suprotstavljen toj opšte prihvaćenoj kulturi. Ako čovek, kao starešina, popusti pred pritiskom kulture i ublaži neke jasno definisane biblijske stavove, njegov primer i pouka će na kraju dovesti do toga da crkva počne da liči na svet.

I konačno, moramo biti u stanju da na osnovu ličnih odnosa koje je uspostavio u crkvi zaključimo da kandidat voli zajednicu. Njegovu ljubav prema drugim članovima crkve treba da primetimo u činjenici da je već bio uključen u neku vrstu starešinskog posla čak i pre nego što je dobio tu titulu. Zato bi bilo razumno očekivati da čovek u kome smo prepoznali starešinu jeste muškarac koji redovno dolazi u crkvu, uspostavlja odnose s drugima radi njihovog duhovnog dobra i što je vernije moguće služi crkvi.

TEME ZA RAZMIŠLJANJE

① U čemu je razlika između uočavanja starešina i obučavanja starešina?

② Zašto je starešine bolje najpre uočiti, a ne obučavati ?

③ Ko bi u vašoj crkvi mogao da bude kvalifikovan za službu starešine?

ZAKLJUČAK

U dinamici neprestanog duhovnog rasta i zdravlja crkve, njeno vođstvo igra jednu od najvažnijih uloga. Kad crkvom upravljaju biblijski kvalifikovani muškarci koje krasi karakter i veština, onda je to i dubok i širok blagoslov za jedinstvo, svetost i duhovni rast crkve. Ili ako to kažemo donekle u negativnom obliku, kad bismo se jednostavno potrudili da starešine postanu jedino muškarci koji su po Bibliji kvalifikovani, izbegli bismo *veliki broj* potencijalnih grešaka i nevolja.

Zato je izbor starešina ključno vreme u životu crkve koja se razvija – i to u tolikoj meri da ćemo i na narednim stranama govoriti o tome kako da procenimo karakter, sposobnost i pogodnost potencijalnih starešina.

16
PROCENA

Crkva je najčešće zrela onoliko koliko su zrele njene vođe. To ne mora uvek da bude tako, ali uglavnom jeste. Iz toga možemo zaključiti da odabir starešina može umnogome da pomogne, ali i odmogne sazrevanju i rastu zajednice. Zrele i sposobne vođe su model pobožnog ponašanja i zdrave nauke, što svakako pomaže rastu i zdravlju zajednice. Isto tako, nezrele vođe nevične poučavanju biće primer ne baš besprekornog ponašanja i učiće druge doktrini koja možda i nije po Božjoj volji, što će, opet, sprečiti sazrevanje članova jer neće moći da čuju zdravu nauku niti da je vide u životu svojih vođa. Pastori zato moraju da shvate da je izbor starešina ključan za zdravlje crkve kao tela. Taj proces se *mora* odvijati u skladu s biblijskim kriterijumima i *mora* da se odvija na mudar, strpljiv i dopadljiv način. U ovoj glavi ćemo ukratko razmotriti kako treba da procenimo karakter, sposobnost i pogodnost potencijalnog starešine. U 17. glavi ćemo govoriti zašto je karakter posebno važan, a u 18. glavi ćemo proći kroz proces postavljanja novih starešina.

PROCENA KARAKTERA

Dobrog kandidata za službu starešine prepoznaćemo po ponašanju (1. Tim. 5,24-25), jer je ponašanje odraz karaktera, a karakter je umnogome upravo ono što čini starešinu.

Ugled među ljudima spolja je svakako važan uslov (3,7), ali to ne bi trebalo da opravda nominovanje nekog čoveka za starešinu jednostavno zato što pošteno obavlja svoj posao u zajednici. Možda zaista i jeste ugledan poslovni čovek, ali da li voli da se prepire? Da li u bilo čemu preteruje? Da li je njegov dom gostoljubiv, da li je velikodušan kad je reč o finansijama? Da li je blag u govoru i ponašanju? Da li voli novac, da li mu je na prvom mestu, da li za sebe zadržava velike količine ili ga neštedimice troši isključivo za svoje potrebe? Da li ume da se kontroliše? Da li je ljubazan sa svima? Da li je strpljiv kad mu neko nanese nepravdu? Sva ova pitanja možemo direktno da izvučemo iz kriterijuma navedenih u Prvoj Timoteju 3,1-7 i Drugoj Timoteju 2,24-25.

TEME ZA RAZMIŠLJANJE

① Pročitajte Prvu Timoteju 3,1-7. Zašto je za starešine posebno važno da budu blagi, a ne svadljivi?

② Pročitajte Drugu Timoteju 2,24-25. Zašto je važno da starešine ne budu zlopamtila?

I na drugim mestima u Bibliji ćemo naći mudrost koja će nas uputiti koje životne navike su kod čoveka dokaz da ima srce starešine. Da li taj čovek pokazuje ljubav prema Bogu i crkvi tako što, kao posvećeni član crkve, redovno dolazi na njene sastanke (Jev. 10,24-25; Jn. 13,34-35; 1. Jn. 4,20-21)? Da li svojim ophođenjem prema drugima i razgovorom s njima doprinosi zajedničkom duhovnom zdravlju crkve (Fil. 2,1-5; Ef. 4,29)? Da li svojim rečima gradi druge tako što naglašava dokaze Božje blagodati koje kod njih vidi ili ih unižava neprekidnim kritikovanjem? Da li se sastaje s mlađim hrišćanima koji imaju probleme kako bi im pružio duhovnu pomoć (Jez. 34)? Da li pazi na duhovni život drugih (Dela 20,28)? Da li se redovno moli za crkvu i njene članove? Da li je u stanju da jasno i redovno deli evanđelje s nevernima? Raste li u poznanju Boga i da li je njegova služba u crkvi plodonosna (Kol. 1,9-14)? Da li u crkvi podstiče jedinstvo ili razdor? Da li pokazuje pobožnu mudrost koja je „čista… pre svega, zatim miroljubiva, blaga, prilagodljiva, puna milosti i dobrih plodova, odlučna, nelicemerna" (Jak. 3,17)? Da li taj čovek pokazuje poniznost mudrosti tako što prihvata kritiku ili je ponosit i zadrto se drži svojih shvatanja (Priče 12,1)? Ukratko, da li taj čovek daje primer ostalim članovima crkve „u reči, u vladanju, u ljubavi, u veri, u čistoti" (1. Tim. 4,12; up. sa 1. Pet. 5,1-5)?[1] Ako nije tako, najbolje je biti strpljiv i nastaviti potragu.

Ovakva pažljivost je odgovor na Pavlovo naređenje Timoteju: „Ruke ne polaži brzo ni na koga i nemoj da učestvuješ u tuđim gresima; drži sebe čista" (1. Tim. 5,22). Bolje je biti strpljiv i sačekati da Bog podigne druge starešine, nego deliti krivicu zbog grešaka u vođstvu koju su napravili prerano postavljeni muškarci (up. sa Jev. 13,17).

PROCENA SPOSOBNOSTI

Dok procenjujemo nečiji karakter, treba da procenimo i njegovu sposobnost da pouči. Naravno, potrebno je da i pre nego što

---

[1] Treba da bude jasno da niko neće savršeno ispuniti ove kriterijume. Međutim, to su pitanja koja treba da postavljamo i to su osobine koje treba da tražimo. U 17. glavi ćemo videti zašto posao starešine zahteva da ove karakterne crte budu što snažnije izražene u kandidatu.

ga postavimo pred zajednicu da je poučava budemo do izvesne mere uvereni u valjanost njegovog karaktera. Zato to mora da bude član koji redovno dolazi u crkvu, koga očito zanima zajednički život crkve i uključen je u njega, da nema neku karakternu manu koja bi mogla da ga dovede u središte javnog skandala, kao i da veruje u ispravnu doktrinu. To mora da bude čovek koji redovno čita Bibliju i moli se, vernog i poslušnog evanđeoskog svedočanstva na poslu i svetog načina života. Kad prikupimo te osnovne informacije o ličnosti, s pravom možemo da tom čoveku, bio mlad ili star, pružimo priliku da isproba svoj dar poučavanja, a to je ujedno i za nas prilika da ga testiramo. Takav vid isprobavanja je u skladu s Prvom Timoteju 3,10: „Pa i ovi [đakoni] da se prvo ispitaju, pa onda da vrše službu – ako su besprekorni." Ako đakoni moraju da se ispitaju kao sluge u fizičkim i finansijskim stvarima crkve, onda je valjano i neophodno zaključiti da je i potencijalne starešine potrebno ispitati da bi se utvrdilo jesu li pogodni i sposobni da služe Reč.

A šta znači to da treba da budu „kadri poučiti" (1. Tim. 3,2)? Mnogi smatraju da takvo poučavanje sigurno podrazumeva zvanično, javno ekspozicijsko propovedanje. To može biti tačno, ali ovo nije nužna niti isključiva definicija toga šta znači biti „kadar poučiti". Sposobnost poučavanja Reči jednostavno znači da je čovek u stanju da precizno objasni Pismo drugim ljudima tako da im ono bude na duhovnu dobrobit. On bi drugima u zajednici trebalo da bude poznat kao čovek kome mogu da se obrate ako im je potrebno da im se razjasni neki deo Pisma. To može da znači i da je čovek darovit za propovedanje, ali i da ima efikasnu i utemeljenu službu učeništva unutar crkve, u okviru koje pojedincima objašnjava Pismo i tako im pomaže da napreduju u hrišćanskom znanju, ljubavi i donošenju plodova. To može da znači da je dobar u pisanju rasporeda, kao učitelj ili vođa male grupe. Ako ovako shvatimo sposobnost poučavanja, uviđamo kako neke starešine jednostavno češće nego drugi završe u nekom vidu *javnog* poučavanja. Međutim, radi razvoja njihovog autoriteta u zajednici, mudro je odabrati muškarce koji su, u najmanju ruku, spremni da javno poučavaju i koji za to pokazuju bar malo interesovanja i sklonosti. Opet, sav autoritet u crkvi pripada Isusu Hristu i on taj autoritet posredstvom svoje Reči daje svojim „potpastirima“. Starešina ne mora nužno da bude sposoban za makar i povremeno javno poučavanje da bi se videlo da njegov autoritet potiče od poznavanja i dobrog razumevanja Božje Reči (a ne iz snage njegove ličnosti ili uspeha u poslovnim poduhvatima).

Časovi obrazovanja odraslih i večernje službe nedeljom su obično najbolje vreme da se nečiji dar poučavanja proveri. I vođenje male grupe ili stažiranje kod vođe neke male grupe takođe nam može pomoći da shvatimo da li je neko u stanju da poučava. Ipak, davanje takvih prilika ne mora u krajnjoj liniji biti korisno ukoliko časovima ili službi ne prisustvuje neko kvalifikovan – neko ko će moći da posmatra tu osobu dok poučava i nakon toga joj pruži konstruktivnu kritiku koja će joj pomoći u daljem osposobljavanju.[2]

---

2   Možda bi bilo mudro nedeljom uveče organizovati nezvaničnu „procenu službe“. To će omogućiti davanje i prihvatanje konstruktivne kritike i ohrabriti one koji su vodili nedeljne službe ili poučavali na časovima za odrasle. Razmislite o tome da možda pozovete učitelje i starešine koji su im prisustvovali da dođu kod vas nedeljom uveče radi jednog takvog sastanka. Konstruktivnu kritiku možemo dati i primiti ako se jednom nedeljno nađemo nasamo s nekim na ručku. Mi smo za „Procenu službe“ odvojili vreme nedeljom uveče. Zahvaljujući tome, neplaćeni učitelji, ali i potencijalne starešine, mnogo su bolje radili, što je na kraju imalo ogroman značaj za crkvu.

Takođe bi bilo pametno i da posmatramo koliko često i efikasno taj čovek čini duhovno dobro drugim članovima ili posetiocima tako što je gostoljubiv prema njima (1. Tim. 3,2), koliko je uključen u razvijanje odnosa učeništva s mlađim muškarcima, da li mogu da se oslone na njega i polažu mu račune i koliko im je on primer pobožnog ponašanja. O svim ovim stvarima bi slobodno trebalo da ispitamo i kandidata i ostale u zajednici.[3] Kad članove pitamo za mišljenje u vezi s ovim, to je znak poniznog vođstva koji nam može pomoći da donesemo mudrije i utemeljenije odluke o tome koga da predložimo zajednici kao potencijalnog starešinu.

PROCENA UKLAPANJA

Kad smo ispitali karakter i sposobnosti kandidata, vreme je da ocenimo i da li bi se dobro uklopio među trenutne starešine. Ovde dominiraju dva važna pitanja, a to su darovi/pasije i stil komunikacije, to jest kako se poklapa s ostalim starešinama.

Kad je reč o darovima i pasijama, u starešinstvu je uvek dobro imati ravnotežu. Među našim starešinama, jedan je neobično nadaren i motivisan za misiju, jedan ima naglašeni talenat za administraciju, jedan je pedantan u pitanjima teologije i procedura, jedan je vizionar s velikim planovima za učeništvo i propovedanje, jedan je vešt u brzom donošenju odluka i tako dalje. Poenta je u tome da neplaćene starešine nadopunjuju slabosti glavnog pastora koji poučava, a i nemaju sve starešine iste slabe strane. Kad bi svi bili neobično nadareni za istu stvar, onda bi

---

3 Kad tražimo mišljenje drugih, izbegavamo da takva pitanja javno označimo kao „anketu", jednostavno zato što bi to moglo navesti manje zrele članove da rezultate tretiraju kao demokratski izabrano rešenje koje se mora primeniti.

druga važna pitanja gotovo neizbežno bila zanemarena u procesu rutinskog donošenja odluka.

Kad je reč o stilu komunikacije, bilo bi dobro proveriti kako potencijalni starešina razgovara s ostatkom grupe. Da li nastupa samouvereno i uporno ili okleva i lako odstupa? Da li obično čuje sve predloge pa onda iznese svoje mišljenje ili uglavnom on prvi deli svoje ideje s ostalima? Da li podstiče dogovor tako što izdvaja slične misli i stavove drugih ili ističe značajne razlike među njima? Da li je tip osobe koja najpre prati druge ili je nezavisan u svojim razmišljanjima; da li svojim suprotstavljanjem unosi ravnotežu ili razdor i tako dalje.

Naravno, da biste shvatili kako njegovi obrasci komunikacije i darovi utiču na ostale starešine, moraćete lično da vidite kako komunicira s njima. Zato bi bilo dobro da potencijalne starešine pozovete na jedan ili više sastanaka starešina, što će biti neka vrsta probe na kojoj ćete moći da posmatrate kako njihovo prisustvo doprinosi dinamici razgovora. Da li ono prosvetljuje, pomaže, sjedinjuje, izgrađuje i da li je produktivno? Da li kandidat možda više smeta i nameće se ili je pak previše tih, skriven i uopšteno ne tako koristan koliko smo se nadali?

U našoj crkvi smo se nezvanično dogovorili da starešine treba jednoglasno da se slože pre nego što nominuju novog starešinu i stave predlog zajednici na glasanje. Taj dogovor je tek mera opreza – nismo ga zapisali u naš ustav. Ali recimo da Tom, koji je trenutni starešina, zapazi da Bil, potencijalni novi starešina, nije kvalifikovan za tu službu. Bil je svejedno nominovan, a zajednica to potvrđuje. Tom će možda moći lepo da sarađuje s Bilom, čak i ako misli da ovaj nije kvalifikovan. Međutim, Tomovo neslaganje s odlukom da se Bil nominuje otvara mogućnosti za bespotrebno neslaganje unutar grupe, koje na kraju može naneti štetu jedinstvu među starešinama, a možda čak i unutar same zajednice.

ZAKLJUČAK

Nadam se da smo pomogli da shvatite da tokom procesa procene kandidata za starešinstvo vaše vodilje treba da budu najpre osobine koje po tom pitanju navodi Biblija. Koliko god da se dobro potencijalni kandidat „uklapa" u trenutno vođstvo, to uklapanje će se pokazati kao lažno ako kandidat nije kvalifikovan – i po karakteru i po sposobnostima. Izgradnja zdrave crkve je u velikom delu zapravo uspostavljanje biblijske strukture vođstva i popunjavanje te strukture biblijski kvalifikovanim ljudima. Ovde nije reč samo o tome da treba da budemo praktični, već da promišljeno na osnovu Biblije utvrdimo kako treba da se organizujemo, šta smatramo preduslovima koje hrišćanske vođe moraju da ispune i, samim tim, koga ćemo primetiti kao potencijalnog vođu.

Kad je reč o proceni potencijalnih starešina, ta promišljenost se ogleda u postavljanju specifičnih biblijskih pitanja o njihovom karakteru i sposobnostima, a ne samo o ličnosti, ugledu u poslovnom svetu, političkoj oštroumnosti ili sličnom. Promišljena crkva je ona koja pažljivo dopušta Božjoj Reči da upravlja i potragom za kandidatima i procenom ko bi mogao da služi kao starešina.

17
ZAŠTO JE KARAKTER KLJUČAN

Bilo bi lako da svim potencijalnim kandidatima – pa možda i sami sebi! – stalno utrljavamo na nos Prvu Timoteju 3,1-7. Ako ove zahteve najbukvalnije shvatimo, očito niko ne bi bio kvalifikovan za starešinu, jer niko ih ne ispunjava savršeno ni u misli ni u reči niti svojim držanjem i postupcima. Zato je sasvim prikladno da vas upozorimo: ne postavljajte nerealne standarde.

S obzirom na rečeno, slažemo se sa D. A. Karsonom, koji često primećuje da je kod biblijskih preduslova za starešine najneobičnije to što uopšte nisu toliko neobični. Svakako ne tražimo previše ako nam treba čovek koji ume da se kontroliše, koji nije zavisan od alkohola ili novca, koji može da se obuzda, koji je blag, strpljiv, veran ženi, odnosno živi čisto ako je samac i tako dalje.

Takođe, za posao starešine su ove karakterne osobine zapravo neophodne. U ovoj glavi ćemo zastati da razmislimo šta to u poslu starešine zahteva da i karakter i ponašanje budu „besprekorni" (1. Tim. 3,2, NSP).

DAVANJE PRIMERA

Karakter je toliko bitan iz jednog važnog, praktičnog razloga: za rad starešine glavno je to što je on svima drugima primer pobožnosti.

On treba da bude „*primer* vernima u reči, u vladanju, u ljubavi, u veri, u čistoti" (1. Tim. 4,12). Božje stado treba da predvodi „dragovoljno... i ne kao gospodari nad onima koji su vam dodeljeni, nego... [kao] primer stadu" (1. Pet. 5,2-3; up. sa Titu 2,7-8). Pavle je pisao Solunjanima: „...kao što znate kakvi smo bili među vama *vas radi.*" A njegov promišljeni primer je bio delotvoran, jer su se ljudi u toj crkvi „*ugledali* na nas i na Gospoda" (1. Sol. 1,5-6). Starešine pre svega predvode svojim primerom.

Primer koji daju starešine važan je da bi zajednica stvorila predstavu o tome kako izgleda duhovna zrelost. Starešina zajednici može da bude dobar ili loš primer, ali će joj svakako biti primer. Kad starešine svima budu primer svetog načina života, blagog govora, nesebičnog odnosa sa ljudima, zdrave nauke i pažnje prema drugim članovima zajednice, i sama crkva će osetiti podsticaj da na isti način shvata pobožnost, a propoved će biti ilustrovana njenim dirljivim prikazima. I obratno – ako starešina daje primer svojim upitnim načinom života, sklonošću ka raspravljanju i brigom za sopstvene potrebe, time će crkvi poslati poruku da je pobožnost upravo takva, a lažna predstava zrelosti koju takav starešina pruža biće u kontrastu s onim što propoveda.

Primer koji daju starešine je značajan i za razvoj zajedničkog svedočanstva crkve u njenoj sredini. Kad članovi crkve slede primer svojih vođa, njihovo ponašanje obično postaje ili sve više po Božjoj volji ili pak sve manje – u zavisnosti od samog primera. Primer starešina će u crkvi začeti zajedničku kulturu koju će, bar donekle, zalivati upravo karakter, govor i ponašanje tih vođa. Tokom vremena, ta zajednička kultura će svima postajati sve vidljivija, jer su članovi crkve u kontaktu s ljudima iz okruženja i predstavljaju im primer hrišćanstva.

Po čemu će za deset godina vaša crkva biti poznata u zajednici? Da li po izrazito hrišćanskoj ljubavi, svetosti i nauci? Ili će jednostavno biti odraz kulture? Odgovor velikim delom zavisi od karakternog primera koji postavljaju starešine. Da li su oni sami primer izrazito hrišćanske ljubavi, svetosti i nauke? Ili su jednostavan odraz kulture?

TEME ZA RAZMIŠLJANJE

① Pročitajte stihove Jezekilj 34,1-10. Šta pastiri Izrailja nikako nisu uspevali da urade?

② Šta ovaj odlomak znači za pastirsku službu danas?

SASTANCI

Budimo iskreni: sastanci starešina mogu da budu prilično nepredvidljivi. Zajedničko odlučivanje o procentima budžeta, disciplinskim merama, pa čak i smeru crkve može ozbiljno da iskuša strpljenje i blagost čak i kod najboljih. To je jedan od razloga zbog kojih bi trebalo da se postarate da se razgovor o takvim temama vodi samo među muškarcima pobožnog karaktera opisanog u Prvoj Timoteju 3,1-7 i Titu 1,6-9.

Kriterijum nesvadljivosti je ovde posebno značajan (1. Tim. 3,3; 2. Tim. 2,24). U našim krugovima starešinsko telo obično čini tri do dvanaest muškaraca. Znamo da u nekim crkvama može da bude i mnogo veće (naročito u onima koje imaju zasebne starešine koji poučavaju i starešine koji upravljaju). Kad se čak i samo pet ili šest ljudi okupi da raspravi o pitanjima vezanim za brigu o članovima ili da napravi plan za širenje evanđelja, zrelo iznošenje uverenja i mišljenja postaje veoma značajno. Mnoga starešinska tela doživela su bespotrebne podele jednostavno zato što neki od muškaraca postavljenih u službu starešine i dalje nisu bili u stanju da svoja ubeđenja i stavove iskažu bez svadljivosti i uzrokovanja podela. Blagi duh koji promišljeno bira reči, ton i perspektivu, pa makar i ne bio baš najobrazovaniji ili najrečitiji u grupi, mnogo je bolji od onih koji su možda i učeni i rečiti, ali skloni raspravi.

Blagost (1. Tim. 3,2) takođe ima veliki značaj na sastancima starešina. Svaki starešina treba da bude u stanju da u teološki i emocionalno napetim situacijama razgovara razumno i hladne glave. Pavle podstiče Timoteja: „Budi trezven u svemu" (2. Tim. 4,5). Na takvo ponašanje pozvan je svaki starešina. Kratak fitilj i nezauzdan jezik su doslovno vesnici svađe, ali čovek koji je spor na gnev, baš kao i njegov Gospod, neprocenjivo je vredan kad u nekom zagrejanom razgovoru pritisak greha počne da se pojačava.

Ništa od ovoga, naravno, ne znači da neko ko je bujnog karaktera upravo zbog tih svojih snažnih emocija nikako ne može da postane starešina. Neki od naših starešina su očigledno takmičarski nastrojeni, nepopustljivi u svojim stavovima i vrlo poletnih osećanja. Ipak, kad diskusija postane osetljiva, svi su oni u stanju da kontrolišu i svoj temperament i svoj jezik. Starešine se sastaju redovno i zato birajte pažljivo. Izaberite muškarce koji će umeti da se snađu u razgovorima u kojima bi oni koji nisu kvalifikovani bacili ljagu na sopstveno svedočanstvo ili uzrokovali neslogu svojim ponašanjem.

VELIKI SASTANAK

Za starešine je karakter od najveće važnosti iz još jednog, najubedljivijeg razloga, a to je njihova odgovornost pred Bogom. Starešine su ljudi koji moraju da „polože račune" Bogu za to kako su nadgledali njegovo stado (Jev. 13,17). Ako ti zemaljski pastiri idu korakom koji je naporan za ovce, ako su grubi prema stadu i nemaju milosti i saosećanja ili ako ne obavljaju verno svoje dužnosti i nisu sveti primer hrišćanskog života, Veliki pastir će sve to videti i smatraće ih odgovornima (Jer. 23,1-4).

Kao učitelji, starešine će „utoliko većma biti osuđeni" (Jak. 3,1), iz čega zaključujemo da će Bog, u izvesnom smislu, za učitelje imati neka viša merila svetosti. Ako čovek ima dar za javno poučavanje, a drugi ga ipak znaju kao svadljivu osobu nečistog jezika ili nezajažljivu, onda baš i ne bi bilo pametno predložiti ga za starešinu. Kod nezrelih učitelja licemerje je najvidljivije. Ako dozvolimo nezrelima da poučavaju i budu uzor doktrine koja nije po Božjoj volji, onda smo i mi krivi što oni ne izvode Božje stado na zelenu pašu; zato smo i mi meta njegovog snažnog očinskog nezadovoljstva (1. Tim. 5,22; Jer. 23,9-40; Jez. 34).

Pavle je bio svestan da će doći dan kada će ga njegov veliki Učitelj lično oceniti. Upravo o tom predstojećem sudnjem danu on govori kad poziva crkvu u Korintu da reši razmirice u vezi s tim ko koga treba da krsti. On kaže:

Ja pak ni malo ne marim što me osuđujete vi ili ljudski sud, a ni sam sebi ne sudim. Jer ne znam da sam što kriv, ali time još nisam opravdan. Nego Gospod je taj koji meni sudi. Stoga nemojte da sudite ništa pre vremena − dok ne dođe Gospod, koji će osvetliti što je skriveno u tami i obelodaniti odluke naših srdaca; i tada će svako primiti od Boga pohvalu (1. Kor. 4,3-5; up. sa 2. Kor. 5,9-10).

U okviru ovog uputstva Korinćanima da se okanu svog strančarenja, Pavle otkriva da je svestan sopstvene odgovornosti pred

Bogom, koja ga je oslobodila od robovanja onome što će ljudi re-
ći (tačnije, straha od čoveka) i motivisala da se pokaže kao verni
pobožni vođa. Pavle je, znajući za tu odgovornost pred Bogom,
mogao da na kritike i osude ljudi reaguje s božanskom strpljivo-
šću, umesto s gorčinom ili besom.

TEME ZA RAZMIŠLJANJE

③ Pročitajte 23. glavu Knjige proroka Jeremije. Kakav su
zadatak imali pastiri i proroci?

④ Zašto nisu uspeli da budu poslušni Bogu u dužnosti ko-
ju im je poverio?

⑤ Koji aspekt svog karaktera Bog zbog toga naglašava svo-
jim slugama u stihovima 23-24?

⑥ Koji zaključak bitan za pastore danas možemo da izvu-
čemo iz ove glave?

Svaki starešina treba da shvati da će njegovu službu oceniti
sam Bog, a ne tuđa mišljenja i reakcije. Tog dana Bog će „osvet-
liti što je skriveno u tami i obelodaniti odluke naših srdaca" (1.
Kor. 4,5). Tada će biti razotkrivena svaka misao starešine, svaki
njegov motiv, želja, naklonost i odluka, svaka nedostojna stvar
koju je promrmljao ili čak i pomislio; sve će se to naći pred oči-
ma njegovog Boga i Gospodara. Ako starešina zna da će Bog
oceniti i njega i njegovu službu, to će mu biti vrhunska motiva-
cija za uredan i pobožan život.

ZAKLJUČAK

Slava Bogu zato što nam je uračunata Hristova pravednost! Bez
nje niko nikad ne bi bio dovoljno dobar da postane starešina u

Božjoj crkvi. Ipak, ako želimo promišljenu crkvu, to delimično znači i da treba da pažljivo i uz pomoć Biblije odlučimo ko može da postane starešina i zašto. Nijedna crkva nije savršena, tako da i vi možete napraviti grešku (pa i više njih!) tokom procesa pronalaženja osoba kvalifikovanih za službu starešine. Međutim, starešine koje pokazuju pobožni karakter ogroman su blagoslov za crkvu – ponajpre zato što žive uzornim hrišćanskim životom koji ostali članovi mogu da oponašaju dok slede Hrista.

Pobožne starešine nisu samo primer, već svojim umećem pažljivog smirivanja potencijalno osetljivih pitanja sprečavaju i razdore. Pošto su ponizni, ne vređaju se tako lako; pošto su sveti, drugi imaju poverenja u njih; pošto govore blago, ljudi će lakše saslušati njihove ispravke i kritike, a njihova gostoljubivost pruža ljudima okruženje u kome mogu da se duhovno ohrabre i izgrade. Promišljeni izbor pobožnijih vođa nije važan samo zato što izgrađuje crkvu, već i zato što je *oslobađa* tiranije sebične ambicije i tašte uobraženosti – a samim tim i zaraznih podela koje potiču od neukroćenih želja i motiva biblijski nekvalifikovanih ljudi (Fil. 2,1-5; Jak. 4,1-3). Tokom vremena, pobožne starešine će sopstvenim hristolikim primerom voditi crkvu ka sve većoj i većoj slobodi od greha koji se tako lako ukorenjuje, sve dok nas od iskvarenosti zauvek ne oslobodi povratak Kralja, koji će nas uzeti i usavršiti u gradu čiji je arhitekta i graditelj Bog.

18
POČETAK

Sad kad smo utvrdili koliko je važan karakter starešine, ali i na-
čin na koji ćemo ga potražiti, kako da sa manje vernog mode-
la crkvenog vođstva pređemo na model crkve kojom uprav-
ljaju starešine? U ovoj glavi ćemo razmotriti pet širokih faza
pastirskog vođstva koje će nam u tom prelazu pomoći.[1] Tako-
đe bi bilo mudro imati na umu da je za taj proces ponekad po-
trebno i duže vreme. Mnoge kongregacije ne znaju ni za ka-
kvu drugu strukturu vođstva sem one koju čini jedan pastor,
odbor đakona i odbor poverenika. I zato, ako ste novi pastor
u nekoj staroj zajednici, budite pažljivi. Prilagodite svoja oče-
kivanja i budite spremni na to da će proces trajati možda i pet
godina, a u težim slučajevima i više. Za rast je potrebno vre-
me. Budite dalekovidi. Posvetite se procesu i ljudima, i volite
ih tako što ćete ih posebno pažljivo upućivati u sve.

EKSPOZICIJA

Ne možete ni od koga u evanđeoskoj crkvi očekivati da vas
sledi u promenama sve dok ih pomoću Biblije ne poučite da

---

1   Za ovu temu ponovo toplo preporučujemo Phil Newton and Matt Schmucker,
     Elders in the Life of the Church: Rediscovering the Biblical Model for Church Leadership
     (Grand Rapids, MI: Kregel, 2014).

je promena neophodna i dobra.[2] Članove treba da uverite da ih vodite ka načinu upravljanja crkvom koji je više, a ne manje u skladu sa Biblijom, naročito ako ulazite u snažno utemeljenu crkvu koja je već razvila tradicije koje voli, ali koje nisu biblijske. Štaviše, biblijsko poučavanje je često jedini način da članovi odustanu od tog prihvaćenog, ali nebiblijskog obrasca vođstva i organizacije.

To ne znači da kao novi pastor najpre treba da propovedate o stihovima iz Prve Timoteju 3,1-7. To znači da se dokazujete najpre kao verni propovednik evanđelja koji bez ustezanja poziva ljude da se pokaju i poveruju – a to činite tako što zaključak odabranog teksta po kome propovedate ističete i kao zaključak celokupne svoje propovedi i tako što u njoj evanđelje jasno predstavljate kao nešto što proističe iz teksta. Ako su neki od članova crkve neobraćeni, to će im dati priliku da se nakon što čuju evanđelje ili obrate ili udalje jer im je ono kamen spoticanja. Ako su članovi crkve obraćeni, onda će ovakva propoved – naime, ona čiji je zaključak istovremeno i zaključak teksta na osnovu koga se propoveda – zajedno uz prikaz evanđelja pomoći da imaju poverenja u vaše precizno razumevanje Reči i spremnost da joj se predate. Dok se za propovedaonicom budete kretali kroz Pismo, vremenom ćete doći i do odlomaka o starešinama i đakonima, pa će tada zaključci o trenutnoj strukturi crkve biti očigledniji.

I ono što je možda najvažnije, ako se oslanjate na to da će sila propovedane Reči poučiti članove o modelu starešina/đakon,

---

2   Ova potreba za biblijskom poukom je razlog zbog kog je teško raditi na reformi u crkvi ukoliko pastor već nije posvećen ekspozicijskom propovedanju i biblijskim metodama upravljanja crkvom u skladu s Biblijom. Propovedaonica je primarno sredstvo promene – i sa gledišta vremena i sa gledišta logike. Bez biblijskih uputstava promena u lokalnoj crkvi će se teško sprovesti – a tako i treba da bude!

to će pokazati zajednici da ove ideje nisu neki vaš hir. Kad je zaključak teksta ujedno i zaključak propovedi, onda vaše poučavanje jednostavno proističe iz Pisma kao jasni nagoveštaj kakav treba da bude život zajednice. Ovo je ključno. Istinski obraćeni hrišćani moraju da znaju da se za promene ne zalažete samo da biste ostvarili neki svoj san o vođstvu, već da sledite Reč kad pozivate zajednicu da se vrati Bibliji, upravo radi tog zajedničkog života. Ekspozicijsko propovedanje vam pomaže da zadobijete poverenje zajednice i omogućava vam da starešinski model upravljanja crkvom predstavite kao ideju Pisma, a ne vašu.

UVIĐANJE

Kad zajednica bude jasno poučena biblijskim osnovama starešinskog modela, biće motivisana da počne da traga za onima koji bi mogli da se kvalifikuju za starešine; s druge strane, kad stekne saznanja o tome kakav po Bibliji treba da bude starešina, biće u stanju da i sama uvidi ko bi unutar nje bio prikladan za tu službu.

Sasvim je razumljivo da pastor – kao jedini starešina koga priznaje cela zajednica – bude taj koji će najpre preuzeti zadatak otkrivanja ko je kvalifikovan za starešinsku službu. Svakako bi trebalo da od zajednice zatraži učešće i nezvanične predloge, a bilo bi dobro da čak od članova formira ad hok odbor koji bi mu pomogao u procesu pronalaženja. Ipak, kao duhovni vođa i autoritet koga je zajednica priznala, pastor/starešina je taj koji najpre ima dužnost da primeti i nominuje potencijalne starešine.[3]

---

3   Može se javiti prigovor da propovedanje o starešinama nema svrhe u zajednici
     u kojoj sam pastor, pre svih ostalih, ima taj zadatak da uoči kandidate i nominuje ih. Međutim, zajednica mora biti dovoljno biblijski potkovana da se složi s činjenicom da crkvu treba da vode starešine, da oceni ko je unutar nje vredan da

NOMINACIJA

Kad uoči čoveka koji potencijalno ima dara za službu starešine, pastor ga onda nominuje (ponavljamo, to čini upravo on zato što ima službu starešine) na sastanku članova koji prethodi sastanku na kome bi zajednica trebalo da glasa. Veoma je važno da samo starešine smeju da nominuju druge za tu službu, zato što su duhovno najzreliji članovi, ali i zato što najbolje poznaju ljude unutar zajednice. Osoba koja se muči s nekim grehom, na primer pornografijom, bila bi grdno osramoćena kad bi je neki neobavešteni član iz godine u godinu nominovao za starešinstvo.

Pošto je najverovatnije pastor jedini starešina, taj njegov predlog za nominaciju moraće da podrži još neki član. Najbolje je da zajednica o postojećoj nominaciji razmisli otprilike dva meseca. To odlaganje pruža članovima dovoljno vremena da razmisle o nominovanom i da nasamo – i s razumevanjem – priđu pastoru ili starešinama ukoliko ih nešto muči u vezi s tom nominacijom. Članovi koji nameravaju da se javno usprotive kandidatu trebalo bi da se što je ranije moguće nasamo nađu sa pastorom i iznesu mu svoje primedbe. Ove promišljene mere predostrožnosti mogu umnogome pomoći da se umanji verovatnoća javnog sukoba.[4]

TEME ZA RAZMIŠLJANJE

① Ko je dužan da nominuje starešine u vašoj crkvi? Zašto? Da li su ti razlozi biblijski?

---

bude predložen pastoru na razmatranje, da uoči ko nije pogodan i da potvrdi ili odbije osobe koje je pastor predložio na osnovu karakternih osobina i sposobnosti izrečenih u 1. Timoteju 3,1-7 i Titu 1,6-9.

4 Bilo bi takođe dobro svakom kandidatu dati priliku da iznese svoje svedočanstvo na nekom javnom okupljanju crkve koje je obično dobro posećeno. Tako će se nominovani bolje predstaviti novijim članovima, a oni skeptičniji će bolje upoznati njegov karakter i ličnost.

② Zašto je dosledna ekspozicija Pisma važna za promenu strukture vođstva u crkvi?

IZBOR

Potvrda (odnosno izbor) nominovanog za starešinu trebalo bi da se odigra na sastanku članova, u idealnom slučaju dva meseca nakon prvobitne nominacije, u zavisnosti od toga koliko se često održavaju sastanci članova. Tada jedino preostaje da zajednica glasa. Procenat potreban za izbor nominovanog može da se kreće od 50,1 do 100, a to bi trebalo da bude utvrđeno u ustavu crkve. Ako odlučimo da manji broj procenata bude dovoljan za izbor, veća je verovatnoća da će izabrani kandidat kraće služiti. Ako pak rešimo da za izbor bude potreban neki veći procenat glasova, veća je i verovatnoća da će zajednica duže vreme sarađivati s izabranim kandidatom i podržavati ga.

POSTAVLJANJE

Nakon nominacije i izbora, bilo bi dobro da novi starešina ili nove starešine budu postavljene na prvoj sledećoj nedeljnoj jutarnjoj službi. Postavljanje je jednostavno: pastor vodi nove starešine kroz polaganje zakletve prigodne za službu. Tada još nekoliko starešina zajedno sa pastorom zajedno polažu ruke na nove starešine i mole se za njih. Ovde ćemo navesti spisak javnih zakletvi koje nove starešine daju u Baptističkoj crkvi Kapitol Hil (njihovi odgovori su navedeni u kurzivu):

① Da li potvrđuješ svoju veru u Isusa Hrista kao svog Gospoda i Spasitelja? *Potvrđujem.*

② Da li veruješ da su Pisma Starog i Novog zaveta Božja Reč, potpuno pouzdana i nadahnuta Svetim Duhom, vrhunsko, konačno i jedino nepogrešivo pravilo za veru i život? *Verujem.*

③ Da li iskreno veruješ da Izjava vere i zaveta ove crkve sadrže istinu o kojoj Sveto pismo uči? *Verujem.*

④ Da li obećavaš da ćeš, ako otkriješ da se ne slažeš s bilo kojom izjavom iz naše Izjave vere i zaveta, sam obavestiti pastora i druge starešine o toj promeni? *Obećavam.*

⑤ Da li se podređuješ vođstvu i disciplini Baptističke crkve Kapitol Hil? *Podređujem se.*

⑥ Da li obećavaš da ćeš se pokoriti kolegama starešinama u Gospodu? *Obećavam, uz Božju pomoć.*

⑦ Da li si, u skladu s tim koliko poznaješ sopstveno srce, osetio poriv da prihvatiš službu starešine isključivo iz ljubavi prema Bogu i iskrene želje da uveličaš njegovu slavu u evanđelju njegovog Sina? *Jesam.*

⑧ Obećavaš li da ćeš revnosno i verno promovisati istine evanđelja i čistotu i mir crkve, na kakva god progonstva i protivljenja naišao? *Obećavam, uz Božju pomoć.*

⑨ Da li ćeš verno i marljivo obavljati sve svoje starešinske dužnosti, bile one privatne ili javne, i da li ćeš se truditi da po Božjoj milosti svojim načinom života ukrasiš ispovedanje evanđelja, kao i da pred ovom zajednicom budeš živi primer pobožnosti? *Hoću, po Božjoj milosti.*

⑩ Da li si sada spreman da kao starešina preuzmeš ličnu odgovornost za život zajednice, da nadgledaš službu i materijalna dobra crkve i da se posvetiš molitvi, službi Reči i napasanju Božjeg stada, oslanjajući se na Božju blagodat, na način koji će doneti blagoslov Baptističkoj crkvi Kapitol Hil i celokupnoj Crkvi Isusa Hrista? *Jesam, uz Božju pomoć.*

Zatim zajednici postavimo ova pitanja:

1. Da li vi, članovi Baptističke crkve Kapitol Hil, priznajete i javno prihvatate ovog čoveka kao starešinu, kao dar Hristov ovoj crkvi? *Prihvatamo.*
2. Da li ćete ga voleti, moliti se za njegovu službu i sarađivati s njim radosno i ponizno, kako biste milošću Božjom ispunili poslanje crkve, dajući mu pritom dužnu čast i podršku u poslu vođe na koji ga je Gospod pozvao, a sve to na slavu i čast Bogu? *Hoćemo, po Božjoj milosti.*

SARADNJA

Posebno treba naglasiti da zajednica, kad izabere nekoga kao starešinu, treba da sarađuje s njim i radosno se podredi njegovom vođstvu. Ako zajednica nema iskrene namere i ne trudi se da sarađuje sa vođstvom crkve, onda nema ni svrhe birati joj starešine. Članovi koji ne sarađuju – osim u slučaju da starešine vode crkvu nebiblijski ili grešno – prava su propast za lokalnu crkvu; ukoliko njihovo prisustvo počne da uzrokuje podele, bolje bi bilo da potraže sebi drugo društvo.

ROTACIJA

Pismo niti zahteva niti brani ograničavanje mandata, ali ni doživotan položaj starešine. Zato smatramo da crkve imaju slobodu da to pitanje reše na način koji smatraju najboljim. Pošto čovek koji je kvalifikovan za starešinu i dalje može da postane nepodesan za tu službu i pošto se dinamika odnosa između starešina tokom vremena može menjati, smatramo da je za zajednicu bolje da služba neplaćenih starešina bude vremenski ograničena. U našoj crkvi mislimo da je mudro da služba starešine traje tri godine. Upravo taj vremenski period se pokazao kao dovoljno dug za uspostavljanje kontinuiteta u vođstvu; on istovremeno neplaćenim starešinama daje vremena da se odmore. Redovna rotacija pruža starešinama dovoljno vremena da steknu pravi utisak o odgovornostima starešinstva, dok ih istovremeno štiti da ne postanu previše vezani za određenu oblast službe. Jedna od najznačajnijih koristi redovne rotacije je što motiviše zajednicu da razvije veći broj vođa koji mogu da zauzmu mesto onih čiji mandat istekne. Zajednica tada ne mora da se oslanja samo na nekolicinu neplaćenih vođa, dok vođstvo, opet, ima priliku da se zdravo uvećava, proporcionalno sa rastom broja članova koji nam Gospod da.

U našoj crkvi trenutno svaki neplaćeni starešina može da služi dva mandata zaredom, ali posle njih mora da napravi pauzu od jedne godine. Potom bi, ako treba da služi i treći, starešine morale da ga ponovo nominuju, a zajednica podrži. S druge strane, plaćene starešine ne moraju da pauziraju tu jednu godinu, niti im je posle šest godina starešinstva potreban ponovni izbor, jer oni žive od svoje starešinske službe. Ponavljamo, Pismo ovde daje slobodu u načinu organizovanja, ali ovakav sistem rotacije se dobro pokazao u našoj zajednici.

ZAKLJUČAK
Uočavanje i biranje starešina koje će voditi crkvu predstavljaju veliku privilegiju – crkva je zenica Božjeg oka i, kao riznica

evanđelja, središte njegovog plana otkupljenja svega što postoji. Biranje starešina je i ozbiljna dužnost, jer time postavljamo ljude za vođe duhovno najznačajnije institucije na svetu. Zato nije ni čudo što se toliko trudimo da kroz taj proces prođemo u skladu sa Biblijom i mudro, tako da naše metode ne uzrokuju bespotrebno trvenje u Božjem stadu, već da ga povedu na zelenu pašu Reči i na mirnu vodu pitomog zajedništva.

19
OSTALO
OSOBLJE

Pre nego što nastavimo da razgovaramo o tome šta se dešava kad se starešine okupe, bilo bi dobro da zastanemo i razmislimo o još jednom, srodnom pitanju vođstva – kako okupiti ostalo osoblje?

Kad iz nedelje u nedelju verno propovedate evanđelje i pozivate na pokajanje i veru, ne treba da vas iznenadi što će Bog blagosloviti svoju Reč koja tokom godina izlazi iz vaših usta. Možda neće dovoditi hiljade i hiljade ljudi u crkvu i možda ih neće dovoditi odmah, kako biste vi možda hteli; međutim, njegova Reč se nikad ne vraća prazna, pa će tako verovatno svakako više ljudi dolaziti da čuje redovne propovedi o evanđelju i postane deo crkve. Kad se to desi – kad Bog odluči da privuče veće mase da čuju njegovu Reč i postanu članovi lokalne crkve – trebaće vam još plaćenih radnika kako bi vam pomogli u žetvi i odgovornom čuvanju sve većeg stada.

Kako ćete ih uvesti u posao? Za koje poslove će vam najpre biti potrebni? Zašto? Kakvi su vam ljudi potrebni za to, kako ćete ih organizovati i zašto ćete to uraditi baš tako?

SPECIJALIZACIJA – ZAŠTO IPAK NE?

Jedan od najpopularnijih načina zapošljavanja i organizovanja

osoblja u crkvi je podela raznih dužnosti u službi na specijalizo-
vane grane kao što su muzika, omladina, obrazovanje odraslih,
lokalna sredina, evangelizacija, učeništvo i slično. Zato je prirod-
no potražiti osobu koja je posebno pogodna ili talentovana da
vodi u nekoj od ovih oblasti. Mi, na primer, imamo vođu za mu-
ziku i za omladinu, direktora za obrazovanje odraslih, pastora za
evangelizaciju i tako dalje. A ako nam se baš posreći, dobićemo
dva u jednom – pastora i za evangelizaciju i za učeništvo!

Ako ste pastor koji je upravo ovako organizovao svoje oso-
blje, pre narednih komentara ću reći da ovakav vid organizacije
svakako nije pogrešan. Biblija nigde ne brani postojanje speci-
jalizovanih grana u službi. Ipak, da li je to najbolji izbor za vo-
đu i zajednicu?

TEME ZA RAZMIŠLJANJE

① *Prestanite s čitanjem!* Šta mislite? Da li u sistemu specijali-
zacije osoblja postoje neke opasnosti koje treba izbeći?

② Ako je vaše osoblje specijalizovano, da li preduzimate
ikakve mere kako biste izbegli te opasnosti?

③ Ako još nemate unajmljene članove osoblja, možete li
da navedete još neke organizacione strukture osoblja?

Profesionalizacija. Ideja specijalizacije potiče pre svega iz sve-
ta profesionalnog obavljanja poslova. Profesionalac koji je spe-
cijalizovan za jedan aspekt unutar šireg polja svoje struke je na
mnogo načina dragoceniji i isplativiji od opšteg poznavaoca ma-
terije. Specijalista je koncentrisan na jednu stvar i postaje poznat
po tome što je dobro obavlja. Što bolje poznaje tu jednu stvar,
to poznatiji postaje i njegovo poslovanje postaje sve unosnije.

248

Niko neće reći da je specijalizacija u sekularnoj profesiji nužno loša. To je jednostavno način na koji stvari često funkcionišu. Stoga imamo raznorazne doktore, advokate, savetnike i tako dalje, koji su na tržištu formirali svoje niše; neki od njih su zapravo snažni hrišćani s pobožnim motivima. Kad nam zatreba pedijatar ili advokat za građansko pravo, zahvalni smo za njihovu službu jer su oni, ipak, „stručnjaci".

Ovaj mentalitet „specijalizovanog profesionalca" lako je uneti i u crkvu. U izvesnom smislu, sve što treba da uradite je da promenite termine: od „specijalizacija i karijera" u „dar i poziv". Ipak, ovakva služba u crkvi nije jednostavno još jedan vid svetovne profesije. Da, tačno je, želimo da radimo ono za šta smo najviše talentovani. Bog u telo postavlja svaki ud onako kako on hoće. Međutim, tačno je i to da svaki član crkve treba da bude voljan da služi tamo gde je najpotrebniji, a ne uvek samo u oblasti za koju je nadaren. Ja možda jesam pastor-saradnik, ali ako se javi velika potreba za radnicima u vrtiću, ne bi trebalo da mi bude ispod časti da i tamo služim bar jednom mesečno, bio talentovan za to ili ne.

Službu, dakle, ne bi trebalo podeliti na niše. Ne bi je trebalo nikako deliti. Ipak, posledica specijalizacije je stvaranje profesionalnog i „tržišno orijentisanog" mentaliteta u službi. Drugim rečima, čim kažemo da je upražnjeno mesto za „službu s mladima", već je jasno da mislimo kako je rešenje za problem omladine unajmljivanje profesionalca specijalizovanog za mlade. S druge strane ove jednačine, potencijalni kandidati za posao impulsivno sebe vide kao službenike unutar jedne niše, posebno osposobljene upravo za tu poziciju. Ovakva podela službi na tržišne niše, opet, podstiče ljude da se u svom radu i službi u crkvi usredsrede na neku užu specijalnost. I tako, umesto da postane potpunija osoba, spreman da služi gde god se u crkvi za tim ukaže potreba, čovek koji je usredsređen samo na jednu nišu podstiče se da svoju sferu uticaja i službe ograniči samo na tu nišu za koju je unajmljen. Ako dobro obavlja svoj posao u službi za koju je specijalizovan i plaćen, onda se usput prećutno podrazumeva i da je zreli hrišćanin koji uči i razvija se, dok je možda upravo uzani fokus njegove službe ono što ga ograničava u rastu. Uprkos svemu, profesionalci u službi se uporno ističu u zajednici kao uzori, pa tako i predstava zajednice o hrišćanskoj zrelosti takođe postaje ograničena. Ovo jednostavno ne može biti najzdraviji način da podstaknemo profesionalce da razmisle o sebi, svojoj službi u crkvi ili hrišćanskoj zrelosti.

Rasparčavanje. Profesionalna priroda specijalizacije prirodno teži ka stvaranju profesionalnog odnosa između pastora i pastora, kao i između članova zajednice.

U širem modelu službe, pastori vidljivije sarađuju i rade ruku pod ruku u služenju crkvi. Specijalizacija s vremenom takoreći zatvara pastore u njihovim odeljcima službe, gde svako radi samo na projektima u sopstvenoj niši, a viđaju se samo na sastancima osoblja i molitvama – često tek reda radi. Među njima nema bliskih odnosa koji se mogu izgraditi samo u zajedničkom rovovskom radu u službi. Sav posao je razdeljen po granama. Takva pastirska služba je beskorisna i otuđuje ljude. Zajedništvo u pastorovom timu i bliskost koja iz njega proističe tada su od samog početka ugroženi.

Profesionalni odnos između članova zajednice postaje očigledan kad oni koji su uključeni u jednu službu ili program postaju izdvojeni od ljudi iz ostalih službi. Uzmimo, na primer, službu s omladinom. Čim smo se specijalizovali za omladinu, to znači da ih odvajamo od odraslih. Ali zar naš cilj nije upravo da ih obučimo za odraslo doba? Zašto ih onda odvajamo od samog izvora uticaja koji im može pomoći da sazru? To često radimo upravo zato što smo službe učinili profesionalno specijalizovanim kako bi se više isplatile kod naše „ciljne grupe". Tako se zreli ljudi mimoilaze po hodnicima s tinejdžerima kao brodovi u noći i ne sanjajući koliko bi jedni drugima mogli da pomognu. Članovi hora su toliko zauzeti muzičkim programom da gotovo niko nema vremena za rad sa decom ili služenje starijim članovima. Oni koji su posvećeni programu evangelizacije počinju s visine da gledaju ostale koji nisu kao oni spremni da utorkom uveče istupe napred. Za to vreme pastor za učeništvo i teološki razvoj pada u iskušenje da pomisli kako pevanje u crkvi nije njegova stvar, pa ga samo nekako pregrmi dok čeka pravu stvar, odnosno, propoved. Pa opet, svako od njih misli da je, pošto je toliko uključen u specijalizovanu službu, već duhovno sazreo; retko kada primete kako ligamenti koji su ranije držali telo na okupu počinju da propadaju. Telo se raspada, ali malo je onih koji znaju – ili se čak i pitaju – zašto je tako.

Teritorijalnost. U uopštenijem modelu službe svi pastori dele svu službu. Dobro je negovati taj zdrav osećaj zajedničkog učešća. Rasparčavanje do koga dolazi kad imamo specijalizovane službe često čini da pastori ljubomorno čuvaju za sebe svoju oblast služenja. Kad se te linije dovedu u pitanje ili pređu, postaju pomalo ogorčeni i ozlojeđeni. Teritorijalni ratovi u vezi s muzikom ili dušobrižništvom tako postepeno postaju nešto sasvim normalno, jer je svaki pastor sopstvenu oblast službe počeo da shvata kao „svoj domen", pa tako i sve odluke koje se za tu oblast donose spadaju u „njegovu nadležnost".

Preterano oslanjanje na programe. Da bi postigli bilo kakav uspeh, specijalizovani poslovi u službi ponekad rezultiraju preteranom zavisnošću od programa. Umesto da zajedničku službu crkve posmatraju kao jedinstvenu celinu, specijalizovane službe gotovo prirodno postaju kratkovide – njihov suženi pogled fokusiran je samo na jedan deo celine. Kad se nešto poremeti u „njihovom" delu službe, jedina rešenja koja vide su ograničena na taj deo, jer zbog rasparčanosti nisu u stanju da primete da je problem u njihovoj oblasti možda uzrokovan problemom u nekoj drugoj, povezanoj oblasti. Na primer: „Ne ide nam evangelizacija, tako da nam treba neki program koji će nam pomoći." Moguće. Ali da li nam možda evangelizacija ne ide zato što je učeništvo toliko slabo da je svedočanstvo crkve u lokalnoj sredini ukaljano licemerjem njenih članova?

Ovakvo oslanjanje na programe na kraju takođe može da dovede do izvesnog vida profesionalizacije službe.[1] Ako evangelizaciji, učeništvu ili muzici pristupamo oslanjajući se na neki program, time ćemo – koliko god to nenamerno bilo – zajednici poručiti da zrelost u određenoj disciplini hrišćanskog života podrazumeva angažovanje u trenutnom programu koji crkva koristi. U stvarnosti, angažovanje u programu je tek početak. Zrelost podrazumeva *način života* koji je ugodan Bogu, a ne samo prisustvovanje događajima preko nedelje.

KOJE DRUGE MOGUĆNOSTI IMAMO?

Naveli smo nekoliko dobrih (doduše, praktičnih) razloga da posumnjamo u ispravnost odluke da se, dok razmišljamo o okupljanju plaćenog starešinskog osoblja, odlučimo za uspo-

---

1 Up. sa John Piper, *Brothers, We Are Not Professionals* (Nashville: Broadman & Holman, 2002).

stavljanje specijalizovanih položaja u službi. Drugim rečima, uopšteniji model službe omogućava negovanje jedinstva među osobljem, služba se ne shvata toliko kao profesionalna karijera, a šansa da se službe, pastirski timovi i zajednica rasparčavaju svedena je na minimum. Ipak, čini nam se da nam je specijalizovana služba jedina mogućnost. Šta onda da radimo?

Zaokružena služba. Trebalo bi da težimo modelu organizacije osoblja koji će doprineti integrisanju službi, evanđeoskom drugarstvu među pastorima i jedinstvu članova crkve. Naravno, to utiče na naš način strukturiranja službi u crkvi. To znači da bi trebalo da se odupremo iskušenju da sve aspekte pastirske službe rasparčamo na odeljenja sa svojim šefovima; nema više Odeljenja za mlade, Odeljenja za evangelizaciju niti Odeljenja za obrazovanje odraslih. Zaboravite na odeljenja! Odeljenja uzrokuju podele, a podele jednostavno nisu dobre za crkvu.

„Pa kako ćemo bilo šta postići kad nemamo odeljenja?" Možda bi bilo najbolje izneti viziju pastirske službe koja je zajednička, integrisana i nedeljiva celina. Naravno, ta celina i dalje sadrži različite aspekte, ali dok u crkvi organizujemo službe, trudimo se da te razlike ne naglašavamo i ne pravimo na osnovu njih zasebne celine tj. odeljenja. Umesto toga, pastirsku službu (pa samim tim i hrišćansku zrelost) treba da predstavimo kao integrisanu jedinicu koja se sastoji iz različitih delova, koji pak zajedno rastu, srazmerno sa celinom. Tako neće biti „odeljenja" koja ćemo posesivno čuvati, a granice između službi neće biti tako krute i jasno iscrtane. Sve je tečno i integrisano – jedno telo.

Kako, dakle, da ovako opštu viziju integrisane službe sprovedemo u delo i pronađemo ljude? Daćemo jedan predlog zasnovan na onome što vidimo da se dešava u našoj crkvi.

Svestrani igrači. Otkrili smo da je od unajmljivanja stručnjaka bolje unajmiti članove osoblja koji su spremniji na svestranost.

1. *Pomoćnici pastora.* Ako je crkva u kojoj služite mala ili tek počinje s radom, verovatno ne raspolaže velikim budžetom, pa samim tim još nemate sredstva da zaposlite potpuno osposobljenog pastora-saradnika. To je u redu. Unajmite pomoćnike pastora. Položaj pomoćnika pastora je privremeni plaćeni položaj (koji obično traje godinu ili dve) za muškarca koga zajednica prethodno može i ne mora da primeti kao nadarenog ili pozvanog u punovremenu pastirsku službu. Pomoćnik pastora služi pod glavnim pastorom, što obično znači da njegovi zadaci uključuju sve – od dopisivanja i organizovanja putovanja do učeništva sa drugim muškarcima, povremenog propovedanja, bolničkih poseta, pisanja rasporeda, spajanja ljudi u male grupe i prisustvovanja sastancima starešina.

Najbolji pomoćnici pastora su obično neoženjeni mladići koji su završili srednju školu i još nisu upisali fakultet, a razmišljaju o pastirskoj službi i žele da ispitaju svoje darove u okruženju lokalne crkve.[2] Obično im treba mnogo manje novca nego mužu ili ocu dvoje dece, a biće im drago (ili im bar neće smetati) da žive u prostorijama crkve.

Ovaj posao se, dakle, može smatrati i stažiranjem ili obukom za pastora, naročito ako se vi kao pastor potrudite da

---

2   Neoženjeni mladići ne zahtevaju previše izdvajanja; ako su završili srednju školu, u godinama su kad su već postali odgovorni, a dobro je uhvatiti ih dok još nisu otišli na fakultet, kako ne bi gubili vreme i novac ako se pokaže da nisu dorasli službi. Tako ćete ih naučiti da je najbolje mesto da se obuče za pastirsku službu upravo lokalna crkva, a ne fakultet; takođe, na fakultet, a kasnije i u službu, stupiće s mnogo više samopouzdanja ukoliko cela lokalna crkva najpre potvrdi njegove darove i poziv za službu. Na ovaj način će, u idealnom slučaju, steći i finansijsku podršku za studiranje.

ih uputite na dobra štiva, ako se povremeno sastajete s njima radi njihovog duhovnog dobra, ako ih posmatrate kako služe i pružate im konstruktivnu kritiku u početku njihovog rada. Njih niko neće smatrati punopravnim pastorima, ali će vam biti velika pomoć u svakodnevnim poslovima, što će vam omogućiti da svoju pastirsku službu pogurate napred. Pored toga, možda ćete kod njih uvideti karakter i spremnost da služe čak i kao starešine.

Položaj pomoćnika pastora uči mladiće da u službi budu svestrani. Pomaže im da razviju široko iskustvo jer im dopušta da rade razne stvari koje izgrađuju crkvu i pomažu pastirskoj službi. Kao takav, on će naklonjenost specijalizovanoj pastirskoj službi postepeno zameniti čvršćim modelom pastirske i duhovne zrelosti. Taj položaj, ukratko, obučava mladiće za svaku poziciju.

Ako na osnovu budžeta imate novca samo za jednog pomoćnika, to je u redu. Pružite mu službu s dobrim izgledima, neka crkva vidi koliko je njegova služba i obuka koju dobija od vas dragocena i pokušajte da probudite kod zajednice osećaj važnosti izgradnje mladih pastora, kako bi se sredstva koja se izdvajaju za pomoćnike postepeno uvećavala.

2. *Pomoćni pastori*. Ne treba ih mešati sa pomoćnicima pastora. Pomoćnici mogu da budu i mladići koji nisu članovi zajednice; to nisu pastori za osoblje, a mogu i ne moraju biti odabrani za službu starešine. Kod nas su pomoćni pastori obavezno članovi zajednice, koja je kod njih uočila dar, koji su pozvani u plaćenu službu propovedanja i poučavanja i koje su starešine priznale jer su videli njihove karakterne vrline i poziv.

Pomoćni pastori asistiraju glavnim pastorima ili pastorima-saradnicima u njihovim dužnostima, a obavljaju i razne druge dužnosti vezane za službu pastora. Pomoćnim pastorima se može poveriti dužnost nadgledanja izvesne oblasti službe (za razliku od pomoćnika), ali nemaju zvaničan položaj u „službi za tu i tu oblast", a njihove dužnosti često idu i van granica te oblasti. Pomoćni pastor, dakle, može dobiti zadatak da nadgleda službu sa decom, ali može biti i pozvan da poučava muškarce, propoveda, posećuje bolesne, služi na venčanjima i sahranama i slično.

Pomoćni pastori su stoga obučeni da, takoreći, igraju na svakoj poziciji, što umanjuje verovatnoću rasparčavanja i ljubomornog čuvanja svoje oblasti, ali i pomaže zajednici da se ne oslanja previše na jednu osobu, pa bio to i glavni pastor. Ove ljude treba platiti više od pomoćnika pastora, pre svega zato što su i po karakteru i po sposobnostima kvalifikovaniji, pa samim tim imaju i veću odgovornost.

Pastori-saradnici. Dok se crkva i njen budžet uvećavaju, mudro bi bilo dovesti i potpuno osposobljenog pastora-saradnika. Za saradnika obično mislimo da je to neko ko ima drugačije darove od glavnog pastora, pa tako može da obavlja poslove za koje je ovaj manje nadaren. To u prvi mah zvuči pametno, ali na kraju može da se pokaže kao kratkovido.

Mi kao protestanti želimo da podstaknemo zajednicu da se ne oslanja previše na ličnost i službu glavnog pastora. Naravno, on je na tom položaju verovatno zato što ima očigledan dar da propoveda, poučava i vodi. Međutim, ako mu se nešto desi ili ako se odnos između njega i zajednice pokvari, onda crkva, ukoliko je pastor-saradnik unajmljen upravo zbog svojih drugačijih darova, neće imati nikoga sa sličnim darovima da preuzme štafetu. Na brodu je uvek dobro imati više od jedne osobe koja ume da kormilari.

Zato bi bilo mudro unajmiti pastora-saradnika čiji su darovi i poziv vrlo slični darovima i pozivu glavnog pastora, koji je pritom spreman da se podredi njegovom autoritetu i služi na sličan način, ali pritom i doda nešto samo svoje.

ODNOSI IZMEĐU OSOBLJA, STAREŠINA I ĐAKONA

Podstičemo crkve da prave zdravu razliku između uloga starešina i uloga osoblja. Često kažemo da našu crkvu vode starešine, ali da to vođstvo sprovodi osoblje. Starešine zajedno utvrđuju duhovni smer crkve, a članovi osoblja zajedno rade da celo telo crkve sprovede u delo tu viziju starešina.

Naravno, u većini situacija neki od članova osoblja su istovremeno i starešine – glavni pastor je svakako starešina, a to važi i za pastora-saradnika (ako ga ima). Članovi osoblja koji su istovremeno i starešine dužni su, dakle, i za utvrđivanje vizije crkve (kao starešine) i za njeno ostvarivanje (kao osoblje). Članovi osoblja koji nisu starešine nisu dužni da osmisle viziju ili smer u kome crkva treba da ide, već treba samo da sprovedu viziju koju starešine utvrde. Starešine odlučuju kuda crkva ide, jer su to muškarci kod kojih je zajednica uočila duhovnu zrelost koja im pomaže da donose takve odluke. Članovi osoblja će sesti za volan autobusa koji će nas odvesti u tom smeru, jer su oslobođeni obavljanja svetovnih poslova kako bi s punim radnim vremenom služili i osposobili svete za delo službe.

Đakoni se staraju da imamo dovoljno goriva do mesta na koje smo krenuli.[3] Oni svojim radom omogućavaju starešinama

---

3   Više o đakonima, o tome kakvi po Bibliji treba da budu i kakav je njihov odnos prema crkvi i starešinama, možete čitati u Matt Smethurst, *Deacons: How They Serve and Strengthen the Church* (Wheaton, IL: Crossway, 2021).

da se posvete duhovnom vođstvu, jer obavljaju fizičke poslove i bave se finansijama, a time omogućavaju jedinstvo unutar crkve pod autoritetom starešina (Dela 6,1-6). Mi u našoj crkvi otvaramo đakonske pozicije u skladu sa praktičnim potrebama tela. Zato trenutno imamo đakona za svaku od navedenih oblasti: budžet, prodaja knjiga, pristup zgradi, biblioteka, ozvučenje, obdanište, dečja služba, upošljavanje u dečjoj službi, obredi, briga o članovima, doček i prijem članova i gostiju, istupanje u lokalnoj zajednici, univerzitetska služba, međunarodna misija, parking, omladinska služba i mediji. Kad god se javi potreba na koju posebno treba odgovoriti ili za koju treba organizovati dobrovoljce, osećamo slobodu da otvorimo đakonsku poziciju i počinjemo da tražimo člana čija trenutna služba i karakter posebno odgovaraju tom zadatku. I obratno, kad god uvidimo da neka đakonska pozicija više nije korisna, slobodni smo da je ukinemo, kako bismo sačuvali energiju tela i orezali grane službe koje više nisu potrebne ili ne donose plodove.[4]

Starešine odlučuju o odredištu. Osoblje vozi autobus. Đakoni se staraju da imamo dovoljno goriva do odredišta.

ZAKLJUČAK

Čini nam se da je traženje osoblja u crkvi dosadan neduhovni posao. Ponekad smo čak u iskušenju da pomislimo kako su odluke o osoblju strogo poslovna stvar u crkvi i da ne utiču na duhovno zdravlje tela. Nadam se da smo uvideli koliko je to daleko od istine. Stvaranje strukture osoblja koja će unapredi-

---

4   Za više detalja o ovim odnosima pogledajte moju brošuru *Understanding Church Leadership* (Nashville: B&H, 2012).

ti zdravlje crkve počinje zdravim konceptom deljene pastirske službe. Ako pastirsku službu koju treba deliti počnemo da shvatamo kao nešto što treba da bude specijalizovano i rasparčano, onda će nam i osoblje, pa i sama crkva tokom vremena postati rasparčani. I obratno: mudre odluke donete tokom izbora osoblja mogu pomoći crkvi tako što će je ohrabriti, izgraditi i uvećati jedinstvo i proporcionalni rast tela.

Ako ste u maloj crkvi koja je u početnoj fazi reforme, razmislite pre nego što odaberete osoblje! Razmislite o tome *kako* ćete izgraditi strukturu osoblja tj. *koga* ćete uključiti u pastirsko osoblje i *zašto* baš tako postupate. Strogo i s Biblijom na umu razmišljajte kako izbor osoblja može da utiče na predstavu zdrave službe koju ima tim pastora i na predstavu duhovne zrelosti koju ima zajednica.

Možda će vam se najpre učiniti da vas ovakve mere predostrožnosti ograničavaju, ali dok crkva bude rasla uz verno izlaganje Reči, i pastori i članovi će postajati svestraniji u svojim pojedinačnim službama, u ličnom angažovanju u crkvi i u razumevanju hrišćanske zrelosti. Zajednička slika o tome šta su zrelo članstvo i služba postajaće sve potpunija tokom vremena, a tako će i zajedničko svedočanstvo crkve sve snažnije blistati u okruženju. Svetlost više neće biti predugo sakrivena.

PREPORUČENA LITERATURA ZA TREĆI ODELJAK

O PRONALAŽENJU STAREŠINA

- ➢ Anyabwile, Thabiti. *Finding Faithful Elders and Deacons* (Wheaton, IL: Crossway, 2012).
- ➢ Dever, Mark. *Understanding Church Leadership* (Nashville: B&H, 2012).
- ➢ Dickson, David. *The Elder and His Work* (Phillipsburg, NJ: P&R, 2004).
- ➢ Leeman, Jonathan. *The Rule of Love: How the Local Church Should Reflect God's Love and Authority* (Wheaton, IL: Crossway, 2018).
- ➢ Leeman, Jonathan. *Understanding the Congregation's Authority* (Nashville: B&H, 2016).
- ➢ Menikoff, Aaron. *Character Matters* (Chicago: Moody, 2020).
- ➢ Newton, Phil, and Matt Schmucker. *Elders in the Life of the Church: Rediscovering the Biblical Model for Church Leadership* (Grand Rapids, MI: Kregel, 2014).
- ➢ Piper, John. *Biblical Eldership* (Minneapolis: Desiring God Ministries, 1999).

Četvrti odeljak
KAD SE STAREŠINE OKUPE

20
REČ I
MOLITVA

Sastanci vođa. Da li im se radujete? Da li jedva čekate da počnete da ih vodite? Neki od nas su na sastancima crkvenog vođstva doživeli toliko suparništva da nam je mrska i sama pomisao da ponovo budemo uključeni u tako nešto. Mnogo puta smo doživeli da nas neki verbalni metak okrzne, pa nismo spremni da se olako vratimo u tako opasnu situaciju. Opet, neki od nas su se tom prilikom osetili kao da su naglavačke uskočili u plićak neznanja. Zbog oba ova iskustva ponekad se pitamo postoji li nešto što bi moglo da spase te sastanke crkvenog vođstva.

U prethodnom odeljku smo razmatrali proces okupljanja starešina. Taj proces može nam pomoći da iskorenimo potencijalno nezrele članove koji sastanke starešina čine ne baš prijatnim. U ovom odeljku ćemo načas razmisliti o tome šta bi starešine trebalo da rade kad se konačno okupe i kako bi to trebalo da izgleda.

Ali čemu uopšte ti sastanci starešina? Na kraju krajeva, Pavle ni Timoteju ni Titu nijednom nije zapovedio da organizuju i vode sastanke starešina na svake dve nedelje, a 15. glava Dela apostolskih govori o saboru crkava iz cele oblasti, ne samo iz jednog mesta. Pa ipak, biblijski model većeg broja vođa (Dela 14,23) kombinovan sa prirodom zadataka pastora – a to su briga za stado, savetovanje, nadgledanje, vođstvo, zaštita i molitva – često iziskuje sastajanje pastora kao mudar način da se odluči kako najbolje voditi i čuvati stado zajedno.

Naravno, veći deo naših starešinskih aktivnosti odvija se van sastanaka – onda kad smo sa stadom! Tako i treba da bude. Nije da pastiri samo razgovaraju o stadu – oni i žive s njim. Ipak, nemoguće je da svaki starešina podjednako dobro poznaje stado. Pošto je tako, sastanci su način da svako iznese šta zna o zajednici kako bi starešine mogle da efikasnije savetuju, mudrije odlučuju i preciznije se mole. Takođe, u direktnom kontaktu sa stadom pojedine starešine će primetiti probleme o kojima je najbolje razgovarati na molitvenim sastancima pastora.

Sastanci starešina, dakle, po Pismu nisu obavezni, ali nisu ni zabranjeni; timovima starešina to je često korisno sredstvo koje omogućava da zajedničko nadgledanje stada bude mudro i skladno.

Naše starešine se sastaju svake druge nedelje, obično četvrtkom uveče. Možda ćete odlučiti da se sastajete češće od toga, ili ređe. Kakva god da je dinamika sastajanja, najvažnije je da se među starešinama uspostavi jedinstvo na temelju Božje Reči. Ako želimo da jedinstvo naše crkve u osnovi bude izgrađeno na temelju Reči, onda i jedinstvo starešina mora da se gradi na temelju Reči.

REČ

Čitanje. Tipičan sastanak starešina u Baptističkoj crkvi Kapitol Hil počinje čitanjem Biblije. Kad tako činimo, starešine se od sebe okreću Bogu i jedni drugima; od svojih ideja okreću se ka Božjim; od poslovne filozofije koju koriste kompanije okreću se ka principima pobožnosti koji pokreću crkvu. Čitanje Biblije poziva starešine da uz Pismo zajedno obnove um, pomažući tako i njihovo jedinstvo. Ono ih takođe podseća da su, uz autoritet koji imaju u donošenju odluka za crkvu, i sami pokoreni autoritetu Reči. Starešine su pozvane da se podrede Božjoj Reči baš koliko i sve ostale ovce u Božjem stadu. Kad je čuju, Reč ih podseća da autoritet koji imaju nije njihov, već da potiče iz Božje Reči. Čitanje, stoga, podseća starešine da Božja Reč zaslužuje prvo mesto u razgovoru, što opet podstiče poniznost, tu najneophodniju osobinu u upravljanju duhovnim poslovima crkve.

Starešine obično pročitaju odlomak na osnovu koga će se naredne nedelje propovedati. Dok čitaju, tragaće za aspektima Božjeg karaktera i dela za koje će mu dati hvalu i slavu. Ovo je važno. Čitanje Reči nije nehajno i besmisleno, već je promišljena aktivnost kojom se u tekstu traže razlozi za davanje hvale i slave Bogu. Takvo čitanje Božje Reči je veoma važno, jer počinje da menja naš stav prema Reči, Bogu i drugim starešinama. Umesto da se žalimo na nešto, trudimo se da proslavimo Boga i da mu zahvalimo. Umesto da pretpostavimo da će biti zadovoljan svime što kažemo, iz pročitanog teksta učimo kako da ga proslavimo na prikladan način.

Molitva na osnovu Reči. Kad pročitaju odlomak o kome će se sledeće nedelje propovedati, starešine se na osnovu njega pomole. Svaki starešina iz teksta izdvaja neku božansku osobinu zbog koje će proslaviti Boga ili neku blagodat koju nam je dao i koja nas podstiče da mu se divimo, a zatim se kratko moli i proslavlja ga za to. To između ostalog pokazuje njihovu promišljenost u posvećenju molitvi i službi Reči (Dela 6,1-4).

Proučavanje Reči. Povremeno će se u zajednici pojaviti neko pitanje zbog koga će starešine morati da prouče Bibliju. Ne bežite od takvih prilika! One su neizmerno bogatstvo za starešinsko telo. Kad okolnosti u zajednici dovedu do postavljanja raznih biblijskih i teoloških pitanja, starešine mogu da iskoriste tu priliku da zajedno proučavaju Pismo. Pružite im alat za proučavanje — na primer, komentare ili dobre teološke knjige o datoj temi. Ako ih tako ohrabrimo, starešine neće samo steći dodatna biblijska znanja, već će im to pokazati kako izgleda predvođenje Božjeg stada na teološki svestan i biblijski odgovoran način.

Takvo proučavanje će koristiti i zajednici, naročito kad starešine pred nju iznesu plodove svog izučavanja u vidu zaključnog dokumenta, koji predstavlja biblijski stav koji su zauzeli povodom tog pitanja.

Ovakvo proučavanje je važan deo zajedničkog duhovnog vođstva starešina. Pastiri između ostalog i ovako vode svoje stado na zelenu pašu primenjene teologije. Često se žalimo kako naša zajednica uopšte nije zainteresovana za teologiju. Ali zašto bi i bila ako je starešine ne predvode u tome? Kad starešine proučavaju Reč i kad svoje biblijske zaključke predstave zajednici, to će u njoj probuditi apetit za teologijom, jer će uvideti da su njihove vođe ozbiljno shvatili teologiju i verno je primenili u zajedničkom životu crkve. Samim tim, kad starešine strateški proučavaju Bibliju u vezi sa problemima u životu lokalne crkve, to i kod članova može razviti teološku zrelost i mudrost. Tamo želimo da povedemo Božje stado — na pašu njegove Reči.

TEME ZA RAZMIŠLJANJE

① Pročitajte Drugu carevima 22,8 – 23,14. Šta je prethodilo reformama koje je sproveo car Josija? Zašto je Josija to morao da ima na umu dok je obavljao carske dužno-

sti? Šta je bila konačna posledica dugotrajne Judine ne-
poslušnosti Božjoj Reči (pogledajte 23,26-27)?

② Pročitajte Nemiju 8,13-18. Šta je nateralo vođe da se
iznova podrede Božjem zakonu? Zašto su uopšte bili to-
liko dugo neposlušni?

③ Kako vodite sastanke svojih vođa/starešina? Zašto to
radite baš tako?

④ Kako bi čitanje Pisma i molitva mogli da promene atmos-
feru na vašim sastancima? Kako bi to moglo da utiče na
zrelost i duhovnu atmosferu u vašoj crkvi?

MOLITVA

Za druge. Kad se Reč pročita i kad se na osnovu pročitanog po-
mole, starešine razgovaraju jedni s drugima o tome šta se de-
šava u njihovom životu – o problemima kod kuće, duhovnim
borbama, ličnim odnosima, uslišenim molitvama i tako da-
lje. Ovakvi razgovori su u izvesnom smislu polaganje računa
drugima i međusobno ohrabrivanje, što je od ključnog znača-
ja za integritet i postojanost bilo koje starešinske službe. Oni
starešinama redovno pružaju priliku da jedni drugima pokažu
svoju brigu, osmotre duhovno zdravlje jedni drugih i potvr-
de međusobno poverenje. Ako redovno ovako postupaju, to
umnogome pomaže da se pastori ne osećaju usamljeno i ne-
guje među njima smislene duhovne odnose koje karakterišu
poniznost i ljubav. Nakon što je svako dobio priliku da govo-
ri, sve starešine se mole jedni za druge. Za mnoge je molitva
na ovim sastancima nešto što se podrazumeva, ali postoje sta-
rešinska tela koja je zanemaruju; ona svoja okupljanju tretiraju
više kao sastanke direktora u preduzeću nego kao susret pasti-

ra kojima je Bog poverio svoje stado.

Za pojedinačne članove crkve. Verovatno najpovoljnija prilika da se starešine mole za članove crkve jesu upravo sastanci starešina. Možda nećete stići da se pomolite baš za svakog člana crkve, ali mogli biste da odredite da se na svakom sastanku kratko pomolite za nekolicinu ljudi sa svake stranice spiska članova ili da uputite malo temeljnije molitve za neki odlomak spiska. Čak i ako ih ne poznajete sve baš najbolje, to će vas podstaći da ih lično upoznate da bi vaše molitve bile preciznije; na taj način će i starešine naučiti da se jednostavno i biblijski mole za druge. Zajednička molitva za stado koju okupljene vođe upute Bogu jeste odličan način da se poboljša duhovno zdravlje zajednice, da starešine budu jedni pred drugima odgovorni kad je reč o vernim i doslednim molitvama za zajednicu i da povedu sve svojim primerom.

Za zajedničko telo. U iskušenju smo da pomislimo kako bi trebalo da se molimo samo da Bog uveća našu crkvu. Ipak, ono do čega nam je najpre stalo jeste zdravlje, a ne veličina. Crkve mogu da budu neverovatno nezdrave čak i kad su velike. Mala, ali zdrava crkva bolja je od velike i nezdrave. Baš tako. Veća crkva nije uvek i bolja. Naravno, veća crkva čini da mi kao vođe izgledamo bolje, ali veličina ne ukazuje uvek na zdravlje (kao što se može videti i na mnogim ljudskim telima!). Zato bi trebalo da zastanemo i upitamo se: šta nas motiviše da se u našoj crkvi molimo onako kako se molimo? Kad se okupimo kao grupa starešina, treba da se molimo ne samo da Bog uveća naše crkveno telo, već i da ga učini zdravijim. Bilo bi sjajno da starešine za početak nauče napamet Pavlove molitve za crkvu. Podstaknite svoje starešine da tokom nekoliko narednih nedelja nauče napamet stihove Efescima 1,15-23;

3,16-19; Filipljanima 1,9-11; Kološanima 1,9-14; 1. Solunjanima 3,11-13 i 2. Solunjanima 1,11-12. Povedite ih sopstvenim primerom i molite se da te osobe i navike postanu sve izraženije u zajedničkom životu i svedočanstvu vaše crkve.

Ovde ćemo po nasumičnom redosledu navesti opšte, biblijske molitve koje možete da uputite za svoju crkvu. Listu možete da zakačite na prednje ili zadnje korice spiska članova crkve i ohrabrite i starešine i zajednicu da se svaki dan mole na osnovu nekoliko njih. Ona takođe može da bude i podsetnik starešinama kad se na svojim sastancima mole zajedno.

- ➢ Molite se da očuvate jedinstvo čak i u različitostima, što će svedočiti o sili evanđelja koja ujedinjuje ljude (Ef. 4,2).
- ➢ Molite se da se u crkvi probudi žalost, osvedočenje o grehu i duhovno zanimanje za Bibliju.
- ➢ Molite se da Bog u vašoj sredini probudi novu glad za ekspozicijskim propovedanjem Biblije.
- ➢ Molite se da redovno propovedanje Božje Reči u lokalnoj crkvi donese dobre plodove.
- ➢ Molite se da svi članovi gledaju šta je za druge korisno (Fil. 2,4-7).
- ➢ Molite se da starešine opreme svete za dar službe (Ef. 4,11-12).
- ➢ Molite se da članovi verno stvaraju sopstvene učenike, grade kulturu učeništva i smatraju učeništvo sastavnim delom hrišćanskog života (Mt. 28,18-20; 2. Tim. 2,2).
- ➢ Molite se da članovi crkve sve više uče da na osnovu Pisma hrabre i savetuju jedni druge.
- ➢ Molite se da zreliji članovi budu gostoljubiviji prema novijim članovima, posetiocima i ljudima drugačijim od sebe.

➢ Molite se da zajednica prihvati političku, ekonomsku, društvenu i rasnu raznolikost koja je od Boga.

➢ Molite se za rast u ličnoj svetosti, ljubavi i vernosti.

➢ Molite se da se Hristos proslavi u našem poslu i da tokom nedelje svojim rečima i postupcima pohvalimo evanđelje pred drugima.

➢ Molite se da zajednica pridaje sve više značaja prisustvovanju javnim okupljanjima crkve.

➢ Molite se za zrelije davanje i primanje kritika i ohrabrenja koji su po Božjoj volji.

➢ Molite se da deca članova budu poslušna svojim roditeljima u Gospodu.

➢ Molite se da crkva evanđeljem dosegne više ljudi i mesta.

➢ Molite se za milostiviji i strpljiviji stav prema onima koji se ne slažu s vama.

➢ Molite se da Bog zajednici da više dobre volje da širi evanđelje i čini dobro (2. Sol. 1,11).

➢ Molite se da ljudi vernije čitaju Bibliju nasamo i da to bude plodonosnije.

➢ Molite se da se ljudi u molitvi nasamo verno mole jedni za druge.

➢ Molite se da Bog produbi međusobne odnose unutar zajednice, kako bi se članovi međusobno hrabrili i ispovedali i služili evanđelje jedni drugima.

➢ Molite se za zrelost koja će se pokazati u sporosti na gnev i lakšem prihvatanju kritike.

➢ Molite se da starešine dobro paze na svoj život i nauku (1. Tim. 4,16).

➢ Molite se da zajednica na svaki način donosi rod i sa zahvalnošću raste u poznavanju Boga (Kol. 1,9-12).

➢ Molite se da svi radosno i drage volje učestvuju u ličnoj ili lokalnoj evangelizaciji (Dela 8,4).

➢ Molite se da svi radosno i drage volje podržavaju misiju u drugim zemljama i da Gospod podigne još radnika za svoju žetvu (Mt. 9,38; Dela 1,8).

➢ Molite se da zajedničko čitanje Biblije s našim prijateljima nehrišćanima donese plodove.

➢ Molite se da Bog među vama podigne još kvalifikovanih starešina, propovednika, evangelizatora i đakona (Dela 13,1-3).

➢ Molite se za dobre plodove u službama starešina i đakona. Molite se i da učeništvo unutar crkve donese dobre plodove.

TEME ZA RAZMIŠLJANJE

① Pročitajte Efescima 3,16-19. Zašto je ovo tako dobra molitva za lokalnu crkvu?

② Pročitajte Košanima 1,9-14. Pokušajte da naučite napamet ovaj odlomak tako što ćete ga tri nedelje jednom dnevno recitovati i moliti se. Tokom jednog meseca svake nedelje naučite napamet još po jedan odlomak s molitvom. Dobro ga upamtite tako što ćete se svakodnevno tako moliti za ostale vođe i članove vaše crkve.

ZAKLJUČAK

Postoji mnogo načina da vrlo brzo izgradimo zaista veliku crkvu. Međutim, Bog je obećao da će svojim Duhom i Rečju dati svojoj crkvi zdrav život i rast. Zato predanost čitanju Biblije i molitvi na starešinskim sastancima predstavlja ulazak u jedini pravi izvor sile, koju je Bog nedvosmisleno poručio da će blagosloviti. Sve dok smo tako među okupljenim starešinama posvećeni Reči i molitvi, hrabrićemo zajednicu da se ne uzda u programe i osobe niti u reklame i fizičku privlačnost, već u moćnu Božju Reč i u obećanje njegovog životvornog Duha.

21
DNEVNI RED:
O ČEMU RAZGOVARATI?

Sad kad su starešine pročitali nešto iz reči, podelili jedni s drugima šta ih muči ili raduje i pomolili se jedni za druge i za crkvu, šta se dalje dešava na sastanku? Šta pobožne starešine rade kad se okupe?

PRIPREMA

Jedan od problema koje obično treba rešiti na sastancima starešina jeste nejednako poznavanje opšte situacije kod plaćenih i neplaćenih starešina. Plaćene starešine će, samim tim što se svakodnevno susreću s problemima na koje pastori nailaze, pre sastanka imati malo više vremena i prilike da razmisle o temama nego starešine koji obavljaju neki svetovni posao. Ja sam, zajedno s ostalim osobljem, na sastanke dolazio nakon što sam već satima razmišljao i razgovarao s drugima o izvesnim pastirskim pitanjima, a neplaćene starešine su s pravom istakli da je malo nefer očekivati od njih da o istim tim pitanjima formiraju mišljenje i donesu odluke za petnaest ili čak i manje minuta!

Zato smo počeli da nedelju dana unapred pišemo i delimo plan sastanka neplaćenim starešinama, zajedno s objašnjenjima. Tako su oni dobili vremena da pročitaju o čemu će se razgovarati, razmisle o temama i mole se za njih pre nego što ih pozovemo da podele svoje mišljenje s nama. Ovo je jedna od promena procedure koja nam je u to vreme najviše pomogla, zato što je omogućila da neplaćene starešine budu unapred obavešteni i samim tim spremniji da se angažuju podjednako kao i plaćeno osoblje. Ova promena je, dakle, omogućila da i plaćeno i neplaćeno starešinstvo bude jednako dobro obavešteno; samim tim neplaćene starešine su mogli više da se uključe u razgovor i daju veći doprinos; isključena je mogućnost međusobnog nerazumevanja, a sastanci su postali produktivniji.

Materijal za starešine pripremite i podelite nedelju dana unapred. To znači da sve starešine moraju da imaju unapred pripremljene zabeleške i to im morate naglasiti. Ceo proces zahteva i dozu poverljivosti – poslednje što želimo je da potencijalno osetljivi materijal stoji svima nadohvat ruke. Uvideli smo da je najbolje da ceo paket za starešinu (dnevni red sastanka, izveštaj o članstvu, finansijski izveštaj i sve bitne beleške) zaheftamo i stavimo u zalepljeni koverat s imenom starešine.

KATEGORIJE ZA RAZGOVOR

Čitanje Biblije i molitva obično potraju sat i po do dva sata. To možda deluje mnogo, ali setite se da su upravo to stvari kojima starešine i treba da se posvete (Dela 6,4). Tada napravimo pauzu i po povratku raspravljamo o duhovnim stvarima crkve. Ovde ćemo navesti kategorije o kojima mi razgovaramo – vi, naravno, možete odabrati i druge ili uzeti neke od ovde predstavljenih. U svakom slučaju, ove kategorije su se najbolje pokazale u našim starešinskim razgovorima. Dve glavne koje nadvisuju sve ostale su *pitanja u vezi s principima* i *pitanja u vezi s pastirskom službom*.

Pitanja u vezi s principima odnose se na teološke ili etičke principe – ne na specifične situacije, već na doktrinarne, moralne ili teme vezane za službu o kojima bismo hteli da steknemo zajednički stav. Te teme su, na primer, misija crkve, neka tačka naše izjave vere, brak i razvod, uloge polova, transrodnost, rasizam u crkvi ili da li zajednicu treba organizovati po sistemu parohija. Kad je reč o temama vezanim za službu, ovo je prilika da postavimo pitanje: „Šta da radimo kad dođe do takve i takve situacije, kako da je rešimo?"

Obično zajedno pročitamo neku dobru knjigu o zadatoj temi kako bi nam razgovor bio lakši. Često je reč o knjizi s kojom se slažemo i želimo da je upotrebimo kao dobar model, ali povremeno čitamo i knjige s kojima se ne slažemo kako bismo ostali u toku s modernim stremljenjima i pripremili se za sučeljavanje s pogrešnim razmišljanjima. To su razgovori koji opremaju, utvrđuju i ujedinjuju starešine u zdravoj nauci i praksi. Naravno, kako starešinski tim raste i kako rotacijom određene starešine dolaze i odlaze, tako će se menjati i sastav, pa je potrebno da se s vremena na vreme o tim zajedničkim zaključcima ponovo prodiskutuje. Po našem iskustvu, ako ne odvojimo nekoliko sastanaka godišnje samo za ovaj vid razgovora o principima, svi ostali starešinski sastanci će biti obeleženi trenutnim i hitnim stvarima koje se tiču pastve, što će gurnuti u stranu sve teme vezane za principe, a tako će i starešine biti lišeni velikog dela obuke. Zato bar pet-šest sastanaka godišnje posvećujemo isključivo čitanju i razgovoru o teološkim, moralnim ili pitanjima službe da bismo se bolje naučili i usmerili buduće donošenje odluka kad se jave problemi u tim sferama. Iz iskustva takođe znamo da je važno da neplaćene starešine uvek učestvuju u ovakvim razgovorima. Pošto su plaćene starešine većim delom nedelje uglavnom zajedno, njima je lako, pa možda i zabavno da o ovim temama razgovaraju u kancelariji. Ali ako do zajedničkog stava u vezi s doktrinarnim, moralnim ili principima službe uvek dolaze odvojeno od neplaćenih starešina, to bi moglo da dovede do nenamernog narušavanja jedinstva starešinskog tela.

Pitanja u vezi s pastirskom službom odnose se na brigu o pojedinačnim članovima zajednice. (Jedan sastanak mesečno posvećujemo takvim specifičnim, pastirskim pitanjima. Osam meseci godišnje imamo još jedan sastanak koji je više posvećen teološkim pitanjima i principima. Njih nazivamo „sastanci posvećeni teološkim i metodološkim pitanjima".)

Koža je važan deo ljudskog tela. Kad je sve u redu, koža nas čuva od štetnih i zaraznih stvari; to je privlačan i udoban prekrivač za mišiće i krvne sudove koji sve naše sokove drži na mestu. Ne razmišljamo previše o njoj sve dok se ne posečemo. Čim se koža ošteti, shvatimo koliko se lako telo inficira bakterijama i koliko je bolno i ranjivo kad je izloženo. Isto važi i za crkvu. Jedan od najvažnijih poslova koje kao starešine obavljamo jeste briga o koži lokalnog Hristovog tela. Drugim rečima, stalno postavljamo pitanja: „Ko ulazi?", „Ko izlazi?", „Da li ste skoro videli gospođu Tu i Tu?" i „Da li bi trebalo da primimo ovog potencijalnog člana?" Ne želimo da pustimo neobraćene članove koji bi uneli štetu i zarazu, kao što ne želimo ni da pustimo da se sama krv crkve – njeni istinski obraćeni članovi – neprimetno izgubi.

Kad se na starešinskim sastancima okrenemo brizi o članovima, razgovaramo o tome koga smo izgubili, ko je došao i na kraju sledi spisak onih kojima je potrebna posebna briga. Najpre govorimo o članovima bez kojih smo ostali – bilo da su izgubili status članova, preminuli ili im je izrečena disciplinska mera. Zatim se okrećemo mogućim novim članovima. Kao glavni pastor, obično podelim s ostalima svedočanstvo tih mogućih članova s kojima sam razgovarao i dam njihova imena ostalim starešinama kako bi ih predložili zajednici kao nove članove.

I konačno, razmatramo kome je potrebna posebna nega. To je jednostavno nezvanični spisak ljudi za koje starešine smatraju da im iz raznih razloga treba posebno posvetiti pažnju. Ljudi povremeno dospeju na ovu listu, najčešće kad se nađu u teškom iskušenju. Ipak, spisak češće koristimo kako bismo vodili računa o ljudima koji već nekoliko meseci ne dolaze redovno ili su umešani u neki ozbiljan greh za koji je, ukoliko se nisu pokajali, potrebno izricanje disciplinske mere. Stavljanje osobe na listu za posebnu negu jeste rezultat duhovnog nadgledanja starešina i kao takvo ne zahteva glasanje zajednice.

Kako to funkcioniše? Obično starešina kontaktira (ili bar pokuša da kontaktira) člana crkve o kome je reč, i to više nego jednom, da porazgovaraju o tom problemu. Ostali članovi na sledećem sastanku članova jednostavno dobiju obaveštenje o tome ko se i zašto našao na ovoj listi. To starešinama daje vremena od nekoliko nedelja do narednog sastanka članova, tokom koga će razgovarati s onima čija su imena na listi i pokušati da ih vrate stadu. Ako osoba sa liste ne reaguje na to, onda se na sledećem sastanku članova (koji se obično organizuje na svaka dva meseca) ona skida sa spiska članova. Obaveštavanje članova o tome ko je na listi za posebnu brigu takođe omogućava svima da se upoznaju sa situacijom, tako da ih skidanje te osobe sa spiska članova ne iznenadi i ne pomete. Pored toga, ono omogućava telu da radi svoj posao, jer je osoba koja će prva stupiti u kontakt sa članom koji je na spisku obično neko ko mu je prirodno blizak.

Mi obično sve moguće nove članove, one koji odlaze iz crkve i one koje treba skinuti sa spiska stavljamo na jedan list papira, uz belešku o ukupnom broju članova pre prijema novih potencijalnih i o broju članova koje će crkva imati ukoliko ih sve primimo. Ovaj dokument je naš Izveštaj o članovima, predstavlja deo paketa koji svaki starešina dobija i ima centralni značaj na njihovim sastancima. U zavisnosti od toga koliko je broj članova statičan ili dinamičan, ponekad je teško ostati u toku sa svim promenama koje se dešavaju u životu članova. Sastav stada može drastično da se menja i nama pred nosom, ali ako ne poznajemo dobro sve ovce ili ako ne čuvamo kapiju pažljivo, vukovi će lako ulaziti neprimećeno, a i ovce će moći tiho da izađu. Pa ipak, pastor će u izvesnom smislu položiti račune za sve duše koje je Bog poverio njegovoj brizi (Jev. 13,17).

Zato je veći broj starešina tako važan za odgovorno čuvanje stada. Druge starešine mogu glavnom pastoru pomoći da pazi na to ko verno dolazi i ko odsustvuje, ko se seli u drugi grad ili poslom ide na drugi kontinent. Jedan od načina da starešine ostanu obavešteni kad je reč o članovima jeste da na svakom sastanku starešina pređu dva-tri imena u spisku članova, pitaju jedni druge u kakvom se duhovnom stanju nalazi svaka od pročitanih osoba i saznaju da li je neko od starešina u nedavnom razgovoru s njima došao do nekih korisnih informacija. Kao pastir ćete, dakle, morati da zamolite članove da vas obaveste kad se sele ili dobiju posao u nekom drugom mestu kako biste vi i ostale starešine mogli da korigujete spisak članova.

Ovde bi vam takođe bilo od pomoći da jednom mesečno (ili bar u tri meseca) pregledate spisak članova crkve, što već zavisi od toga koliko se članstvo menja. Znam da ovakva papirologija može da bude zamorna, ali to je najbolji nama poznat način da budemo u toku s tim ko je došao, ko odlazi, a ko je samo otputovao.[1]

TEME ZA RAZMIŠLJANJE

① Zašto je važno da starešine razgovaraju o članstvu, brizi o članovima i disciplini?

② Koliko često vi i ostale vođe u crkvi vodite ovakve razgovore o članovima?

③ Navedite nekoliko praktičnih koraka koje možete preduzeti da biste bolje zaštitili zdravlje i čistotu unutar članstva crkve.

Osim pitanja vezanih za principe i pastirski rad, starešine razmatraju i brojne druge kategorije.

Administracija. U iskušenju smo da pomislimo da su, pošto su starešine posvećene pre svega duhovnom nadzoru, pitanja o finansijama i prostorijama pre svega „posao za đakone". Ipak, važno je da se setimo da se duhovna vizija i smer koje starešine utvrde ostvaruju na fizičkom i finansijskom nivou. Starešine, dakle, svakako ne bi trebalo da redovno diskutuju o tome kako domari obavljaju posao, ali bilo bi mudro da povremeno obrate pažnju na administrativnu širu sliku – na primer, da razgovaraju o eventualnom renoviranju, kupljenom materijalu i budžetskim pitanjima. Zato se na svakom sastanku starešina makar nakratko razmatra mesečni budžet crkve, godišnji finansijski izveštaj do tog trenutka, u kome se brojevi iz budžeta porede sa stvarnim

---

1 Članove koji fizički nisu u stanju da dođu u crkvu, koji se školuju u drugom mestu ili su u vojsci treba staviti u odeljak imenika „Članovi koji nisu u mogućnosti da dolaze" ili „Članovi trenutno van grada/zemlje".

brojkama, kao i trenutno stanje ukupne imovine i obaveza. Kad starešine ovako redovno „bacaju pogled pod haubu", stiču utisak o tome kad će i koliko ostvariti zacrtane duhovne ciljeve i donesu odluke o eventualnim prepravkama.

Služba i misija. Ovde je reč o trudu starešina da se duhovna vizija crkve ostvari i da se održi na zadatom duhovnom kursu. Ovaj naslov obuhvata široki spektar stvari. Kod nas se tada često čitaju pisma misionara kako bismo se zajedno radovali s njima ili informisali o njihovim problemima i potrebama. Takođe raspravljamo o planovima za kratkoročne misionarske puteve. Maštamo o strategijama za svetsku misiju. Primamo zahteve za podršku misionara. Procenjujemo predloge članova crkve o potencijalnim novim službama. Razmatramo promene osoblja. Revidiramo ustav crkve. Obrazlažemo i odobravamo dnevni red sledećeg sastanka. Razgovaramo o lokalnim planovima i događajima vezanim za evangelizaciju. Često maštamo o osnivanju novih crkava. Jedna od najvažnijih stvari koje se događaju u ovom delu sastanka je i to što starešine često nabrajaju ljude koji bi mogli da budu predloženi za đakone. U tom delu sastanka dešavaju se ove i brojne druge stvari, a često se zaliva i seme strategije i efikasnosti evangelizacije koje je posejala zajednica.

Kada kao starešine procenjujemo zahtev misionara za finansijsku podršku, obično razmatramo četiri faktora: (1) *Strateška priroda posla.* Ne želimo da gradimo na tuđim temeljima. Ako u Keniji već ima nekoliko stotina misionara, dok ih je u Indiji tek nekolicina dragocenih, onda ćemo radije podržati misionara koji se zaputio u Indiju nego onog koji ide u Keniju. (2) *Odnosi sa našom crkvom.* Da li je osoba koja traži finansijsku podršku već sarađivala s našom lokalnom zajednicom? Da li je već dugo naš član? Da li je bio član zajednice dok se nije preselio radi dalje obuke ili obrazovanja? Ili je to osoba koju tek upoznajemo? Da li smo imali priliku da vidimo kakve je plodove tokom meseci ili godina imao u svojoj misionarskoj službi? Više volimo da radimo s ljudima s kojima smo već uspostavili odnos i koji su tokom vremena pokazali da se slažu s našom teologijom i metodama. (3) *Novčana suma koja je već tu.* Koliko je novca ta osoba već prikupila? (4) *Stručnost.* Šta mislimo, koliko će taj misionar biti delotvoran na misijskom polju za koje se opredelio? Da li je ta osoba pokazala sposobnost za službu koja ukazuje na dobre plodove u oblasti evanđeoske misije koju je odabrala?

Naravno, ovde možda nećete imati o mnogo čemu da razgovarate ako istovremeno ne hrabrite zajednicu da sama preuzme odgovornost za širenje evanđelja i blagostanje ostalih članova. Propovedanje i učeništvo su, delimično, upravo zato toliko važni. To su provodnici koji u motor crkve sipaju gorivo evanđelja. Oni su ulje zahvaljujući kojem je vatra revnosti zajednice za evanđelje snažna i blistava. Propovedanje i učeništvo su hrana koja zdravom telu daje energiju da radi. Možda ste u situaciji kad starešine i dalje razgovaraju o tome koji tepih kupiti ili koji znak postaviti iza propovedaonice. Ako je tako, nastavite da ih promišljeno postepeno usmeravate ka duhovnijim ciljevima i težnjama koje su više orijentisane ka evanđelju. Svaki put kad se starešine okupe, postavite i nekoliko pitanja o brizi za članove, planovima za širenje evanđelja u okruženju, strategiji za misiju, budućim starešinama ili pitanjima u vezi s opštim zdravljem crkve. Šta god da radite, ne odustajte! Nastavite da propovedate. Nastavite da se molite. Nastavite da razvijate lične odnose i odnose učeništva. Nastavite da poučavate i dajete primer svojim životom. Reč je moćna, a Božji Duh će je svakako blagosloviti. Neka vam ona uvek bude u prvom planu; prepustite sebe i svoju službu Božjoj Reči i Duhu.

Komunikacija. Kad smo sa modela pastor/đakon prešli na model starešine/đakon, naša komunikacija bila je vrlo siromašna. Ponekad, pre sastanka članova, neki od njih bi pitali đakone o izvesnim problemima o kojima se raspravljalo na starešinskom sastanku, ali pošto mi kao starešine nismo baš najbolje komunicirali s đakonima, ovi nisu mogli da odgovore na pitanja ili bi pak davali odgovore drugačije od starešinskih. To nikako nije dobro! Zato sada praktikujemo da na kraju svakog starešinskog sastanka damo jedni drugima zadatak da stupimo u kontakt s jednim ili dva đakona i obavestimo ih o bitnijim razgovorima ili odlukama koje smo doneli, naročito ako imaju veze s njihovom oblašću službe. Starešine se takođe sastaju s đakonima i na sastancima vođstva, koji se organizuju nedelju dana pre sastanka članova. Tako su, kad god se desi da član postavi pitanje starešini ili đakonu, svi službenici crkve u mogućnosti da daju isti odgovor i stupe pred zajednicu kao jednomišljenici. Još nismo u potpunosti savladali tu veštinu, pa nam se i dalje dešavaju propusti, ali uvek tragamo za načinima da postanemo bolji u tome. Kad je reč o komunikaciji između starešina tokom sastanka, shvatili smo da je dobro da ih podstaknemo da unapred napišu i predaju beleške o pitanjima koja bi voleli da vide na dnevnom redu; te beleške se onda razdele pre sastanka. Pisanje beležaka nam pomaže da razbistrimo sopstvene misli, a čitanje tuđih beležaka nam pomaže da bolje shvatimo njihove ideje i preciziramo odgovore čak i pre sastanka.

Još jedna stvar u vezi s komunikacijom. Ako ste u crkvi vi glavni pastor za poučavanje, podstakao bih vas da se potrudite i počnete da negujete atmosferu u kojoj će sve starešine biti u stanju da pruže i prime pobožno ohrabrenje i kritiku. Pošto je iz vašeg čestog čitanja Biblije proistekao najveći autoritet, vaš primer će „povući nogu“. Budite radosni. Negujte smisao za humor. Ne budite preozbiljni. Ne dižite gard čim neko pokaže neslaganje s vama. Neka vaš stav ne bude autokratski i prestrog. Ne smatrajte da baš vi treba da predsedavate svakom sastanku. Oduprite se osećaju da vaša mora uvek da bude poslednja ili da vaši predlozi uvek moraju da se usvoje. Verujte kolegama starešinama. Budite spremni da budete nadglasani kad je reč o pitanjima koja nisu od ključnog značaja za evanđelje. Ne vređajte se lako. Kad imate ovakav stav, bićete primer poniznosti koji će tokom vremena i ostali početi da slede, a steći ćete i poštovanje i poverenje koji bi, da ste prestrogi, bili kompromitovani. Prihvatite šalu na svoj račun, budite primer blagog govora i razuma kada vas neko koriguje. Ako tako činite, imaćete uz sebe više starešina koji će vam pomagati u poslu.

Neka vaša mudrost bude od Boga: „A mudrost, koja dolazi odozgo, čista je pre svega, zatim miroljubiva, blaga, prilagodljiva, puna milosti i dobrih plodova, odlučna, nelicemerna. A plod pravednosti seje se u miru onima koji čine mir“ (Jak. 3,17-18).

Sastanci posvećeni teološkim i metodološkim pitanjima. U Baptističkoj crkvi Kapitol Hil jednom mesečno imamo sastanak starešina na kome se razgovara o članstvu, a drugi mesečni sastanak starešina organizujemo devet meseci godišnje. Na tim drugim sastancima u mesecu nismo usredsređeni na specifičnu brigu o članovima, već na uopštenu brigu o njima; tada obično na svakom sastanku razmišljamo o nekom teološkom ili metodološkom pitanju. Pitanje uvek pojasnimo unapred tako što pre sastanka podelimo beleške, a ponekad i literaturu koju treba pročitati pre početka sastanka. Jedan starešina potom dobije zadatak da pribeleži zaključke ostalih starešina. Navešćemo nekoliko primera tema kojih smo se dotakli na ovakvim sastancima: prevodi Biblije, misija crkve, pitanje transrodnosti, razvod i ponovno stupanje u brak, služba žena, uzrast krštavanja kod dece, veštačka oplodnja, marihuana, uloge polova, hrišćanska savest i pitanje slobode, zlostavljanje dece, politika zaštite dece, polno zlostavljanje i rasizam.

TEME ZA RAZMIŠLJANJE

1. Razmislite o svojim metodama vođstva i komunikacije. Da li u njima vidite neke crte koje nisu po Božjoj volji?
2. Zatražite od nekog zrelog člana zajednice da iskreno oceni vaše vođstvo – i dostojanstveno prihvatite ocenu.
3. Kako sve možete da uvežbate davanje i prihvatanje podsticaja i kritike među vođama svoje crkve?

PRAVLJENJE GODIŠNJEG BUDŽETA

Tokom godine jedan sastanak starešina posvetimo utvrđivanju budžeta za sledeću godinu. To je obično jedan od najinspirativnijih sastanaka tokom godine, uglavnom zato što tada procenjujemo trenutno stanje crkve i maštamo o mesecima koji nam predstoje. Vi ćete sigurno nešto dodati ili oduzeti kako biste sve uskladili sa sopstvenim okruženjem, ali evo kako mi to radimo.

Ja se, kao glavni pastor, pre sastanka nađem s upravnikom crkve da bismo pregledali prošlogodišnji budžet i pribeležili moguće važnije promene za koje sa sigurnošću znamo da će ih biti (na primer stavke u vezi s objektima, porezima, renoviranjem, zdravstvenim osiguranjem za zaposlene itd.). Posle toga se sastajem sa pastorom-saradnikom i starešinom zaduženim za misiju kako bismo raspravljali o viziji i budžetu za lokalne i misije u inostranstvu (dogovaramo se kao nezvanični pododbor starešina za misiju). Tada zapisujem nacrt budžeta i naznačavam za koliko će procenata biti uvećan.

Na sastanku starešina posvećenom budžetu sve starešine će redom, jedan po jedan, istaći oblasti u crkvi za koje smatraju da im je potreban napredak. Ja sve to zapišem na tabli, a zapisujem sve dok svako ne kaže šta ima. Zatim sve starešine navode sve dobro i pohvalno što su videli u crkvi. Ja i to sve zapisujem na tabli, opet sve dok svako ne kaže šta ima. Takva praksa nas tera da zastanemo i sav naš rad pogledamo kao celinu. Pomaže nam da razmišljamo o strategiji. Potom sve starešine navedu službe ili materijalne stvari koje bi novi budžet trebalo da uzme u obzir. Sve to takođe beležim na tabli. Kad svako kaže šta ima, onda svaki starešina bira po dve najvažnije stavke koje bi se uklopile u iznos koji imamo na raspolaganju. Zatim razgovaramo i dogovaramo se koje su nam promene budžeta prioritetne u narednoj godini.

Kad svi iskažemo svoje mišljenje, starešine šalju predloženi budžet đakonima da razrade detalje. To je jedino vreme u godini kad se svi đakoni sastaju. Narednih meseci starešine i đakoni razrađuju budžet, ponekad ga vraćajući jedni drugima; kad se starešine slože, stavljaju budžet pred zajednicu da ga odobri. Zajednica ima mesec dana da ga prouči i moli se za njega, a zatim se na sastanku članova odvija otvorena diskusija o budžetu, gde ljudi mogu da postavljaju pitanja i daju predloge. Zajednici se potom daje još jedan mesec za razmatranje, molitvu ili nove predloge, nakon čega se sprovodi glasanje i predloženi budžet usvaja ili odbija.

PRISUSTVO DRUGIH

Mnoge crkvene vođe smatraju da članovi crkve nikako ne treba da prisustvuju sastancima starešina. Takva praksa važi naročito onda kad se raspravlja o osetljivim pitanjima. Zato naši sastanci starešina sadrže izvršnu sednicu u trajanju od trideset do šezdeset minuta, koja je rezervisana isključivo za starešine i na kojoj se razgovara o posebno osetljivim pitanjima iz života članova ili starešina. To nam je ujedno i prilika da razmotrimo koje muškarce vidimo kao moguće buduće starešine i kritički (ali iz najbolje namere) razgovaramo o njima, njihovom karakteru i sposobnostima.

Na primer, iza starešina redovno sede pomoćnici pastora i stažisti i slušaju o čemu se razgovara i kako.[2] Posmatranje je jedan od najpotcenjenijih metoda učenja. Mnoge mladiće koji su se već zaputili ka pastirskoj službi nikad niko ne pozove da posmatra sastanak starešina – prvi kome uopšte prisustvuju zapravo bude onaj koji moraju sami da vode. Možda se neko od vas koji čitate ovo nalazi upravo u takvom položaju. Ako je tako, onda iz prve ruke znate koliko je možda zamorno voditi sastanak kakvom sami nikad ranije niste ni prisustvovali.

Ako ste oko sebe primetili mladiće solidnog hrišćanskog karaktera, talentovane za javno poučavanje, one koji su aktivni u zajedničkom životu crkve i stupaju u kontakt s drugim članovima radi njihovog duhovnog dobra, pozovite ih da posmatraju starešinske sastanke.[3] Stavite im do znanja da na njima ne treba da govore, ali im recite i da je to dobra prilika da vide kako to izgleda kad grupa pobožnih muškaraca duhovno predvodi crkvu i raspravlja o stvarima koje se dotiču smera i vizije lokalne crkve. Uz dobar primer koji može da sledi, mladić koji želi

---

2   Ako ste pastor ili vođa u crkvi, slobodno dođite na neki od naših starešinskih sastanaka. Na adresi www.9marks.org, kliknite na tab „Events“, pa se spustite do dela gde možete da se prijavite za narednu konferenciju 9Marks vikender.

3   Ako nemate ovakvih muškaraca, molite se da vam Bog pošalje nekoga ili da radi na onima koji su već u crkvi!

da bude pastor je već na polovini puta ka biblijski vernoj službi. Ako želimo da obuzdamo plimu pragmatizma, u tome ćemo delimičan napredak ostvariti i tako što ćemo biti verni uzori na koje mladići mogu da se ugledaju.

22
DONOŠENJE ODLUKA: KAKO RAZGOVARATI O TOME?

Do najžustrijih razgovora, pa i podela u životu jedne crkve najčešće dolazi onda kada treba doneti neku važnu odluku. Viđao sam kako se crkve dele jer pastor nije umeo da ponizno iznese svoje uveđenje ili metod ili, pak, da dostojanstveno primi drugačije mišljenje. I neplaćene vođe se ponekad toliko duboko ukopaju u svojim stavovima ili uticajnim položajima da na kraju procesu donošenja odluka nanesu više štete nego koristi. Te probleme, naravno, velikim delom uzrokuje karakter ljudi, ali problemi u donošenju odluka povezani su i sa stavom vođa o dužnostima i privilegijama vođstva.

Već smo govorili o čemu se razgovara na sastancima starešina. Sada treba da razmislimo o tome kako da biblijski razgovaramo o tim pitanjima, kako shvatamo proces donošenja odluka i kako mu doprinosimo.

ULOGA PASTORA

Neki pastori uživaju u predsedavanju sastancima starešina, dok neki baš i ne dele to oduševljenje. U praksi, glavni pastir ne mora uvek da vodi sve sastanke starešina. Štaviše, verovatno je zdravije da to svake ili svake druge godine radi neko drugi.

Kad glavni pastor ne predsedava sastanku starešina, to na zdrav način poručuje svim ostalim starešinama da ovaj ne želi da prigrabi sebi moć i da pastorat ne smatra nekakvim direktorskim položajem. Ako pastor misli da mora da vodi svaki starešinski sastanak, to govori nešto o njegovom karakteru i stilu vođstva. Za starešine kao telo jednostavno nije dobro ako se pastor oseti ugroženo kad dozvoli nekome od njih da vodi sastanak ili ako veruje da sámo Pismo uči kako on lično mora da vodi sastanak ne bi li sve teklo kako treba.

Najzdraviji stav koji pastor može da zauzme na ovim sastancima je da smatra sebe prvim među jednakima. On ne mora da brani sebe i svoje mišljenje baš po svakom mogućem pitanju. On ne mora da smatra da njegove ideje uvek moraju biti primenjene, a još manje da ostale starešine moraju da se „pokore" njemu lično. Autoritet pastora je stečen i načelan. Drugim rečima, pastor ima autoritet samo onoliko koliko je ono što govori verno poruci onoga koji ga je poslao.

I zato, iako sam glavni pastor u crkvi, ja ne vodim sastanke starešina (a ni sastanke članova). Postoje čak i pitanja o kojima kao starešine razgovaramo, gde ne namećem previše svoje mišljenje. Neki put se i od glasanja uzdržavam. Zašto? Najpre zato što želim da i neplaćene starešine imaju jednakog udela u službi, ali i zato što hoću da ih zaštitim: ne treba da postanu zavisni od mog mišljenja niti da svoje komentare prilagođavaju onome što misle da ću ja reći. Ne želim da napravim kratak spoj u našem krugu vođstva. Štaviše, hoću da ih što pre osamostalim i odvojim od sebe, tako da se ne oslanjaju na mišljenje plaćenih vođa crkve. Želim da budem u stanju da, ako se meni nešto desi, bez ikakvih problema nastave da vode crkvu.

Autoritet pastora je kao sapunica – što ga više koristiš, manje ti je ostalo. Zato preporučujem snažno biblijsko vođstvo lakom rukom. Vodite Rečju, s biblijskom vernošću u svom ekspozicijskom propovedanju i s biblijskim sadržajem pesama koje pevate na zajedničkom proslavljanju. Kad je postavljena u središte, Reč će početi da oblikuje ljude i nećete morati da primenjujete autoritet ili utičete na svaku odluku koja se donosi. Naravno, morate da vodite i ne možete da na sve ćutite. Ali vodite Rečju, a ne snagom svoje ličnosti ili stavova.

Posebna reč za glavne pastore: velika je privilegija biti Timotej u Efesu, odnosno glavni pastor za propovedanje ili poučavanje. Moje poučavanje Božjoj Reči oblikuje zajednicu više nego išta drugo. Služba ostalih starešina oplemenjuje, odražava i reprodukuje ovu glavnu službu poučavanja. Ona ne sprečava ono na šta me Bog poziva da radim u zajednici, već to pomaže.

DOSTOJANSTVENI GOVOR

Evo nekolicine stvari o kojima treba da razmislite kad vodite sastanke starešina ili učestvujete u njima.

Poniznost. „U poniznosti smatrajte jedan drugoga većim od sebe" (Fil. 2,3). Ovo je prvo i verovatno najvažnije pravilo za negovanje zdravih i plodonosnih sastanaka starešina. Od duhovnog i intelektualnog ponosa starešinstvo počinje da rđa. Iskrena poniznost je u neku ruku ugrađeni amortizer koji će ublažiti i potencijalnu uvređenost zbog nekih pozitivnih ideja i mogući odbrambeni stav usled nekih kritika. Odsustvo poniznosti je često ono što unosi nemir na sastanke starešina. Govorite i slušajte ponizno.

Biblijsko opravdanje. „Reči tvoje kad se jave, prosvetljuju i urazumljuju proste" (Ps. 119,130). Potrudite se da sve što predložite ima razloge utemeljene u Bibliji. Ne oslanjajte se samo na logiku, ličnost ili samouverenost u vođenju. Naročito u prvih nekoliko godina vođstva treba da date primer i da kod ostalih starešina izgradite uzdanje u vaše vođstvo tako što ćete svu svoju mudrost crpeti iz Božje mudrosti. Morate sami da predvodite primerom pre nego što možete očekivati da to vidite i kod drugih.

Strpljenje. „Pokaraj, zapreti, opomeni sa svakom strpljivošću i poukom" (2. Tim. 4,2). Žurite, ali polako. Ako ste pastor, onda verovatno upravo vi razmišljate o organizaciji i strukturi crkve više nego bilo ko drugi u njoj. Možda ste u svemu sasvim u pravu, ali trebalo vam je vremena da dođete dotle, zar ne? Bog vas je strpljivo poučio svim činiocima i oblicima zdravog crkvenog života. Dajte zajednici, pa čak i drugim starešinama, vremena da se stvari slegnu, vremena da se uvere u biblijsku viziju crkve i da je dobro shvate. Idite tempom koji će zajednica moći da prati. Naviknite se da ciljeve zadajete ne u okviru nedelja ili meseci, već u okviru godina. Tako ćete kao pastor očuvati zdrav razum – verujte mi.

Spremnost na ustupke. „A mudrost, koja dolazi odozgo, čista je pre svega, zatim miroljubiva, blaga, prilagodljiva, puna milosti i dobrih plodova, odlučna, nelicemerna. A plod pravednosti seje se u miru onima koji čine mir" (Jak. 3,17-18). Ne pravite razdor u crkvi na osnovu stvari koje nisu od glavnog značaja za evanđelje ili službu crkve. Nemamo izbora sem da stojimo čvrsto u Hristovom božanstvu, u smrti koju je podneo umesto nas kako bi nas iskupio, u stvarnosti čuda koja su ga potvrdila, u njegovom fizičkom vaskrsenju, kao i u autoritetu, nadahnuću i nepogrešivosti Pisma. Naravno, postoje i stvari koje nisu „povezane sa spasenjem", ali su svejedno značajne za život crkve. Kad je reč o tim važnim, ali za spasenje nebitnim pitanjima, budite spremni da načinite ustupke, posebno ako vam se čini da će vaše insistiranje na određenom stavu dovesti do nepotrebne podele u crkvi.

Davanje i prihvatanje pobožnog podsticaja i kritike. Ovo je veština koju tek malo pastora promišljeno razvija među lokalnim vođama crkve. Samo konstruktivna kritika i ohrabrenje će omogućiti funkcionisanje crkve i svega što je podržava. Odvojite ponekad vremena da vam pouzdane vođe daju pobožne, blage, ali potpuno iskrene povratne informacije o nedeljnim službama, vašim propovedima, molitvama drugih vođa ili odabranim biblijskim tekstovima koje su čitali, poslovnim sastancima, sastancima članova, pa čak i sastancima starešina. Kad za to odvojimo vreme – bilo to jednom nedeljno, jednom ili dvaput mesečno – to će pomoći vođama da izoštre svoja duhovna čula, daće im priliku da vas ohrabre i poboljšaju vaš rad, ali će i vama omogućiti da prihvatite pobožno ohrabrenje i kritiku.

Humor. Ako ste pastor, lako će vam se desiti da preozbiljno shvatate sebe. Oduprite se tom iskušenju! I mi smo samo ljudi i svi to znaju. Čak i najbolji su samo obični ljudi. Budite spremni da se našalite na svoj račun. Budite spremni da se smejete s drugima. Smeh je jedan od najboljih načina da se izgradi prisnost; on pomaže da poslovni i starešinski sastanci budu lagani, prijatni i puni poniznosti.

ODRŽAVANJE REDA

Na starešinskim sastancima se raspravlja u redu i miru. Otkrili smo da ćemo o nečemu najbolje prodiskutovati ako nedelju-dve pre sastanka svim starešinama damo jednu stranu s temama o kojima će se govoriti. To im daje bar nekoliko dana da razmisle o tome pre nego što se od njih zatraži mišljenje.

Dobra beleška uključuje jasan predlog ili molbu da starešine nešto učine. I tako, kad se starešinskom telu uputi molba, to neće biti samo: „Predlažem da podržimo misionare u inostranstvu“, već: „Predlažem da ovaj deo budžeta usmerimo na podršku ovoj grupi misionara u inostranstvu i da za taj i taj vremenski period izdvojimo toliko i toliko.“ Starešine će uvek lakše glasati za tačno utvrđene predloge nego za nejasne, jer je starešinsko telo spremno za dogovor – osmišljeno je za saradnju u donošenju odluka. Što je pitanje o kome se odlučuje jasnije, to je telu lakše da donese odluku. I zato bi, pre nego što iznesete temu za razmatranje, mudro bilo da tačno znate šta tražite da starešine odluče.

Kad napišete belešku o predlozima koje bi trebalo izneti na sastanku i kad je podelite starešinama, ona se stavlja na dnevni red narednog sastanka. Ipak, da bi ti predlozi dospeli na razmatranje, potrebno je da ih podrži još neki starešina. Kad određeni predlog, dakle, dospe na red za razmatranje, moderator ili predsedavajući ga iznosi i pita da li još neki starešina želi da ga podrži. Kad se predlog podrži, predsedavajući pita da li neko želi da raspravlja o tome. U manjem starešinskom telu predsedavajući može i da malo opuštenije zatraži mišljenje svakog starešine pojedinačno. Ako je telo veće, takav pristup nije praktičan, tako da predsedavajući obično pita celu grupu za mišljenje i razloge za ili protiv predloga, sve dok ne zaključi da su svi rekli šta su imali i da treba doneti zaključak. Tada on i svi ostali glasaju i time se rasprava zaključuje.

Ipak, primetićemo da nije svaki starešina podjednako spreman da razmatra različita pitanja. A ako se predsedavajući na sastancima rotiraju, onda će svaki od njih imati pitanja kojima će želeti da starešine posvete više (ili manje) pažnje. Nema svako pitanje istu težinu za svakog starešinu; isto tako, svaki predsedavajući će voditi diskusiju na svoj način. Zato je, delimično, veći broj starešina toliko dragocen – takav pluralitet doprinosi ravnoteži. Ipak, zato je i za model vođstva s većim brojem starešina potrebno da te starešine budu strpljivi. Svaki od njih mora da bude strpljiv s drugima i svako mora da zna kada treba da odstupi radi dobra cele grupe.

GLASANJE

Pitanja koja se stavljaju pred starešine rešavaju se glasanjem. U našoj crkvi svaki starešina ima jedan glas, uključujući tu i glavnog pastora. U našem slučaju, da bi se raspravljalo o nekom pitanju, dovoljno je da taj predlog podrži prosta većina, jer ako zahtevamo strogu jednoglasnost, ućutkaćemo iskreno neslaganje i pitanja koja bi mogla da nam budu od pomoći. Jednomišljenost među starešinama zahtevamo samo kad je reč o glasanju za nove starešine, ali čak i taj zahtev nemamo u ustavu naše crkve. Tu je jednostavno reč o praktičnoj mudrosti. Glas glavnog pastora će, sasvim prirodno, imati veću težinu jer je on taj koji najviše proučava Reč, ali nema potrebe da se toj vrednosti i zvanično pripiše veći broj bodova – ona će biti vrednovana taman koliko je potrebno kad ostale starešine uvide u čemu je glavni pastor mudar, a gde mu je potrebna pomoć.

Ovde stvari postaju osetljive, jer se upravo prilikom glasanja ispituje poniznost svakog starešine. Na gotovo svakom starešinskom sastanku neki od starešina će biti nadglasan po nekom pitanju. Ja sam, primera radi, toliko puta bio nadglasan da se i ne sećam svega! Kako ćete reagovati kad se to i vama desi ili kad krene da se dešava iznova i iznova? Da li ćete se iznervirati i naljutiti? Ili ćete ispoljiti strpljivost i poniznost tako što ćete uvideti i poštovati mudrost ostalih starešina i mudro prihvatiti njihov savet, iako vam u početku možda zvuči pogrešno? „Ko ljubi nastavu, ljubi znanje, a ko mrzi na ukor, ostaje lud" (Priče 12,1; 13,10). Zato budite otvoreni u svojim očekivanjima. Održavajte zdravo odstojanje između sebe i svojih ideja. Tada ćete mnogo lakše doživeti nadglasavanje, a to će, opet, sprečiti bespotrebne sukobe i očuvati jedinstvo.

Ponekad će glasanje biti tesno, na primer 4 prema 3 ili 11 prema 9. U takvim situacijama predlog se ponekad prihvata bez ikakve dalje rasprave. Ipak, ponekad predsedavajući može da traži jednoglasnost; o datom problemu se tada ponovo raspravlja za mesec dana, a tada se ponovo i glasa, s nadom da će svi biti istog mišljenja. U takvim situacijama starešine su zahvalne kad je predsedavajući mudar i uviđa kad im je potrebno više vremena, a kada je ipak vreme da se krene dalje. Naravno, uvek možete da se dogovorite i zahtevate veliku većinu glasova za pitanja koja su vezana za promene ustava ili reviziju doktrine ili, pak, jednoglasnost uz slobodu uzdržavanja od glasanja, ukoliko je nekolicina starešina nedovoljno upoznata s određenom osobom ili situacijom u zajednici. Sve su to pitanja razboritosti o kojima tim starešina treba da odluči imajući u vidu okolnosti u svom okruženju.

PREPORUČENA LITERATURA ZA ČETVRTI ODELJAK

O RADU STAREŠINA

- ➤ Dever, Mark. *Understanding Church Leadership* (Nashville: B&H, 2014).
- ➤ Dickson, David. *The Elder and His Work* (Phillipsburg, NJ: P&R, 2004).
- ➤ Naselli, Andrew. *Conscience: What It Is, How to Train It, and Loving Those Who Differ* (Wheaton, IL: Crossway, 2016).
- ➤ Newton, Phil, i Matt Schmucker. *Elders in the Life of the Church: Rediscovering the Biblical Model for Church Leadership* (Grand Rapids, MI: Kregel, 2014).
- ➤ Piper, John. *Biblical Eldership* (Minneapolis: Desiring God Ministries, 1999).
- ➤ Rini, Džerami. *Crkvene starešine* (Hrišćansko udruženje Projekat Timotej, 2021).

ZAKLJUČAK

Koja je svrha svega što smo napisali? Mislim, čemu sva ova promišljenost i planiranje? Na šta su usmereni? Cilj je, naravno, sve vreme bio zdrava crkva. Ali od čega se sastoji to zdravlje crkve? Svakako od svetosti, vere, ljubavi i zdrave nauke (Ef. 4,14-16; 1. Sol. 3,12-13; 1. Tim. 1,5; 6,3-4). To uvek mora da bude naša najveća briga. Ali da li se zdravlje lokalne crkve može razaznati i na osnovu toga u šta ona gleda (2. Kor. 3,18)? U koga gleda vaša crkva?

CRKVA KOJA GLEDA KA BOGU

„A mi svi otkrivena lica odražavamo slavu Gospodnju i preobražavamo se u istu sliku iz slave u slavu – kako to čini Duh Gospodnji" (2. Kor. 3,18; up. sa 1. Jn. 3,2). Preobražaj u Gospodnju sliku dešava se tokom vremena, dok ga posmatramo. Biblijske odlike zdravlja jedne crkve – a to su svetost, vera, ljubav i zdrava nauka – uzrastaju u nama onda kad je naš pogled prikovan za Boga. To znači da crkvu treba da gradimo tako što ćemo tu njenu opčinjenost Hristom učiniti normalnim delom našeg zajedničkog života. Želimo da stvorimo prilike da zajedno budemo očarani lepotom njegovog karaktera i dela. Bar tako je bilo kod Pavla. On u Drugoj Korinćanima 4 nastavlja i kaže da, baš zato što je primio tu preobražujuću službu Božje Reči, odbija da joj, dok je obavlja, bilo šta doda ili da je iskrivi. Umesto toga, on legitimitet svoje službe u Božjim očima preporučuje tako što „objavljuje istinu" (pogledajte 2. Kor. 4,2). Ovo zaista ima smisla. Ako se, gledajući u Hrista, ljudi sve savršenije saobražavaju s njegovim likom, onda posao pastora i evangelizatora nije da smišlja neke inovativnije i pametnije metode, već da ljudima predstavi biblijsku istinu na najjasniji mogući način. Što jasnije predstavimo Hristovu osobu i delo u našim lokalnim crkvama, to ćemo jasnije zajedno odražavati njegovu slavu, kao ogledalo.

Zato je toliko važno posao započeti (i nastaviti!) ekspozicijskim propovedanjem, koje razjašnjava evanđelje i pridaje veliki značaj Bogu. Zato u evangelizaciji želimo da Boga i Hrista predstavljamo jasno i često. Zato želimo da sve naše metode budu što jednostavnije – da sama metoda ne bi zasenila poruku. Zato treba da na zajedničkim okupljanjima radi proslavljanja koristimo samo forme i elemente koje je propisala Božja Reč. Zato pazimo i da starešine koje nominujemo nisu jednostavno ljudi koji su i u našoj sredini neke vrste vođa, već muškarce čiji je život tako preobražen da odražava slavu Božje svetosti, ljubavi i istine. Ništa drugo nema moć da preobrazi crkvu kao Božja Reč koja je jasno izražena u propovedima i u životu.

U pastirskoj službi je odskora popularno smišljanje sve pametnijih i kreativnijih modela metafora za službu koji su i dalje donekle verni Božjoj Reči. Te novije aktivnosti svoje korene uglavnom imaju u težnjama da crkve uvećaju broj članova. Što više, to valjda i bolje – zato primarni cilj više nije kako negovati zdravlje crkve, već kako je uvećati. Mnoge knjige iz ove oblasti objašnjavaju kako da učinimo crkvu primamljivijom svetu, ali po merilima sveta, umesto po Božjim merilima. Ipak, sve je to i dalje samo ljudska mudrost (1. Kor. 2,1-5).

Kako naše metode službe postaju sve složenije, sve zavisnije od čovekove kreativnosti i sve željnije odobravanja sveta, one polako počinju da zasenjuju Božji lik, pa je i „poznanje Božje slave u licu Isusa Hrista" (vidite 2. Kor. 4,6) sve mutnije. Ogledalo Božje Reči postaje sve zatamnjenije, isprljano preteranom upotrebom čovekovih tehnika, a posledica je postepeno smanjivanje preobražujuće sile koja omogućava crkvi da bude odraz Božjeg poznanja i karaktera.

U ovakvim okolnostima, mi hrabrimo crkvu da malo promišljenije „objavljuje istinu". Ljudi se preobražavaju i obnavljaju u hristolikosti onda kad gledaju Boga, onakvog kakav se otkrio i u svojoj pisanoj i u svojoj utelovljenoj Reči. Posao crkve, dakle, nije da pokazuje ljudima svoj odraz. Umesto toga, po Bibliji, crkva ima zadatak da pogled i pažnju ljudi sa sebe preusmeri na njihovog Tvorca. U preobražavajućoj hrišćanskoj službi nema nikakve tajne osim sile Božje Reči i životvornog daha njegovog Duha (Jez. 37,1-14). Ne treba vam nova primamljiva metafora. Ne treba vam najnoviji program evangelizacije. Ne treba nam pastor sa sjajnim planom rasta, efikasnosti i uspeha po čovekovim standardima. Ono što nam je danas najpotrebnije jeste da posvećeno i promišljeno jasno objavljujemo istinu, jer je, dok posmatramo Hrista, upravo istina ono što nas preobražava, izgrađuje i oslobađa (Jn. 17,17; Dela 20,32; Jn. 8,36).

Zato je zdrava crkva ona koja gleda u Boga. Naša poruka, metode i saobražavanje crkve sa Hristovim likom zavise od njega i od toga koliko smo na njega usmereni.

CRKVA KOJA GLEDA SPOLJA

Dok posmatramo Boga, vidimo da on ne posmatra sam sebe,

kao što bismo očekivali od jednog samodovoljnog bića. Naprotiv, zapažamo da mu je pogled usmeren spolja – da želi da blagoslovi svoj narod i privuče i druge da postanu deo njegove otkupljene zajednice, crkve. Bog je zadovoljan sobom i dovoljan sebi – mi mu nismo potrebni. Pa opet, Bog nije okrenut isključivo sebi. On želi da njegovo evanđelje ode među narode, a ne da stoji unutar određenih geopolitičkih granica. Nebo će biti mesto u kome će se oko Božjeg trona naći ljudi iz svakog plemena, jezika, naroda i nacije. To raznoliko mnoštvo će ga tada još više proslavljati.

Ako hoćemo da oponašamo Boga (Ef. 5,1), onda naše crkve treba da odražavaju i taj pogled usmeren spolja. Zdrava crkva neće biti zadovoljna samo posmatranjem sebe. Da, s pravom se brinemo o čistoti i zajedničkom svedočanstvu naših crkava, ali crkveno telo će pokazati da je zrelo tako što će gledati i spolja – tako što će se truditi da bude blagoslov drugim pojedincima, drugim crkvama i drugim zemljama.

Drugi pojedinci. Bilo bi lako da sebi i drugima dopustimo misao da je crkva stvorena da jednostavno zadovolji potrebe nas, duhovnih potrošača. U izvesnom smislu, nema ničeg lošeg u tome da idemo u crkvu radi zadovoljenja sopstvenih potreba. Hrišćani nisu dovoljni sami sebi. Hrišćanski život je život koji se živi u zajednici. Bog je zadovoljio našu najosnovniju potrebu tako što nam je oprostio grehe kad smo se pokajali i poverovali u Isusa Hrista. Svima nam je potrebno zajedništvo baš sa hrišćanima, a tu zajednicu vernih ćemo naći u crkvi. Potrebno nam je da čujemo dobru propoved, da vodimo ohrabrujuće razgovore i da na delu pokažemo veru; ako u crkvu ne dolazimo upravo radi zadovoljenja tih duhovnih potreba, to znači da nešto nije u redu.

Pa ipak, ako u crkvu idemo samo kao potrošači koji žele da zadovolje potrebe, onda nam je poenta crkve promakla. Cilj nije samo da zadovoljimo potrebe, već i da učestvujemo u ostvarenju Božjeg plana da mu privučemo i druge ljude, a da one koji već jesu njegova deca ohrabrimo i izgradimo. Nijedan član ne treba da bude tek potrošač. Svako od nas je snabdevač. U radu evanđelja sarađujemo sa samim Bogom (1. Kor. 3,9)! Neki od nas su možda introvertni i ne baš pričljivi, ali niko od nas nije stvoren isključivo da mu se služi, kao da se cela crkva vrti oko naših potreba i želja. Svi smo pozvani da „jedan drugoga podstičemo na ljubav i dobra dela" i da nosimo „bremena jedan drugoga" (Jev. 10,24; Gal. 6,2). Zato su mudri pastori i vođe oni koji podstiču ljude da se od sebe okrenu spolja, prema drugim članovima crkve.

Osvrnite se oko sebe u crkvi. Ko sedi sam? Ko nema ni sa kim da popriča kad se služba završi i ljudi razmile okolo? Idite do te osobe i ohrabrite je. Ima li možda starijih članova kojima je potreban prevoz do crkve? Ponudite se da ih povezete u crkvu i vratite kući. Budite gostoljubivi prema samcima ili tek venčanim parovima. Odvojite sredstva da jednom mesečno pozovete na ručak nekog posetioca ili novog člana. Odvojite vremena da jednom nedeljno ručate s nekim kako biste ga ohrabrili i utvrdili u veri. Pročitajte dobru hrišćansku knjigu zajedno s još nekim vernikom. Ukažite drugima na dokaze Božje blagodati u njihovom životu – čak i ako su tek bledi odraz Božjeg karaktera. Osmotrite u kojim oblastima su crkvi potrebne dodatne sluge i uskočite, čak i ako to nije oblast za koju ste naročito nadareni. Briga o maloj deci je gotovo uvek dobro mesto za početak. Telo crkve biblijski raste onda kad svaki pojedinačni deo obavlja svoj posao i daje proporcionalni doprinos. Ako ste član lokalne crkve, onda ste i deo Božjeg plana za rast te crkve (Ef. 4,11-16).

Druge crkve. Zadaci koje obavljamo dok smo okrenuti ka svetu van nas samih ne zaustavlja se unutar komfora naše crkve. Telo crkve je zdravo onda kad crkva pokaže ljubav i brigu prema drugim lokalnim crkvama u zajednici. Kad govorimo o okrenutosti spoljašnjem svetu, obično najpre razmišljamo o pojedincima ili o svetu uopšte. Ali ako smo zrela lokalna zajednica, to znači da ćemo shvatiti da u našoj okolini ima i drugih čvrstih evanđeoskih zajednica. Ako nam nisu mnogo daleko, trebalo bi da im ponudimo materijal za dalji teološki ili praktični razvoj – knjige, brošure, audio-zapise nekih dobrih propovedi, finansijsku podršku za konferencije ili jednostavno jednokratnu novčanu pomoć koja bi učvrstila tu dostojanstvenu službu. Bili smo sa obe strane ove lepe razmene i možemo da potvrdimo koliko takvi pokloni jedne crkve drugoj mogu da budu ohrabrujući. Ako se po Božjoj milosti vaša crkva uvećala, pa se, u oblasti u kojoj živi nekolicina porodica, otvorio njen novi ogranak, onda ponudite pomoć i podršku tim porodicama (uz njihov pristanak, naravno!) kao zrelom dodatku postojećeg jezgra.

Ako je reč o sestrinskoj crkvi ili crkvi koja se nalazi malo dalje od vaše, onda biste možda mogli da negujete odnos s njima i razmislite kako da im ukažete na dokaze milosti u njihovom radu i tako ih podstaknete na još veću poslušnost i vernost. Sarađujte s njima evanđelja radi, a ako je crkva teološki zrelija, i vi i crkva kojoj služite treba da budete prijemčivi za pouke i lični primer njihovih vođa.

Jedan od načina na koji smo pokušali da ohrabrimo druge crkve jeste i program stažiranja za mladiće koji teže pastirskoj službi. Ispostavilo se da je taj program onima koji su ga proš-li omogućio neprocenjivo iskustvo učenja, a njihovim crkvama doneo veliku korist, zahvaljujući svem vremenu, učenju i sred-stvima koje smo uložili u njih dok su bili tu.

Druge crkve smo pokušali da ohrabrimo i održavanjem konferencija *9Marks vikenders*. Svaka tri meseca pružamo priliku zainteresovanima da ceo vikend provedu u zdravoj crkvi i po-smatraju šta se događa iza kulisa. Učesnici mogu da prisustvu-ju sastancima starešina, čuju nešto više o ekspozicijskom pro-povedanju, saznaju kako je naša crkva od nezdrave postala puna života i napredna, čuju od mene (Marka) kako pripremam pro-povedi i planiram službe za nedelju ujutru, vide kako primamo nove članove i kako protiču njihovi časovi – a onda vide kako se sve to uklapa sa službama nedeljom ujutre i uveče.

Lokalne crkve mogu da pomažu jedne drugima na razne na-čine. Ako Bog odluči da blagoslovi vašu crkvu duhovnom zre-lošću i većim brojem članova, potrudite se da u zajednici negu-jete kulturu u kojoj je pomaganje drugim crkvama prioritet. Za zdrave crkve je jednostavno dobro da ostalim pastorima i cr-kvenim vođama pruže priliku da u realnom životu vide primere zdrave crkvene prakse.

Druge zemlje. Ipak, čak i kad pomognemo ostalim lokal-nim crkvama, to ne znači da smo ostvarili sve što je Bogu na srcu. Njegov pogled spolja obuhvata ceo svet. On želi da se pravednost i hvala njegovog naroda razliju pred celim svetom (Is. 61,11). On čak i sada diže svoju zastavu ka svim narodima (49,22), a to čini tako što šalje ljude kao što smo mi da učini-mo sve narode njegovim učenicima (Mt. 28,18-20). Na nebu ga trenutno proslavljaju sve narodnosti, plemena, narodi i je-zici (Otk. 7,9-10), a sudbina Božjih crkava je da se saobraze s

Hristovim likom u večnom jedinstvu s raznolikim nebeskim mnoštvom (Rim. 8,29; 1. Jn. 3,2).

Bog nas poziva da imamo tu sudbinu na umu dok gradimo njegove crkve. On traži ljude koji će mu se moliti u Duhu i u istini (Jn. 4,21-24), a sva istorija se neumoljivo kreće napred, ka konačnom danu kad će Božji anđeli požnjeti sve i razdvojiti žito od kukolja (Mt. 13,24-43). Bog je namenio crkvi da u nevernom okruženju bude evanđeoski prikaz Božje slave i moćni dokaz mudrosti njegove utvrđene vlasti nad nebeskim poglavarstvima i vlastima (1. Pet. 2,9-12; Ef. 3,10-11). Lokalna crkva, po Božjem proviđenju, ima *glavnu ulogu* u ostvarivanju njegovih planova u toku ljudske istorije, a njegova konačna vizija za crkvu prevazilazi čak i te globalne okvire. Božji naum je da, po njegovom Duhu, naš uticaj bude takav da ima kosmičke posledice – a biblijski oblik crkve je osmišljen upravo za funkciju koju joj Bog zadaje.

I zato, dok gradimo Božju crkvu, mi kao vođe treba da osiguramo da je lokalna crkva u kojoj služimo okrenuta spolja, odnosno da je svesna globalnog, pa čak i kosmičkog plana koji Bog ima za nas. Ne zalažemo se za osnivanje crkava na Neptunu! Smatramo da u našim zajednicama treba da negujemo težnju da se slava Božjeg imena raširi po svim delovima sveta. To ćemo činiti tako što ćemo propovedati njegovo evanđelje svim narodima i tako što će zajedničko svedočanstvo lokalne crkve biti prikaz Božje mudrosti i sile autoritetima koji imaju moć pod njegovom vlašću u duhovnom svetu.

To su stvari za koje bi kao crkve naročito trebalo da se molimo. To su stvari koje treba da planiramo, bilo na starešinskim sastancima, bilo u kafićima. To su stvari za koje treba da napravimo strategiju i odvojimo budžet. Moramo učiti ljude da biblijska crkva ne služi samo da nam da osećaj ispunjenosti, značaja, zajedništva i međusobnog razumevanja. Njen cilj je vezan za Božju slavu i Hristovo evanđelje. Moramo odvikavati članove od očekivanja da im drugi služe i zabavljaju ih i da ih umesto toga obučimo da i sami doprinesu globalnom, pa čak i kosmičkom cilju da se Bog proslavi među narodima i u nebeskim odajama moći.

Kao starešina koji je zadužen za poučavanje i vođstvo crkve, glavni pastor bi u lokalnoj crkvi u kojoj služi trebalo da se najviše zalaže za misiju. Često se dešava da se upravo on bori da se više novca i sredstava izdvaja za programe koji služe jedino članovima lokalne crkve. Takav stav pastora će ostale vođe staviti u neugodan položaj, jer će morati da se trude da ga ubede da poveća procenat budžeta i za domaću i za misiju u inostranstvu.

Ako ste pastor, pozivam vas da probate da u narednih deset godina svake godine za procenat ili dva uvećate budžet izdvojen za misiju. To je sasvim prikladna strategija ako imamo u vidu šta je svrha crkve, a osim toga, pokazaće ostalim vođama da vam je više stalo do Božje slave nego do sopstvene plate i beneficija ili pak do komfora određenih članova. U zavisnosti od veličine vašeg budžeta i toga koliko su članovi verni u davanju, to može da predstavlja i veliki korak vere. Ako Božja sredstva uložimo da se za njegovu slavu čuje među narodima, to će, iznad svega, pokazati koliko ga poštujemo.

Poruka ove knjige nema veze sa tabelama i nacrtima i ne odnosi se na nove metafore ili grafikone, već na viziju cele crkve koja je promišljeno uređena i vođena tako da služba i izgradnja unutar nje budu lakši. Pažljivo upravljanje vremenom omogućava više spontanosti i slobodnog vremena; pažljivo osmišljavanje budžeta omogućava i veće prihode. Isto tako, pažljivo isplaniran poredak u crkvi i vođstvu daje slobodu crkvi da bude sveti i primamljivi prikaz Božje slave, za šta ju je Bog i stvorio. Ova knjiga treba da i vođe i članove oslobodi tiranije popularnih modela rasta i prolaznih trendova u crkvi. Zamislite – slobodni od tiranije novog, slobodni da postanete telo vernika u kome je članstvo zaista važno, slobodni da postanete crkva koja sve više jasno pokazuje svetu oko sebe Božju mudrost i slavu nebeskih sila. Zamislite samo!

DODATAK

Obrazac za razgovor o učlanjenju u crkvu

Datum: _____

Osoblje prisutno na razgovoru

Pastor: _____

Ostalo osoblje/gosti: _____

Informacije o kandidatu

Ime: _____

Datum rođenja: _____

Adresa: _____

Telefon (kućni): _____

Mobilni: _____

Zanimanje: _____

Telefon (poslovni): _____

Imejl adresa: _____

U braku: Da   Ne

 Datum venčanja: _____

Deca

 Ime 1: _____ datum rođenja: _____

  Beleške: _____

 Ime 2: _____ datum rođenja: _____

  Beleške: _____

Ime 3: _____ datum rođenja: _____

Beleške: _____

Ime 4: _____ datum rođenja: _____

Beleške: _____

Ime 5: _____ datum rođenja: _____

Beleške: _____

Ime 6: _____ datum rođenja: _____

Beleške: _____

Prethodno članstvo u crkvama: _____

Kršten/a (datum/mesto): _____

Kako ste saznali za našu crkvu? _____

Početak dolaženja u crkvu: _____

Časovi pre stupanja u članstvo (datum): _____

Komentari? _____

Članstvo stečeno:

Krštenjem (datum) _____

Izjavom

Pismom

Poslato: _____

Primljeno: _____

Ostale informacije o porodici:

Razveden/a: Da   Ne

Beleške: _____

Lični podaci/Iskustvo:

Zainteresovani ste za manju grupu za proučavanje Biblije?

    Muškarci   Žene   Venčani   Mešovito

Zainteresovani ste za učeništvo 1-1?   Da   Ne

Služba sredom uveče

    Komentari? _____

Služba nedeljom uveče

    Komentari? _____

Služba nedeljom ujutru

    Komentari? _____

Brošura 9Marks   Da   Ne

    Komentari? _____

Ranije izrečene disciplinske mere u crkvi   Da   Ne

    Ako ih ima, koji je bio razlog? _____

Potpisan Zavet crkve   Da   Ne

    Komentari? _____

Potpisana Izjava vere   Da   Ne

    Komentari? _____

Razume evanđelje   Da   Ne

    Komentari? _____

Preporučuje se: Da   Ne

Datum: _____

PROPOVEDAJ REČ

Radionice ekspozicijskog propovedanja

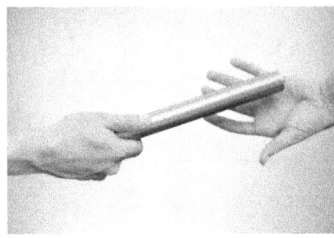

Projekat Timotej vam predstavlja radionice Propovedaj Reč – program za obuku u ekspozicijskom propovedanju.

Ovaj program traje četiri godine, tokom kojih se učesnici dva puta godišnje okupljaju na trodnevnim radionicama, gde u maloj grupi – od deset do dvadeset ljudi – zajedno proučavaju Božiju reč i uče kako da je propovedaju odražavajući Božije pastirsko srce.

Radionice su usredsređene na dve oblasti:

- *Kako propovedati* – učesnici će proširiti svoje znanje i unaprediti veštine proučavanja Božije reči i propovedanja i poučavanja iz nje. Govorićemo o osnovama tumačenja Biblije (hermeneutici) i važnosti vernog izlaganja Božije reči.

- *Kako vršiti pastirsku službu* – govorićemo o biblijskom modelu službe koji se temelji na Božijem srcu i obrađuje pojmove poput predvođenja služenjem, poniznosti i otvorenosti, odgoju drugih vođa i službi novog saveza.

Učesnici na svakoj radionici zajedno proučavaju jednu biblijsku knjigu, slušaju pouke predavačâ, uče jedni od drugih i vežbaju upotrebu naučenih načela proučavanja i propovedanja Svetog pisma. Radionice su veoma žive, s mnogo interakcije među učesnicima, s pitanjima i odgovorima, raspravama i osvrtima na urađeno.

Ovaj nastavni program će pomoći polaznicima da naučeno prenesu i na druge, na one „koji će biti sposobni i druge da pouče" (Druga Timoteju 2,2), stvarajući i proširujući mrežu propovednikâ koji verno propovedaju Reč.

Za sve dodatne informacije nazovite +381 69/712–470,
pišite na adresu projekattimotej@gmail.com
ili posetite vebsajt www.projekat-timotej.org

BAPTISTIČKA TEOLOŠKA ŠKOLA

Nova generacija balkanskih vođa fokusiranih na Hrista

Svako je teolog, ali nije svako dobar teolog. Ovo je parafrazirana misao iz knjige koja nosi naslov „Svako je teolog", autora R. Č. Sprola. Baptistička teološka škola u Novom Sadu veruje u istinitost ove izjave, i u to da je našoj zemlji i celom regionu potrebno više ljudi koji imaju osnovno teološko obrazovanje. Škola pruža studentima alatke koje su im potrebne kako bi ispravno tumačili Sveto pismo, i za to nudi programe usmerene u tri pravca, koji su prilično prilagođeni okolnostima u kojoj ljudi u našoj zemlji žive.

Programi:

- Mogućnost slušanja predavanja
- Sertifikat program
- Program diplomiranog teologa

Verujemo da ovi programi nude alatke koje su potrebne svima koji služe, ili razmišljaju o tome da služe kao pastori, starešine, misionari, đakoni, ili su u nekoj službi koja uključuje vođenje i poučavanje. Ako neko nije u formalnoj službi, ovi programi i dalje mogu da budu blagoslov za pojedinca, za njegovu porodicu, i za ličnu evangelizaciju i učeništvo. Fokus naših predavanja je na tri stvari: karakter, veštine i znanje. Veliki akcenat je na izgradnji karaktera, jer verujemo da studenti kojima se razvija karakter jesu oni koji će voljno sticati i znanje i veštine, i koji će to zdravo i koristiti.

Naša vizija je Nova generacija balkanskih vođa fokusiranih na Hrista. Motivišemo Vas da razmislite o tome da nas kontaktirate, ili da nam preporučite nekoga iz vaše zajednice ko je zainteresovan za teološko obrazovanje.

Za sve dodatne informacije pišite na adresu bts.novisad@gmail.com
ili posetite vebsajt www.btsns.org

9Marks

Izgradnja zdravih crkava

DA LI VAM JE CRKVA ZDRAVA?

Služba 9Marks oprema crkvene vođe prenoseći im biblijsku viziju i pružajući im praktična sredstva kako bi njihove zdrave crkve pokazivale narodima Božiju slavu.

Radi toga nam je cilj da pomognemo crkvama da razviju devet zdravih, ali često zanemarenih odlika:

1. Ekspozicijsko propovedanje
2. Nauka utemeljena na evanđelju
3. Biblijsko shvatanje obraćenja i evangelizacije
4. Biblijsko crkveno članstvo
5. Biblijsku crkvenu disciplinu
6. Biblijski pristup učeništvu i rastu
7. Biblijsko crkveno vođstvo
8. Biblijsko shvatanje i praktikovanje molitve
9. Biblijsko shvatanje i praktikovanje misije

Služba *9Marks* piše članke, knjige, prikaze knjiga i internet časopis. Organizujemo konferencije, snimamo intervjue i proizvodimo druga sredstva kako bismo opremili crkve za pokazivanje Božije slave.

Posetite naš veb-sajt, gde možete pronaći sadržaje na više od četrdeset jezika i prijaviti se za primanje našeg besplatnog internet časopisa. Na sledećoj adresi se nalazi potpuni spisak naših sajtova na drugim jezicima: 9marks.org/international

9Marks.org

— Posetite Projekat Timotej —

Pronađite nas na adresi Kolo srpskih sestara 24, Novi Sad, ili na onlajn platformama:

Skenirajte QR kod i preuzmite besplatne materijale za proučavanje:

f Projekat Timotej

⊙ @projekat_timotej

⊕ www.projekat-timotej.org

CIP - Каталогизација у публикацији
Библиотека Матице српске, Нови Сад

27(035)

ДЕВЕР, Марк, 1960-
     Kako izgraditi zdravu crkvu : praktičan vodič za promišljeno vođstvo / Mark Dever i Pol Aleksander ; [prevod Maja Lilić]. - Titel : Hrišćansko udruženje "Projekat Timotej", 2025 (Nova Pazova : Euro dream). - 311 str. ; 21 cm

Prevod dela: How to Build a Healthy Church / Mark Dever and Paul Alexander. - Tiraž 500. - Napomene i bibliografske reference uz tekst.

9Marks ISBN: 979-8-89218-149-5

1. Александер, Пол, пастор
а) Хришћанство - Приручници

COBISS.SR-ID 164010249